Das war das 20. Jahrhundert in

BIELEFELD

von
Bärbel Sunderbrink
Bernd J. Wagner

Wartberg Verlag

Bildnachweis: Die meisten Fotos stammen aus dem Bestand des Stadtarchivs Bielefeld. Von folgenden Fotos sind die Autoren bekannt:

Baumann: 1907gr, 1914gr, 1917gr, 1926gr; A. Bloch: 1997kl; F.T. Campione: 1966gr; Giesche: 1952gr; H. Gräfenstein: 1975gr, 1992gr; Haselhorst: 1948gr; G. Haeyne: 1902kl; Hayn & Wilms: 1903gr; E. Heidmann: 1953gr, 1954gr, 1959gr, 1960gr, 1962gr, 1963kl, 1964gr, 1969kl, 1971kl, 1982gr (links), 1986kl; Heidsiek: 1906gr; Hörttrich: 1980gr; J. Hoppe: 1902gr; U. Jäger: 1964kl; G. Kisker: 1949gr; König: 1936gr; E. Lohöfener: 1900kl; Möller: 1965kl; H. Mönkemöller: 1990gr, 1994gr, 1995gr, 1997gr, 1999gr; F. Rademacher: 1904gr; Ramhorst: 1909gr; O. Reibig: 1937kl; G. Rudolf: 1968gr, 1969gr, 1971gr, 1974gr; C. Schröder: 1936gr (links); F. Schwarze: 1913gr; F. Stockmeier: 1984gr, 1996kl; Sudmann: 1946gr, 1956gr, 1956kl, 1957gr, 1962kl, 1973gr, 1982gr (rechts), 1985gr, 1996gr; R. Vogelsang: 1981gr, 1989gr; Vogt: 1928gr; Wehmeyer: 1964gr (links).

Außerdem wurden uns folgende Fotos zur Verfügung gestellt:

1913kl: Historisches Museum Bielefeld; 1914kl: Kunsthalle Bielefeld; 1921kl: Historisches Museum Bielefeld; 1922kl: Murnau-Gesellschaft Bielefeld; 1928kl: Deutsches Museum, Bildstelle; 1932gr: Archiv der sozialen Demokratie; 1943kl: Gedenkbuch Ratsgymnasium Bielefeld; 1948kl: Bielefelder Puppenspiele Dagmar Selje; 1950kl: Hedwig-Dornbuschschule; 1954kl: Gertrud-Bäumer-Realschule, Gelsenkirchen; 1955kl: Firmenarchiv Alcina Cosmetic; 1957kl: Historisches Museum Bielefeld; 1959kl: Verein Bielefelder Jugendheime e. V.; 1960kl: Hanns-Bisegger-Stiftung; 1968kl: Historische Sammlung Bethel; 1973kl: Deutscher Werkbund Berlin e. V., Thyra Hamann-Hartmann – Das Gewebe eines Lebens; 1976kl: Sabine Herbrechtsmeier; 1978kl: Hauptarchiv der v. Bodelschwinghschen Anstalten, Bethel; 1979gr: Bündnis 90/Die Grünen, Bielefeld; 1982kl: Christa Delius; 1984kl: Liselotte Heise; 1991gr: Helmut Beyer; 1993kl: Kunsthalle Bielefeld; 1986gr: Volkshochschule Bielefeld; 1998kl: Universitätsarchiv Bielefeld; 1998gr: Verein BAJ e. V.

1. Auflage 2001

Satz und Layout: Typographische Dienste U. Weiss, Borken (Hessen)
Druck: MKL-Druck, Ostbevern
Buchbinderische Verarbeitung: Buchbinderei Büge, Celle

34281 Gudensberg-Gleichen, Im Wiesental 1
Telefon: 0 56 03/9 30 50
www.wartberg-verlag.de
ISBN 3-86134-567-6

Vorwort

Zwei markante Ereignisse fallen in das Jahr 1900: der Besuch Kaiser Wilhelms II. auf der Sparrenburg und die Eröffnung der Bielefelder Straßenbahn. Sie könnten nicht widersprüchlicher – und damit kennzeichnender – für das erste Jahr des neuen Jahrhunderts sein: Hier die Tradition und die Pflege von Wertvorstellungen des Kaiserreichs, dort das Symbol für eines der zukunftsträchtigsten Themen der kommenden Zeit, die Stadtentwicklung im Zeichen des Verkehrs.

Obwohl der Zahl nach schon in der Minderheit, gab das Bürgertum noch um 1900 den Ton in der Stadt an. Es fühlte sich eng mit dem Haus Hohenzollern verbunden, mit ihm verquickte sich unauflöslich seine Überzeugung von Deutschlands Größe und Wert innerhalb der Welt.

Am Ende des 20. Jahrhunderts war ein solches Selbstverständnis nicht mehr möglich. Zwar hatte das letzte Jahrzehnt die Wiedervereinigung gebracht, und insofern bestand durchaus Anlass zur Zufriedenheit mit den politischen Ereignissen, aber insgesamt überwog doch die Skepsis. Zu tief hatten die Erfahrungen, die Deutschland – und damit Bielefeld – in diesem Jahrhundert machen musste, die Vorstellungen von nationaler Größe, wirtschaftlichem Erfolg und persönlichem Wohlergehen erschüttert.

Der Jahr für Jahr fortschreitende Gang durch dieses Jahrhundert, durch die Ereignisse und Begebenheiten in der Stadt, hat jedoch nicht Geschichtsschreibung zum Ziel oder das Bemühen um historische Urteile, sondern eher den neugierigen Blick darauf, was sich denn an lokalem Geschehen in der Stadt zugetragen und was die Bielefelder beschäftigt hat. Wer, wie Bärbel Sunderbrink und Bernd J. Wagner, die beiden Autoren des Bandes, aus der Distanz des neuen Jahrhunderts zurücksieht, nimmt wechselnde Haltungen ein: die des Beteiligten mit seiner Anteilnahme und Betroffenheit, auch seiner Freude und inneren Genugtuung, und die des Theaterbesuchers, der die menschliche Komödie von außen betrachtet, über die Handlungen und Einstellungen seiner Mitmenschen schmunzelt, erstaunt ist, vielleicht auch erschrickt.

Um die Fülle des Mitgeteilten einzuordnen und verständlich zu machen, muss in wenigen Sätzen Geschichte referiert werden: Um 1900 war Bielefeld eine Industriestadt mit ca. 60 000 Einwohnern. Die Metallindustrie hatte nach der Zahl der Beschäftigten die zuvor dominierende Textilbranche überholt. Wäschefabrikation und grafisches Gewerbe ergänzten das Bild. Erste kleine Eingemeindungen wurden vorgenommen, um Bielefelds eng begrenztes Terrain auszuweiten. In die heile Welt brach der Erste Weltkrieg ein, Jahre der Not folgten. Hatte die Arbeiterschaft geglaubt, nach dem Zusammenbruch des Kaiserreichs in Bielefeld die Führungsrolle übernehmen zu können, sah sie sich getäuscht. Zwar erwies sie sich, als 1933 die Nationalsozialisten das Rathaus eroberten, als das standhafteste Bollwerk unter den Demokraten, doch die Mehrheit in der Stadtverordnetenversammlung konnten sie nicht erringen. Das angebliche rote Bielefeld blieb bürgerlich.

1930 gelang, nach langen Vorarbeiten und unendlichen Diskussionen, die erste große Eingemeindung. Die längst zu Arbeitervororten gewandelten Dörfer Schildesche, Sieker und Stieghorst, dazu kleinere Teile anderer Gemeinden, fielen an die Stadt. Bis dahin hatte sie rund 90 000 Einwohner gehabt, jetzt wurde sie mit 120 000 Einwohnern Großstadt.

Mit der Machtergreifung endete auch in Bielefeld jede demokratische Mitwirkung. Zwar erholte sich die Wirtschaft nun endlich, was man jedoch nicht wusste, war, dass der Aufschwung der massiven Aufrüstung zu verdanken war. Sie führte in den Zweiten Weltkrieg. Die Bielefelder Innenstadt ist durch Bomben weitestgehend zerstört worden, die Zahl der Bombenopfer blieb jedoch im Vergleich zu anderen Großstädten mit etwa 1 650 Personen recht niedrig.

Der Wiederaufbau begann unter Führung der englischen Besatzungsmacht. Auch in Bielefeld war das Wirtschaftswunder zu bestaunen. Die Stadt erhielt ein neues Gesicht. Vieles, was den Menschen vertraut und nicht im Krieg zerstört worden war, wurde zu Gunsten neuer Straßen, Kaufhäuser und Bank- und Versicherungsbauten abgerissen. Es hat lange Jahrzehnte gedauert, bis die Innenstadt wieder zum lebendigen Kern der Stadt wurde.

Abermals geriet Bielefeld in die Enge. Industriebetriebe wanderten in die Umlandgemeinden ab, dort entstanden auch die großen Siedlungen der Ein- und Zweifamilienhäuser; ja, mit der Gründung der Sennestadt wurde ein ganz neues Gemeinwesen geschaffen, das, als Entlastung für die Großstadt geplant, schnell Selbständigkeit entwickelte. Bielefeld trug die Kosten für die Infrastruktur, beispielsweise im Schulwesen und bei den kulturellen Einrichtungen, der Landkreis profitierte davon, ohne selbst allzu viel dazu beisteuern zu müssen.

1973, wiederum nach langen Debatten, kam das Bielefeld-Gesetz zu Stande. Der Landkreis wurde aufgelöst, die Gemeinden fügte man mit der Stadt zu einer neuen Gebietskörperschaft zusammen. Um ihnen wenigstens etwas von ihrer bisherigen Eigenverantwortung zu lassen, gliederte man die neue Stadt in Bezirke. Seit dieser Zeit hat Bielefeld, nicht zuletzt durch den Zuzug vieler Ausländer, seine Einwohnerzahl von etwa 325 000 halten können.

Heute bietet die Stadt ein vielgestaltiges Bild, mit Wohnbebauung, Industriegebieten, landwirtschaftlich genutzten Flächen und, vor allem dank des Teutoburger Waldes, großen Erholungsgebieten.

Der künftige Weg wird durch den weiteren Abbau des produzierenden Gewerbes und die Zunahme der Dienstleistungen gekennzeichnet sein, vor allem aber durch die Tatsache, dass in Ostwestfalen rings um Bielefeld ein sich ständig verdichtender Großraum entsteht, der in Zukunft viel Fantasie, Initiative und Kooperationsbereitschaft aller Beteiligten erfordern wird. Das neue Jahrhundert hat begonnen.

Reinhard Vogelsang

1900

1. April: Gadderbaum wird eingemeindet. Auf der Sparrenburg findet eine „Begrüßungsfeier“ statt.

April: In der Jöllenbecker Heidsieker Heide soll eine neue Schule errichtet werden. Die Lokalpresse wünscht, dass die Jungen mehr im Rechnen, die Mädchen allerdings mehr im Stricken, Stopfen und Flicken unterrichtet werden. Es käme schließlich darauf an, dass „die Kinder fürs Leben vorbereitet werden“.

27. Mai: Der Grundstein der Johanniskirche wird gelegt. Die Kirche gehört noch zur Altstädter Gemeinde.

6. August: Kaiser Wilhelm II. besucht Bielefeld. Er enthüllt auf der Sparrenburg das Kurfürsten-Denkmal.

August: Der amerikanische Zirkus Barnum & Bailey gastiert in Bielefeld. Ein riesiges Zelt mit drei Manegen, in dem mehr als 10000 Menschen Platz finden, wird auf dem Kaiser-Wilhelm-Platz, dem heutigen Kesselbrink, errichtet.

1. Oktober: Das neue Ladenschlussgesetz tritt in Kraft. Die Geschäfte müssen abends um 9 Uhr geschlossen werden. „Die Verkäufer verwöhnen das Publikum durch zu lange Öffnungszeiten“, kritisierte die Lokalpresse angesichts langer Öffnungszeiten bis 10 Uhr abends.

Gerhard Bunnemann (1842–1925)

Geheimrat Gerhard Bunnemann, von 1881 bis 1910 Oberbürgermeister von Bielefeld, hat die Entwicklung der Stadt ins 20. Jahrhundert maßgeblich beeinflusst. In seiner Amtszeit erhielt Bielefeld neue Wasserleitungen und Kanalisation, ein neues Krankenhaus, Rathaus und Stadttheater. Bielefeld dankte es ihm. 1910 wurde ihm das Ehrenbürgerrecht der Stadt verliehen.

Schaffnerinnen und Schaffner der Bielefelder Straßenbahn während des Ersten Weltkriegs

Strom für ein neues Jahrhundert

Mit der Straßenbahn in die Stadt

„Der Jahrhundertwechsel hat sich überaus günstig angelassen“, verkündete die Westfälische Zeitung in ihrer ersten Ausgabe des Jahres 1900. „Feierlich ertönte das Glockengeläute von den Kirchtürmen der Stadt, das zu stiller Andacht mahnte; recht feierlich stimmten auch die Choräle, welche die städtische Kapelle vom Sparrenberg herab ertönen ließ. Die vielen hell erleuchteten Wohnungen ließen darauf schließen, wie sehr auch diesmal der schönen alten deutschen Sitte, des Jahres letzte Stunde in gemütvoller und gemütbildender Weise im Kreise der Familie zu beschließen, gehuldigt wurde. Da mischen sich in das Gläserklingen auch die aufrichtigsten und reinsten Herzenswünsche und beim letzten Lichterglanze des weihnachtlichen Tannenbaums fühlen die Herzen sich gegenseitig erhoben in inniger Vereinigung, welche das Vertrauen in die Zukunft erweckt und stärkt.“

Es mag dahin gestellt sein, ob der Jahrhundertwechsel wirklich so ruhig gefeiert worden ist, die Tageszeitungen machten jedenfalls daraus nicht viel Federlesens. So heimelig, wie das Sylvesterfest beschrieben worden ist, sollte weder das Jahrhundert noch das neue Jahr werden. Bahnbrechende Veränderungen kündigten sich bereits 1900 an. Bielefeld erhielt ein Elektrizitätswerk und die erste Straßenbahnlinie.

Die Planungen für ein Elektrizitätswerks nahm die Stadt 1895 auf. Vier Jahre später bewilligte der Magistrat den Kostenvoranschlag in Höhe von 2063800 Mark. Schon im Dezember 1899 waren die Gebäude an der Schildescher Straße fertiggestellt und das Kabelnetz bis März 1900 gelegt. Mussten die Menschen zunächst von den Vorteilen der Elektrizität „mit sehr viel geduldiger Informationsarbeit“ überzeugt werden, so stellte sich der Erfolg des Elektrizitätswerkes doch schnell ein: Noch vor dem Ersten Weltkrieg musste das Kraftwerk mit einer Dampfturbine und Dynamomaschine sowie weiteren technischen Modernisierungsmaßnahmen aufgerüstet werden.

Ein wichtiger Stromabnehmer des Elektrizitätswerkes wurde die Straßenbahn, die im Dezember 1900 den Betrieb aufnahm. Sie verband Bielefeld mit Schildesche und Brackwede. Dort wohnten viele Arbeiter, die in Bielefeld beschäftigt waren. Um ihnen die Fahrt mit der Straßenbahn zu ermöglichen, verzichtete die Stadt „aus sozialpolitischen Gründen“ auf gewinnbringende Einnahmen. Während eine normale Fahrkarte 10 bis 20 Pfennig kostete, konnten Schüler und Arbeiter Karten für eine Mark erwerben, die zu 20 Fahrten berechtigten.

In Bielefeld fuhr die Straßenbahn vom Hauptbahnhof über die Herforder Straße und den Jahnplatz durch die Niedern- und Obernstraße. Vor allem in der Altstadt wurde es bald für alle Verkehrsteilnehmer so eng, dass man über neue Verkehrsregeln nachdachte, von denen auch Fußgänger nicht ausgenommen waren. Sie sollten, so ist in Zeitungen zu lesen, auf den schmalen Bürgersteigen nur in eine Richtung laufen dürfen. Vor hundert Jahren ließen sich die Menschen auf so manche Erneuerung ein, dieser Vorschlag hatte aber keine Chance, befolgt zu werden.

Haltestelle der Bielefelder Kreisbahnen bei der Gastwirtschaft Bitter in Jöllenbeck

Mit der Kleinbahn quer durchs Ravensberger Land!

Ein neues Verkehrsmittel erschließt die Region

An den Eisenbahnstrecken von Bielefeld nach Werther und nach Enger herrschte am 1. April 1901 reges Treiben. Die Bevölkerung der anliegenden Ortschaften war zu den Bahndämmen geeilt, um die ersten Züge der neuen Kleinbahn zu begrüßen. Zwar hatte dieser Tag nicht den Anschluss an die große, weite Welt gebracht, wohl aber den an die aufstrebende Industriestadt Bielefeld, die Arbeit und guten Lohn versprach.

Es war der Kreis Bielefeld, der seit den 1890er Jahren Kleinbahnprojekte vorangetrieben und besonders eine Verbindung mit dem Kreis Herford angestrebt hatte. Unterstützung fand man beim preußischen Staat, dessen Ziel es war, durch die im Vergleich zur Staatsbahn preiswerten Schmalspurbahnen die ländlich gelegenen Ortschaften mit den Städten zu verbinden, um durch den Transport von Arbeitskräften und Waren die Wirtschaft anzukurbeln.

Anfangs plante man, die Bielefelder Bahn in einer Spurweite von 600 Millimetern, der billigsten aber wenig belastbaren Variante einer Schmalspurbahn, auszuführen. Mit dem Argument, dass ein hoher Anteil an Güterverkehr zu erwarten sei, wurde dann aber die teurere Einmeterspur gebaut. In Enger trafen die Strecken der Herforder Kleinbahnen und der Bielefelder Kreisbahnen aufeinander.

Die Bielefelder Kreisbahnen wurden gut angenommen. Das zeigte sogleich das Betriebsergebnis des ersten Jahres, in dem 414207 Personen und 9482 Tonnen Güter befördert wurden. Auf den einschließlich aller Nebengleise etwa 27 Kilometer langen Strecken waren anfangs vier Tenderlokomotiven, zehn Personenwagen, drei Packwagen und 24 Güterwagen unterwegs. Fünf Zugpaare pendelten regelmäßig von Bielefeld über Schildesche, Theesen und Jöllenbeck nach Enger oder über Dornberg nach Werther. Auf der Strecke zwischen Bielefeld und Schildesche verkehrten weitere Züge, so dass hier zwischen sechs Uhr morgens und neun Uhr abends fast stündlich eine Verbindung bestand.

Es gab nicht nur Freude über das neue Verkehrsmittel. So fühlten sich die Anwohner zwischen Bielefeld und Schildesche arg belästigt. Bereits einen Monat nach Eröffnung mussten daher Maßregeln für den Bahnbetrieb auf diesem Abschnitt erlassen werden: Um die Beeinträchtigung durch Ruß und Rauch zu vermindern, durfte hier keine Kohle nachgelegt werden, und die Dampfpfeife sollte nur in dringenden Fällen benutzt werden.

„Quer durchs Ravensberger Land" konnte man laut des gemeinsamen Fahrplans der Bielefelder Kreisbahnen und der Herforder Kleinbahnen fahren. Und in der Tat reichte das Schienennetz der beiden Bahnen von Werther bis Vlotho und von Bielefeld bis Wallenbrück. Doch nach den Vorstellungen des Landrats von Dithfurth sollte das Streckennetz noch bis nach Bünde und Versmold erweitert werden. Aber nur eine Strecke, die über Heepen nach Eckendorf, wurde 1909 noch eröffnet. Das Fehlen eines Anschlusses auf lippischer Seite führte bereits 1922 zur Einstellung dieses Abschnitts, der nie schwarze Zahlen schreiben konnte.

Einen letzten Höhepunkt erlebten die Bielefelder Kreisbahnen in der Zeit der Hamsterfahrten nach dem Zweiten Weltkrieg. In den folgenden Jahren konnte sie mit ihrem maroden Schienenmaterial und dem veralterten Wagenpark gegen den Trend der allgemeinen Motorisierung jedoch nicht mehr konkurrieren, so dass die Strecken Mitte der Fünfziger Jahre stillgelegt wurden.

1901

1. April: Die Bielefelder Kreisbahnen nehmen ihren Betrieb auf den Strecken nach Enger und nach Werther auf.

3. Mai: In der Tonhalle auf dem Johannisberg findet das erste Konzert des neugegründeten Städtischen Orchesters statt.

8. August: Mit dem Anfang der Schulferien beginnen auch die Ferienspiele. Abwechselnd können sich die Kinder auf zwei Plätzen allabendlich im Werfen, Laufen und Springen üben.

6. November: Einweihung der Johanniskirche.

4. Dezember: Der Jahnplatz wird mit vier elektrischen Bogenlampen beleuchtet. Dies gilt als Beginn der elektrischen Straßenbeleuchtung Bielefelds.

28. Dezember: Die Inbetriebnahme der unmittelbaren Fernsprechverbindung zwischen Bielefeld und Berlin führt zur erheblichen Beschleunigung der Abwicklung von Ferngesprächen zwischen diesen Städten.

Carl Severing (1875–1952)

Carl Severing, Sohn eines Zigarrenmachers und einer Näherin, kam 1895 als Schlossergeselle nach Bielefeld, musste die Stadt aber wegen eines gescheiterten Streiks bald wieder verlassen. Nach einigen Wanderjahren kehrte er zurück, arbeitete als „Einnäher" bei einer Nähmaschinenfabrik, schrieb für die sozialdemokratische „Volkswacht" und wurde 1901 hauptamtlicher Geschäftsführer des Deutschen Metallarbeiterverbandes für Bielefeld. Damit begann seine politische Karriere. Er wurde Stadtverordneter, Reichstagsabgeordneter, Preußischer Innenminister und gehörte von 1928 bis 1930 der letzten demokratisch gewählten Reichsregierung an. Wieder Preußischer Innenminister wurde er 1932 durch einen Staatsstreich des Reichskanzlers von Papen abgesetzt.

1902

Januar: Der Selbstmord von Musikdirektor Eckert erschüttert die Einwohner Bielefelds. Selbst die Stadtverordneten beschäftigen sich mit dem Fall.

Februar: Die Kaiserstraße (die heutige August-Bebel-Straße) soll endlich gepflastert werden. Vor allem im Herbst kommt es regelmäßig zu Klagen über den Schmutz auf der Straße.

April: Mit dem Bau der Bahnstrecke von Bielefeld nach Lage wird begonnen. Zwischen Bleich- und Heeperstraße soll der Ostbahnhof gebaut werden.

14. Juni: Der Grundstein für das neue Rathaus am Niederwall wird gelegt.

Juli: Die Straßenbahnlinie vom Hauptbahnhof zum Landgericht wird eröffnet.

7. Dezember: Am Brackweder Bahnhof entgleist ein Personenzug infolge eines Schienenbruches. Eine Lokomotive fährt in ein Stellwerkhäuschen. Der Wärter wird leicht verletzt.

August Junkermann (1832–1915)

Der gebürtige Bielefelder und „Königlich Württembergische Hofschauspieler" zählte zu den beliebtesten Schauspielern in seiner Heimatstadt. Der erste Komiker des königlichen Theaters in Stuttgart war auf deutschen Bühnen oft in den humorvollen Stücken des Dichters Fritz Reuter zu sehen. Im Oktober 1902 beging er in Bielefeld sein 50-jähriges Bühnenjubiläum. An drei Abenden feierten ihn die Bürger im ausverkauften Saal der Gesellschaft Eintracht. Junkermann „macht das tote Wort lebendig und weckt den Geist, der in ihm schlummert, zur vollen Wirkung, weil er ein Künstler ist", jubelte die Presse.

Ein Jahr ohne Glockengeläut

Die Neustädter Marienkirche in Flammen

Die Katastrophe kam unerwartet. Am Nachmittag des 30. Januar 1902 war der Küster der Neustädter Gemeinde noch in der Marienkirche gewesen, um die Uhr zu stellen. Kurze Zeit später brach in der Kirche das Feuer aus, das erst bemerkt wurde, als die Flammen aus dem Turmfenster schlugen. Obwohl die Feuerwehr gleich zur Stelle war und eine Ausdehnung des Brandes verhindern konnte, bot das Innere der Kirche ein Bild der Zerstörung. Die Chöre und das Mauerwerk der Westseite mussten komplett erneuert werden. Das Altarfenster, das Kaiser Wilhelm I. gestiftet hatte, lag in Scherben. Es war durch den in der Kirche herrschenden Luftdruck förmlich auf die Straße geschleudert worden. Die „herrliche neue Orgel" und restaurierten Wandmalereien, die seit dem 600-jährigen Jubiläum der Marienkirche von 1893 das Gotteshaus bereichert hatten, fielen den Flammen zum Opfer. Da anfangs unklar war, ob auch die Türme beschädigt waren, durften die Glocken nicht mehr geläutet werden.

Das Feuer in der Marienkirche schlug in der Stadt hohe Wellen. Spekulationen über dessen Ursache bildeten das Tagesgespräch. Löste eine Gasexplosion die Katastrophe aus oder war es gar Brandstiftung? Es sollte nie aufgeklärt werden.

Das Presbyterium der Neustädter Gemeinde beschloss, das Emporengestühl vollständig zu erneuern. Die Orgel, die wiederum beim Hoforgelbauer Klasmeier in Kirchheide bei Lemgo in Auftrag gegeben wurde, erhielt mehr Platz. Die Seitenemporen wurden so gestaltet, dass die Fenster mehr zur Geltung kamen und die Kirche dadurch heller wurde. Zudem wurden die Renovierungsarbeiten genutzt, eine neue Heizungsanlage zu installieren, für deren Kosten die Gemeindemitglieder durch Spenden aufkamen.

Die Hoffnung, die Kirche könne im Verlauf des Jahres wieder geöffnet werden, schlug allerdings fehl. Gottesdienste wurden in der Volkshalle, in der 2. Bürgerschule an der Rohrteichstraße sowie, nach deren Eröffnung im April 1902, in der Turnhalle der 11. Bürgerschule an der Fröbelstraße abgehalten, Taufen fanden in der Kapelle des Städtischen Krankenhauses statt.

Am Abend des 10. März 1903 kündigten die Glocken der Marienkirche die Wiederherstellung des Gotteshauses an, eine Militärkapelle spielte vor dem Hauptportal Choräle. Am 11. März, es war ein Mittwoch, weihte Superintendent Nebe die Kirche wieder ein, Pastor Jordan hielt die Predigt. Und zur Feier des Tages folgte am Abend ein zweiter Gottesdienst mit Abendmahl, den Pastor Kuhlo abhielt.

Die Wiedereinweihung der Marienkirche wurde zudem mit einem Festessen im Saal der Gesellschaft Erholung gefeiert, an dem 160 Gäste teilnahmen. Es wurden Reden gehalten, Toasts ausgesprochen und nicht zuletzt der langjährige Kirchenmeister Hermann Lohmeyer und der Küster Heinrich Landwehrmann geehrt. Es herrschte eine gelöste, fröhliche Stimmung, die wohl manche Zeitgenossen für unangemessen gehalten haben mögen. Die Westfälische Zeitung beruhigte: „Wenigen einzelnen Leuten wird das Festessen nicht recht sein, wir haben es aber mit gutem Gewissen gefeiert, denn Fröhlichkeit in maßvollen Grenzen und im Tone der Liebe und Freundschaft gehalten, ist dem Christentum nicht zuwider. Wir haben die Gesichter der Festfeiernden, die zum fröhlichen Mahl eilten, geprüft und haben nichts als Freude, Dank und Herzensbewegung über den schönen großen Tag auf ihnen lesen können."

Oelmühlenstraße und Teutoburger Straße waren noch nicht befestigt, als die Diakonieschwestern nach Bielefeld kamen

„Wir kamen uns wie auf dem Lande vor"

Diakonieschwestern im Städtischen Krankenhaus

An der Schwelle zum 20. Jahrhundert, am 16. November 1899, weihten Bielefelder Honoratioren das neue Städtische Krankenhaus an der Oelmühlenstraße ein. Außerhalb des alten Stadtkerns waren ein imposantes Hauptgebäude mit Pavillons und einer Kapelle errichtet worden, in dem bis zu 170 Kranke gepflegt werden konnten. Für die Krankenpflege zeichneten Sarepta-Schwestern aus Bethel verantwortlich. Als 1902 die Oberin ohne Rücksprache mit dem leitenden Krankenhausarzt von der Anstalt Sarepta abberufen wurde, entbrannte ein Streit, der letztlich dazu führte, dass Bethel die Schwestern aus dem Bielefelder Krankenhaus abzog. Das wechselseitige Vertrauen sei nicht mehr vorhanden, lautete die Begründung.

Am 3. Januar 1903 übernahmen 16 Schwestern des Evangelischen Diakonievereins die Krankenpflege. Sie hatten ihre Ausbildung in Wuppertal am Diakonieseminar des Elberfelder Krankenhauses absolviert. Als sie in Bielefeld eintrafen, kamen sie sich wie auf dem Lande vor. Weder die Oelmühlenstraße, noch die Teutoburger Straße waren befestigt. Vor dem Krankenhaus erstreckten sich Wiesen bis zu der noch freiliegenden Lutter und der dahinterliegenden Mechanischen Weberei.

Im Krankenhaus waren die Patienten natürlich in gespannter Erwartung, wie sich der Schwesternwechsel an ihnen auswirken würde. Aber auch die Schwestern mussten sich an ihre neue Umgebung erst gewöhnen. Anne Marie Wiese, seit 1903 Oberin des Städtischen Krankenhauses, berichtete: „Ich vergesse nie die Hilflosigkeit der Schwestern, als sie am ersten Arbeitsmorgen vergeblich nach Temperaturzetteln suchten. In Bielefeld war es bis dahin Sitte gewesen, bei Schwerkranken die jeweiligen Temperaturen mit Kreide auf die Kopftafeln zu schreiben, soweit Platz war, und sie dann auszuwischen. Als ich dann schnell nach Elberfelder Muster Formulare drucken ließ, war unser Chefarzt begeistert und machte jeden darauf aufmerksam, wie übersichtlich jetzt das Krankenbild geworden sei."

Das Krankenhaus hatte mit dem Zehlendorfer Diakonieverein einen Gestellungsvertrag abgeschlossen, der den Schwestern Unterkunft, freie Verpflegung, vier Wochen Urlaub im Jahr und zudem täglich ausreichende Erholung in frischer Luft sowie mindestens alle zwei Wochen den Besuch der Kirche zusicherte. Außerdem wurde vereinbart, dass die Schwestern an Sonntagen und kirchlichen Feiertagen nicht zu Operationen und Reinigungsarbeiten herangezogen werden durften. Das Krankenhaus überwies an das Mutterhaus für die Oberin 880 Mark im Jahr, für die Stationsschwestern und Hilfsschwestern jeweils 550 bzw. 330 Mark. Die Schwestern erhielten aus der Vereinskasse ein Taschengeld. Ihnen bot das Mutterhaus nicht nur im Alter soziale Sicherheit, was ihre Stellung als Frau zu Beginn des 20. Jahrhunderts zweifellos stärkte.

1903

Januar: Erst seit einem Jahr ist die Kanalisation in Gadderbaum fertiggestellt und zeigt bereits erhebliche Schäden auf. Das getrennte System, das für Schmutz- und Regenwasser besondere Rohrleitungen vorsieht, ist undicht. Die Kanäle werden vom Grundwasser unterspült und brechen.

11. März: Wiedereinweihung der Neustädter Marienkirche. Die Renovierung infolge eines Brandes hat über ein Jahr gedauert.

7. April: Die XI. Bürgerschule wird eingeweiht. Ihr Bezirk umfasst u. a. die neuen Arbeiterwohnviertel an der Ost- und Spindelstraße, Große und Kleine Howe, Niedermühlenkamp und Mühlenstraße.

24. Mai: Am Niederwall wird das Bismarck-Denkmal eingeweiht. Das Standbild des ehemaligen Reichskanzlers steht heute vor dem Ratsgymnasium am Nebelswall.

8. August: Gründung des christlichen Metallarbeitervereins Bielefeld.

30. November: Kaiser Wilhelm II. verleiht dem Bielefelder Unternehmer Albrecht Delius den Titel „Geheimer Kommerzienrat". Delius ist Inhaber der mechanischen Seidenweberei C.A. Delius & Söhne.

Anne Marie Wiese (1870–1953)

1903 kam Anne Marie Wiese mit den Zehlendorfer Diakonieschwestern von Wuppertal nach Bielefeld und war bis 1936 die Oberin des Städtischen Krankenhauses. Sie verstand sich als „Hausmutter" der Anstalt und sorgte sich gleichermaßen um das Wohl der Schwestern und Patienten. Hochbetagt feierte sie 1953 das 50-jährige Jubiläum der Zehlendorfer Diakonieschwestern am Städtischen Krankenhaus.

1904

31. Januar: In Bielefeld wohnen 67220 Menschen.

19. Februar: Unter dem Vorsitz von Gustav Meyer zu Jerrendorf wird ein Dienstbotenkrankenversicherungsverein für den Landkreis Bielefeld gegründet.

21. April: Das neue Gebäude der Kaiserin-Augusta-Viktoria-Schule, aus der das heutige Gymnasium am Waldhof hervorgegangen ist, wird eingeweiht. „Bete und arbeite" lautet der Wahlspruch des Schuldirektors Dr. Gustav Gerth.

1. Oktober: Die Eisenbahnstrecke von Bielefeld nach Oerlinghausen wird eröffnet. Drei Böllerschüsse empfangen den ersten Personenzug.

18. November: Im großen Saal des evangelischen Vereinshauses findet eine Frauenversammlung zur Bekämpfung des Alkoholismus statt.

Prof. Dr. Otto Nitzsch (1824–1904)

Geboren in Bonn, studierte Otto Nietzsch in seiner Heimatstadt und in Kiel und promovierte 1847 an der philosophischen Fakultät der Universiät Bonn. Als Gymnasiallehrer war er in Berlin, Duisburg und Greifswald tätig, bevor er 1867 mit dem Prädikat „Professor" versehen nach Bielefeld kam. 31 Jahre lang war er Direktor des Ratsgymnasiums. Nach seiner Pensionierung 1898 verlieh ihm der König den Titel „Geheimrat". 1876 gehörte Nietzsch zu den Gründern des Historischen Vereins für die Grafschaft Ravensberg, dessen erster Vorsitzender er bis 1896 war. Hochbetagt starb er am 16. Oktober 1904.

Das Rathaus war noch eingerüstet, als das neue Stadttheater eröffnet wurde. Im Hintergrund ist ein Schornstein der Dürkoppwerke zu sehen.

Die Einweihung von Rathaus und Theater

Stätten der Muse und strengen Arbeit

„Willkommen in Bielefeld!", begrüßte der General-Anzeiger das neue Stadttheater, das am 5. April mit Schillers romantischer Tragödie „Die Jungfrau von Orleans" eröffnet wurde. Im Theater herrschte an diesem Tag drangvolle Enge. Wer in Bielefeld einen Namen hatte, nahm im Parkett und auf den Rängen Platz. Die Loge war für die Erbauer des Theaters reserviert, für den Berliner Architekten Bernhard Sehring und Bielefelds Stadtbaurat Ritscher. Die Herren der Theaterkommission, die sich für den Bau des Theaters am Neumarkt eingesetzt hatten, sonnten sich, so die Tageszeitung, „im Glanze ihrer Würde und des elektrischen Lichts".

Vier Jahre zuvor waren sich Magistrat und Stadtverordnete noch nicht einig, wo das Theater gebaut werden sollte. Sie diskutierten die Frage, das Theater auf einem eigenen Grundstück oder „aus Gründen der Schönheit, Zweckmäßigkeit und Ökonomie" zusammen mit dem geplanten Rathausneubau zu errichten. Den Ausschlag gab ein Gutachten des Wiener Baumeisters Camillo Sitto, um die Jahrhundertwende eine Autorität auf dem Gebiet des Städtebauwesens, der sich für einen Neubau beider Häuser auf dem bisherigen Krankenhausgelände am Niederwall aussprach; nach dem Umzug des Städtischen Krankenhauses an die Oelmühlenstraße im November 1899 stand dieses Gelände für neue Planungen offen. Weitere Grundstücke am Neumarkt und an der Brunnenstraße mussten für 290000 Mark erworben werden, bevor im Frühjahr 1902 der Grundstein für Rathaus und Theater gelegt wurde.

Zwar war der Sitz der städtischen Verwaltung das Rathaus am Alten Markt, das konnte aber zuletzt nur noch den Hauptabteilungen Platz bieten. Weitere Diensträume mussten in verschiedenen Gebäuden bezogen werden. Im neuen Rathaus wurden sämtliche Verwaltungszweige wieder zusammengeführt, was nicht nur die Arbeit des Magistrats erleichterte, sondern auch der Bürgerschaft viele Wege ersparte. Bereits im März 1904 konnte das Stadtbauamt seine Räume beziehen. Die Einweihung des neuen Rathauses fand allerdings erst am 12. Oktober 1904 statt.

Den Ehrengästen präsentierte sich die Architektur in einer Mischung aus „deutschen Renaissanceformen mit spätgotischen Motiven". An dem Gebäude selbst fanden sich verschiedene Figuren, von denen zwei auf dem Hauptbalkon thronten: Eine Spinnerin und ein Schmied, Symbolfiguren der Bielefelder Textil- und metallverarbeitenden Industrie. Im großen Sitzungssaal erinnerte ein Wandgemälde von William Pape an den Besuch des Kaisers Wilhelm II. anlässlich der Einweihung des Kurfürstendenkmals auf der Sparrenburg. Für den aus Minden angereisten Regierungspräsidenten war das Rathaus ein stolzer Palast. Nicht aber „zum Prunken und Prahlen" sei es geschaffen worden, betonte Oberbürgermeister Bunnemann, „sondern als eine Stätte strenger Arbeit und treuer Pflichterfüllung".

Die Synagoge an der Turnerstraße, unweit von Rathaus, Kesselbrink und Dürkoppwerken

Eine Zierde für die Stadt

Die Synagoge an der Turnerstraße

Wollte die jüdische Gemeinde zu Beginn des 20. Jahrhunderts an hohen Feiertagen mit all ihren Mitgliedern den Gottesdienst feiern, so musste sie den großen Saal der „Eintracht" anmieten. Für die etwa 750 Gemeindemitglieder, deren Zahl durch den Zuzug weiterer Juden noch wuchs, war die alte Synagoge am Klosterplatz zu klein geworden.

Es war daher an der Zeit, ein neues Gebäude zu planen. Einen geeigneten Bauplatz fand man an der Turnerstraße, ganz in der Nähe des Kesselbrinks. Hier wurde nach den Plänen des Berliner Regierungsbaurates Eduard Fürstenau ein mächtiger Kuppelbau errichtet.

Weit sichtbar krönte in 41 Meter Höhe ein vergoldeter Davidstern das neue Gotteshaus, in dem nun Raum für 800 Gläubige war. Die Architektur und die Ausstattung des repräsentativen Gebäudes spiegelten das Selbstverständnis der liberal gesinnten Bielefelder Gemeinde wider.

Zahlreiche Gäste kamen am 20. September 1905 zur feierlichen Einweihung der neuen Synagoge. Josefa Metz, eine jüdische Schriftstellerin aus Bielefeld, hatte eigens für diesen Tag ein Gedicht verfasst, das von einer Schülerin vorgetragen wurde. Dann übergab der Architekt Fürstenau den Schlüssel des Gebäudes an den Vertreter des Gemeindevorstandes, Moritz Katzenstein. Dieser erwiderte: „Indem ich den Schlüssel aus Ihrer Hand, geehrter Herr Baurat, entgegennehme, danke ich Ihnen besonders für das Werk, das Ihr künstlerisches Können in so vollendeter Weise uns hier hat erstehen lassen. Der Bau, den Sie geschaffen, ist in seiner monumentalen äußeren Wirkung eine Zierde unserer Stadt und in seiner würdigen äußeren Ausstattung ein stimmungsvolles, andachterweckendes Gotteshaus. Ich hege den Wunsch: Möge die Synagoge, die wir heute weihen, mit ihrer stolzen, himmelanstrebenden Kuppel immerdar ein Wahrzeichen der aufstrebenden Gemeinde sein, die fest und stark wie dieser Bau, nach außen dastehen soll als eine Körperschaft, die ihre Kraft schöpft aus der Eintracht und dem Frieden ihrer Mitglieder. Die harmonische Ausgestaltung des Innenraumes aber möge ein Symbol der Harmonie sein, welche Andacht und Arbeit, Gesinnung und Tat zu einem schönen Ganzen verbindet. Was drinnen im Gotteshaus als Vorsatz der Gläubigen reift, soll draußen in der Welt als Segen für die Gesamtheit wirken. Dann wird unsere Synagoge dastehen als eine Stätte der Verehrung dem einzigen Gotte, als eine Stätte der Liebe seinen Kindern auf Erden!" Das Portal der Synagoge wurde nun geöffnet und die Gäste strömten in das neue Gotteshaus, wo sie anschließend einen Einweihungsgottesdienst feierten.

Die guten Wünsche des Gemeindevorsitzenden Katzenstein sollten sich nicht erfüllen. Wie in vielen anderen deutschen Städten wurde in der so genannten „Reichskristallnacht" auch die Bielefelder Synagoge zerstört.

1905

3. Januar: Aus dem Wunsch heraus, Teilhaber an der bürgerlichen Kultur zu werden, gründen Gewerkschafter die „Freie Volksbühne". Bereits nach einem Monat gehören ihr 2000 Mitglieder an.

9. Mai: Schulen und Vereine begehen feierlich den 100. Todestag Friedrich Schillers. In der Stadtverordnetenversammlung wird die Umbenennung des Neumarktes in Schillerplatz angeregt. Da der Wochenmarkt nicht mehr auf dem Platz vor dem Rathaus und Theater abgehalten wird, hat die Umbenennung auch einen praktischen Sinn.

28. Mai: Eröffnung der vom Ravensberger Rennverein bewirtschafteten Pferderennbahn in Quelle.

28. August: „Frau Geheimrat" Oktavie Hinzpeter, geb. Darcourt, Erzieherin „Ihrer Kgl. Hoheit, der Frau Erbprinzessin von Meiningen, Prinzessin von Preußen", stirbt.

5. November: Der Amateur-Schwimmklub veranstaltet in der städtischen Badehalle an der Gütersloher Straße ein Schwimmfest. Dieses wird so gut besucht, dass die Jahreseinnahmen erstmals die Ausgaben übertreffen.

Ludwig Huber (1826–1905)

In Bielefeld geboren, studierte Ludwig Huber in Göttingen Rechtswissenschaften und absolvierte seine Referendarszeit in Paderborn. Anschließend kehrte er zurück und leitete von 1857 bis 1881 die Geschicke der Stadt. In seiner Amtszeit als Bürger- und Oberbürgermeister – 1869 verlieh ihm der Preußische Staat diesen Titel – entwickelte sich Bielefeld zur Industriestadt. Die in dieser Zeit erfolgte Erschließung neuer Wohn- und Industrieviertel hat das Stadtbild bis heute geprägt.

1906

2. Januar: Nach einem achtwöchigen Streik in der Wäscheindustrie kehren die Arbeiterinnen in die Fabriken zurück. Sie haben eine Lohnerhöhung von etwa 10 % erstritten.

6. Februar: Die Ravensberger Spinnerei schenkt dem Städtischen Museum eine im Jahre 1842 aufgestellte Balancierdampfmaschine, eine der ältesten Dampfmaschinen, die in Bielefeld eingesetzt wurde.

24. April: Der Bau des Lokschuppens an der Stadtheider Straße wird in Angriff genommen. Zunächst sollen hier acht Lokomotivstände entstehen. Gleichzeitig wird der Wasserturm für das Bahnbetriebswerk errichtet.

18. Juli: Die Stadt kauft den zu Quelle gehörenden Meierhof Olderdissen, dessen Liegenschaften nach Bielefeld umgemeindet werden.

3. Oktober: Eröffnung des Historischen Museums in der Kaselowsky'schen Villa durch den Historischen Verein. Der „Vater" der Einrichtung, Professor Dr. Julius Wilbrand, war wenige Wochen zuvor verstorben.

20. Oktober: Im alten Rathaus ist ein Laubengang eingezogen worden, durch den nun der Fußgängerverkehr geleitet wird, um den Fahrweg für Straßenbahn und Fuhrwerke freizuhalten.

Theodor Calow (1828–1906)

Der aus Pommern stammende Theodor Calow wurde nach seiner Lehre als Schmied Werkmeister bei der Berliner Maschinenfabrik Schwartzkopff. Zur Einrichtung einer Dampfmaschine nach Bielefeld geschickt, lernte er seine spätere Ehefrau kennen. 1859 erhielt er eine Stelle bei der Ravensberger Spinnerei. Mit einer Eisengießerei und Maschinenfabrik machte er sich 1863 selbständig. Hauptabnehmer seines breitgefächerten Angebots war die aufblühende Textilindustrie, die zuvor auf englische Maschinen und Ersatzteile angewiesen war. Er selbst war Mitbegründer der Mechanischen Weberei Ravensberg in Schildesche. Nicht zuletzt aufgrund seines wirtschaftlichen Erfolgs erlangte Calow großes Ansehen und war elf Jahre Mitglied der Stadtverordnetenversammlung.

Der Finkenbach in Heepen kurz vor seiner Einmündung in die Lutter. Die Schmutzwasserentsorgung über die vorhandenen Gewässer war zu Beginn des 20. Jahrhunderts ein vieldiskutiertes Thema

Frisches Wasser für die Stadt – Abwasser für den Nachbarn

Ver- und Entsorgungsprobleme einer wachsenden Stadt

Schon seit 1890 hatten sich die Bielefelder das Grundwasser von der anderen Seite des Teutoburger Waldes zu Nutze gemacht, denn in der Stadt gab es keine Möglichkeiten, eine ausreichende Trinkwasserversorgung sicherzustellen. Mittels Dampfpumpen gelangte das Wasser aus dem Senner Quellgebiet in den Hochbehälter am Sparrenberg und von dort aufgrund des natürlichen Gefälles in das Netz, an das bald das gesamte Stadtgebiet angeschlossen war. Um der rasch anwachsenden Bevölkerung die notwendigen Wassermassen zu verschaffen, mussten nach der Jahrhundertwende neue Quellen erschlossen werden. So erwarb die Stadt in der Senne zumeist kleine landwirtschaftliche Besitzungen, auf denen sie insgesamt 26 Brunnen erbohrte und nahm dort im September 1906 das zweite Wasserwerk in Betrieb. Während sich die Einwohner Bielefelds über die Versorgung mit dem Wasser von anerkannt guter Qualität freuen konnten, liefen die Senner Bauern Sturm. Sie mussten zu Recht fürchten, dass ihre Ackerflächen austrockneten und weniger Erträge brächten. Obgleich Schadensersatzklagen drohten, drehte die Stadt den Hahn nicht wieder zu.

War man bei der Wasserbeschaffung gegenüber den Landwirten aus der Senne unnachgiebig, so glaubte man dies auch bei der Entsorgung des Schmutzwassers sein zu können. Aus diesem Grund schlugen zwischen den Nachbarstädten Herford und Bielefeld die Wellen im wahrsten Sinne des Wortes hoch. Der Magistrat der Stadt Herford hatte wegen der immer stärker werdenden Verunreinigung der Aa ein Gutachten erstellen lassen. Daraus glaubten die Herforder „schließen zu können, dass neben den Abwässern der Lutter innerhalb des Stadtgebiets Bielefeld inkl. des Gemeindebezirks Gadderbaum der Abfluss der städtischen Rieselfelder und die Abgänge mehrerer Fabriketablissements an der Wirkung der Verschmutzung beteiligt bezw. für das Resultat mit verantwortlich sind", so der Bielefelder Generalanzeiger am 5. Juni 1906. Der Gutachter hatte festgestellt, dass die Lutter stark verschmutzt sei, und dadurch das Wasser der Aa in Herford in miserablem Zustand ankomme. Da die Lutter fast vollständig verrohrt sei, könnten sich darin „aus Mangel an Licht nicht die Organismen der normalen Fauna und Flora" entwickeln, die für die „Verdauung und Beseitigung" der organischen Abwässer notwendig seien. Durch die Aufstauungen des Baches bei Meyer zu Hartlage, Meyer zu Heepen und an der Milser Mühle werde die Wasserqualität noch weiter gemildert, denn der „Stau lässt das mit organischen, fäulnisfähigen Substanzen beladene Wasser stagnieren und macht es dadurch leer an Sauerstoff". Die Konsequenz daraus sei das Absterben der natürlichen Tier- und Pflanzenwelt. Nicht ein einziger Fisch sei in der Lutter zu bemerken, nicht einmal ein Stichling, während sich diese in Johannis- und Oldentruper Bach noch immer munter tummelten.

Die Bezirksregierung hatte Bielefeld wenige Jahre zuvor den Bau der Kanalisation nur mit der Auflage genehmigt, durch die Anlage von Rieselfeldern eine Reinigung des Abwassers zu gewährleisten. Doch auch nachdem diese kostspielige Technik „ans Netz" gegangen war, hörten die Klagen aus Herford nicht auf, denn noch gab es für Bethel keine Kläranlagen, und auch die Spinnereien trübten das Wasser des Bachlaufes, der aufgrund von Abgrabungen beim Eisenbahnbau ohnehin stark an Fließkraft verloren hatte. Weiterhin gelangte über die Regenwasserkanäle ungeklärtes Wasser in den Vorfluter, und schließlich war auch das Wasser, dass die Rieselfelder verließ, nicht frei von organischen Verschmutzungen. Die Stadt Bielefeld wies jedoch alle Vorwürfe zurück: Der Dreck entstamme nicht ihrem Gebiet und außerdem sei die Reinigung der Abwässer auf den Rieselfeldern unter allen bekannten Methoden anerkanntermaßen die Beste.

Das monumentale Kaiserdenkmal vor dem Rathaus und Stadttheater. Nur wenige Jahre konnten es die Bielefelder bewundern

„Freue Dich, Du Perle Westfalens, Dein Kaiser und Herr kam zu Dir ...“

Die Enthüllung des Kaiser-Wilhelm-Denkmals

Am 29. August 1907 säumten tausende von Menschen die Straßen vom Hauptbahnhof bis zum Schillerplatz, die Obernstraße, den Oberntorwall und den Jahnplatz. Viele waren mit der Eisenbahn angereist. Von Herford war gar ein Sonderzug eingesetzt worden. Kriegervereine und Turnvereine, patriotische Männervereine, Bedienstete der Post und des Bauamtes, Fabrikbelegschaften sowie Schüler von Herforder und Bielefelder Schulen bildeten Spalier. Hinter dem Spalier, so sah es eine Festordnung vor, waren nur soviel Zuschauer zugelassen, dass noch Platz für einen ausreichend breiten Gehweg blieb. Angesichts des großen Ansturms war das aber nicht mehr als ein frommer Wunsch. „Ein Treiben und ein Leben, wie es unsere Stadt noch nicht gesehen hat“, jubelte der Generalanzeiger. Sie alle waren gekommen, um Kaiser Wilhem II. zu sehen, der an diesem Tag das Kaiserdenkmal vor dem neuen Rathaus enthüllen sollte.

Der Plan, ein Denkmal für Kaiser Wilhelm I. zu errichten, wurde bei den Vorbereitungen für den Rathausneubau am Schillerplatz gefasst. Auf den 1903 ausgeschriebenen Wettbewerb gingen 102 Entwürfe ein, von denen ein Preisgericht allerdings nur acht in die engere Auswahl nahm. Den ersten Preis erhielt das Reiterstandbild des Berliner Regierungsbaumeisters Wilhelm Freiherr von Tettau. Die Stadt beauftragte ihn, gemeinsam mit dem zweiten Preisträger, dem Bildhauer Eduard Albrecht, das Monument zu liefern.

Als Kaiser Wilhelm II. mit einem Sonderzug in Bielefeld ankam, ertönten vom Johannisberg drei Böllerschüsse zur Begrüßung. Unter lautem Jubel fuhr er in einer offenen Kutsche zum Schillerplatz, auf dem ein besonderes „Kaiserzelt“ errichtet worden war. Aus dem Kreis der Ehrenjungfrauen sprach eine Schülerin der Augusta-Victoria-Schule ein Gedicht, und Oberbürgermeister Bunnemann hielt eine salbungsvolle Rede. Nachdem der Monarch das Denkmal enthüllt und Bielefelds Entwicklung gerühmt hatte, besichtigte er das neue Rathaus und verlieh zahlreiche Orden. Vor der Villa seines Erziehers Geheimrat Hinzpeter, wo er sich mit seinem Gefolge nach dem Festakt aufhielt, versammelte sich schnell eine schaulustige Menschenmenge. Die Massen drängten zu der Besitzung, klettergewandte Jungen erklommen die Bäume. „Die Bande der Ordnung schienen weichen zu wollen“, war anderntags im Generalanzeiger zu lesen. „Dem besonnenen Vorgehen der Hüter der Ordnung gelang es schließlich, das Ungestüm des Publikums zu zügeln.“

Als der Kaiser die Villa verließ und sich in seiner Equipage zum Bahnhof begab, brach wieder „ein ungeheurer Jubel los, der nicht eher verstummte, als bis der letzte Wagen den Augen entschwunden war“. Der Besuch von Wilhelm II. in Bielefeld hatte kaum drei Stunden gedauert, doch wurde in der Stadt den ganzen Tag gefeiert. Die Honoratioren versammelten sich in der Ressource, und auf dem Johannisberg fand ein Volksfest statt.

Das Denkmal, das aus hellgrauem Badiglio-Marmor für die Ewigkeit gebaut worden war, hielt nur wenige Jahre. Schon bald verunstalteten Risse die Arme und Beine der „Herrschergestalt“, der Marschallstab und Teile der Zügelkette waren zerbrochen und aus dem Monument herausgefallen. Im August 1921 wurde das Denkmal abgetragen. Gegen den Bildhauer führte die Stadt einen Prozess mit einem Streitwert von 3000 Mark, den sie auch gewann. Nach dem Ende des Kaiserreichs war an einem Wiederaufbau des Denkmals nicht mehr zu denken.

1907

4. Februar: Der Sozialdemokrat Carl Severing wird in den Reichstag gewählt. Er ist mit 31 Jahren der jüngste Abgeordnete.

13. März: In den Kellerräumen 2. Bürgerschule in Brackwede wird für die 13- bis 14-jährigen Schülerinnen Koch- und Haushaltungsunterricht eingeführt.

10. April: Das Wirtschaftsgebäude des Hofes Meyer zu Olderdissen wird an den Landwirt Depenbrock verpachtet. Der Pächter wird auf dem Hof eine alkoholfreie Sommerwirtschaft betreiben.

15.–17. Juni: In Bielefeld findet das 3. Kreisturnfest der Deutschen Turnerschaft statt. Sportler aus ganz Westfalen nehmen daran teil. Die Stadt veranstaltet u. a. ein Burgfest und richtet ein Festbankett aus.

29. August: Kaiser Wilhelm II. trägt sich in das neue „Goldene Buch der Stadt Bielefeld“ ein. Das Buch wurde von Gertrud Kleinhempel entworfen, die an der noch jungen Handwerker- und Kunstgewerbeschule unterrichtet.

Sophie Crüwell (1826–1907)

An der Mailänder Scala ist Sophia Crüvelli, wie sich die in Bielefeld geborene Sopranistin nannte, genauso begeistert gefeiert worden wie in der Pariser Oper. Sie hat mit Giuseppe Verdi und Hector Berlioz gearbeitet und in Nizza bei der Erstaufführung der Wagner-Oper „Lohengrin“ die Elsa gesungen. Nach ihrer Heirat mit Graf Vigier zog sie sich von der Bühne zurück. In Nizza hat sie sich als Wohltäterin einen guten Namen gemacht. Hochbetagt starb die „Vicomtesse Vigier“ am 6. November 1907.

1908

1. April: Die Witwe des Fabrikanten Otto Westermann macht der städtischen Bibliothek für Heimatkunde die Sammlung ihres Mannes zur Geschichte Minden-Ravensbergs zum Geschenk.

12. April: Am Palmsonntag findet die Einweihung der neuerbauten Kirche in Sieker statt

30. Mai: Fürst Leopold zur Lippe besucht die Firma Dürkopp und kauft zwei Kraftfahrzeuge.

28. August: Sieben jüdische Metzgermeister werden vor dem Schöffengericht von dem Vorwurf des unerlaubten Schächtens, des Tötens des Viehs in unbetäubtem Zustand, freigesprochen. Die Schlachthausordnung, in der ein entsprechendes Verbot festgeschrieben ist, wurde nicht ordnungsgemäß publiziert.

22. September: Anlässlich des Korpsmanövers passiert der Kronprinz die Stadt. Menschen aus der gesamten Umgebung verfolgen die mehrtägigen Übungen.

1. Oktober: Der Neubau des von der Stadt errichteten Bezirkskommandos an der Turnerstraße wird übergeben. Giebel und Portal stammen vom Merfeldschen Haus an der Niedernstraße.

Prof. Dr. Georg Hinzpeter (1827–1907)

Nach seiner Promotion unterrichtete der Sohn eines Bielefelder Gymnasiallehrers als Hauslehrer Sprösslinge adeliger Familien. Die späteren Kaiser Friedrich III. und Wilhelm II. gehörten zu seinen Schülern. Leitmotiv seiner Erziehung war die Pflichterfüllung. Obwohl er dem charakterlich unausgeglichenen Wilhelm jegliche Selbständigkeit verwehrte, ehrte dieser seinen Erzieher außerordentlich. Hinzpeter starb am 29. Dezember 1907. Er wurde in Anwesenheit des Kaisers und unter großer Anteilnahme der Bevölkerung am 2. Januar 1908 auf dem Johannisfriedhof beigesetzt.

Bereits im Gründungsjahr des Naturwissenschaftlichen Vereins begannen einige Mitglieder mit dem Aufbau einer kleinen Volkssternwarte auf dem Kahlen Berg

Nicht nur ein Flohverein

Der Naturwissenschaftliche Verein für Bielefeld und Umgebung

Die Wissbegierde der Bevölkerung um alle Phänomene der Natur nahm um die Jahrhundertwende schlagartig zu. Von Interesse waren die kleinsten Elemente ebenso wie der Aufbau des Weltalls. In Bielefeld drängten sich als erstes die Insekten in den Blick engagierter Laienforscher. Diese gründeten im Jahre 1904 den „Entomologischen Verein Lepidoptera", der bald in der Bevölkerung und auch unter den Mitgliedern „Flohverein" genannt wurde. Liebhaber von Flora, Fauna und Meteorologie fanden darüber hinaus nur im Historischen Verein für die Grafschaft Ravensberg eine geistige Heimat. Als man im Jahre 1906 ein städtisches Museum einrichtete, erhielt dieses außer einer historischen auch eine naturkundliche Abteilung. Hier trafen weitere Interessenten zusammen, so dass Julius Wilbrand, die „Seele des Historischen Vereins", vorschlug, eine eigenständige Gesellschaft ins Leben zu rufen, die sich ausschließlich um die Belange der Naturkunde kümmern sollte.

Oberlehrer Dr. Zickgraf, ein temperamentvoller Naturwissenschaftler, trieb diesen Gedanken voran. Mit einem ersten Aufruf konnte er sogleich 143 Mitglieder für den „Naturwissenschaftlichen Verein für Bielefeld und Umgebung" gewinnen. Am 29. Januar 1908 fand die konstituierende Versammlung statt. Pflege und Förderung von Kenntnissen in allen Zweigen der Naturwissenschaften und die genaue naturwissenschaftliche Erforschung der näheren und weiteren Umgebung wurden als satzungsgemäßer Zweck festgelegt. Nach der Erledigung der Formalitäten ging man sogleich zur praktischen Vereinsarbeit über: Tierpräparator Peperkorn demonstrierte die Missbildung an den Läufen eines Haushuhns.

Eine Woche nach der Gründung fand die „I. wissenschaftliche Sitzung" statt. Auf dem Programm stand der Gebirgsbau des Teutoburger Waldes. In monatlicher Folge schlossen sich weitere Vorträge an, deren Spektrum von Geologie, Pflanzen- und Tierwelt, Schmetterlings- und Vogelkunde, Meteorologie, Physik bis hin zur Medizin reichte. „Auf Grund eigener Studien" berichtete Hauptmann Timme über die Philippinen, Professor Mummenthey referierte über „kosmische Hypotheken", Dr. Schmiedeberg machte am Wetter des Jahres 1908 allgemeine Naturgesetze deutlich, Lehrer Rolfing demonstrierte „fließende Elektrizität", und sogar der Naturschutz war schon ein Thema. Auf Ausflügen in die nähere und weitere Umgebung erweiterte man seine Kenntnisse und stellte Naturbetrachtungen an. Das Ravensberger Hügelland, der Teutoburger Wald und die Sandebene der Senne boten dafür die unterschiedlichsten Möglichkeiten. Außerdem fanden vogelkundliche Wanderungen und astronomische Abende statt. Ein erster Erfolg des Vereins war die Einrichtung einer kleinen Volkssternwarte auf dem Kahlen Berg.

Schon ein Jahr nach seiner Gründung zählte der Naturwissenschaftliche Verein 212 Mitglieder. Unter ihnen nahmen die selbständigen Kaufleute und die Lehrer den obersten Platz ein. Innerhalb weniger Jahre wuchs die Zahl auf fast 800 an, nahm aber in der Weimarer Zeit wieder ab. Heute gehört der Verein zu den mitgliederstärksten naturwissenschaftlichen Gesellschaften Deutschlands.

Bei der Grafschaftsfeier in Jöllenbeck durfte Widukind mit seinem Gefolge nicht fehlen.

„... Liebe und Treue der Ravensberger zum Hohenzollernhause!"

Die Dreihundertjahrfeier der Grafschaft Ravensberg in Jöllenbeck

„Das sogenannte Kaiserwetter hat uns diesmal mit dem Kaiser zugleich im Stich gelassen", klagte der Bielefelder Generalanzeiger im verregneten Sommer 1909. Trotzdem seien rund 15 000 Menschen nach Jöllenbeck gereist, um an der „Dreihundertjahrfeier der Grafschaft Ravensberg" teilzunehmen. Kaiser Wilhelm II. hatte rechtzeitig mitteilen lassen, nicht an den Feiern teilnehmen zu können, obwohl die Ravensberger am 16. Juli 1909 die 300-jährige Zugehörigkeit zum Hohenzollernhause und damit zu Brandenburg-Preußen mit einer Reihe an festlichen Veranstaltungen feiern wollten. Während in Bielefeld aus diesem Anlass das Leineweberdenkmal des Bildhauers Hans Perathoner enthüllt wurde, stand im benachbarten Jöllenbeck eine Denkmalweihe auf dem Tieplatz mit anschließendem historischen Festzug auf dem Programm.

Ein Jahr zuvor hatten sich Jöllenbecker Bürger dafür ausgesprochen, zur Erinnerung an das Jubiläum einen Gedenkstein zu errichten. Landrat von Ditfurth und der Historische Verein für die Grafschaft Ravensberg unterstützten den Plan. Zur Finanzierung wurden im gesamten Regierungsbezirk Sammlungen veranstaltet, zu denen der Regierungspräsident aufgerufen hatte. Selbst aus dem entfernten Deutsch-Südwest-Afrika, dem heutigen Namibia, kamen Spenden von einem gebürtigen Jöllenbecker, der dort eine Farm betrieb.

Mit der Gestaltung des Denkmals beauftragte die Gemeinde den Bildhauer Prof. Heinrich Wefing. Nach seinen Plänen thronte ein 7 $^{1}/_{2}$ Zentner schwerer Adler auf einem 245 Zentner schweren Granitblock. Für die notwendige Stabilität bedurfte es eines anderthalb Meter tiefen Fundamentes. Nach der Fertigstellung war in einer Festschrift zu lesen, dass das Denkmal „einfach in seiner Ausführung und Form", aber „wirksam durch seine wuchtige Masse" sei.

Am 16. Juli 1909 war ganz Jöllenbeck mit Flaggen und Girlanden geschmückt. Viele Schilder waren zu sehen, auf denen das Ravensberger Wappen, das westfälische Pferd oder der preußische Adler prangten. In den frühen Nachmittagsstunden strömten auswärtige Besucher in das Dorf. Aus Bielefeld kamen die Honoratioren in Kutschen, manche schon mit dem Automobil. Aus der gesamten Region reisten die Menschen mit der Kleinbahn an, die für diesen Tag extra einen Sonderfahrplan eingesetzt hatte. Und viele kamen auch zu Fuß oder mit dem Leiterwagen. Die Menschen harrten am Festplatz aus, obwohl es wie aus Kübeln zu regnen begann.

Landrat von Ditfurth hielt die Weiherede, zeichnete noch einmal die Ravensberger Geschichte nach und versuchte schließlich, der lauschenden Menge den „schlichten, aber markigen Denkstein" zu erklären. Dieser zeige, wie der mächtige preußische Adler unser Ravensberg ergriffen habe und beschirme.

Nach begeisterten Hochrufen auf Kaiser und Vaterland eröffneten vier Fanfarenbläser und ein Herold den Festzug, dessen Choreographie wochenlang vorbereitet worden war. In einer ersten Abteilung spielten Laiendarsteller die Geschichte Ravensbergs von den sächsischen Anfängen unter Widukind bis zum Großen Kurfürsten im 17. Jahrhundert nach. Ihnen folgten Trachtengruppen und verschiedene Schauwagen mit Erzeugnissen der Region vom Leinen bis zum Westfälischen Schinken und Pumpernickel. Krieger- und Turnvereine, Feuerwehren, Posaunenchöre und Schulen bildeten den Abschluss. Der Generalanzeiger ließ keine Zweifel aufkommen, dass der „weihevolle Tag" und das Denkmal den „kommenden Geschlechtern" ein Zeugnis ablegen werde „von der Liebe und Treue der Ravensberger zum Hohenzollernhause!"

1909

26. Januar: In Bielefeld findet eine Protestversammlung gegen die Schankkonzessionssteuer statt.

14. Februar: Die Polizei weist darauf hin, dass die Bielefelder Kleinbahn die Herforder Straße nur im Schritttempo überfahren darf. Außerdem hat ein Kleinbahnbediensteter dem Zug mit Klingel oder roter Fahne voranzugehen.

6. April: Das Schulgeld für Gymnasiasten und Oberrealschüler wird von 120 auf 150 Mark pro Jahr erhöht.

13. Mai: Der Bielefelder Fahrrad- und Nähmaschinenfabrik Wittler ist ein Patent für eine versenkbare Nähmaschine erteilt worden.

29. Juli: Gegen die Erhöhung der Lustbarkeitssteuer haben Arbeiter im Rathaus eine Eingabe vorgelegt. Sie klagen darüber, dass die Steuer das Tanzvergnügen am Wochenende verteuern würde.

22. Oktober: Zwei neue Schulen werden eingeweiht: Die I. Bürgerschule an der Sudbrackstraße und die Mittelschule für Mädchen an der Paulusstraße.

9. November: In Bielefeld wird ein Mann zu einer Geldstrafe von 40 Mark verurteilt, der sein Kind davon abgehalten hat, „Strafstunden" in der Schule abzusitzen.

Heinrich Heienbrock (gest. 1918)

Sein Gesicht kennt in Bielefeld fast jedes Kind, sein Name ist dagegen fast in Vergessenheit geraten. 1909 stand der Weber aus Jöllenbeck für das Leineweberdenkmal Modell, das von Hans Perathoner geschaffen wurde. Aufgestellt wurde es auf dem Altstätter Kirchplatz, an dem sich einst die Legge befand. Das Denkmal sei wirklich naturgetreu, lobte seine Tochter Jahre später. Nur Pfeife habe er nicht geraucht.

1910

1. Januar: 76787 Menschen leben in der Stadt Bielefeld.

25. Januar: Likörfabrikant Gottfried Bansi stirbt. Er war für sein soziales Engagement, besonders für seine großzügige Förderung der Anstalt Bethel bekannt.

14. September: Die 6. Bürgerschule an der Weidenstraße wird ihrer Bestimmung übergeben. Das im Reformstil konzipierte Gebäude ist das erste größere Werk des Stadtbaurats Schultz. Es gilt wegen seiner einfachen, aber stilvollen Bauweise als mustergültig.

5. Oktober: Zahlreiche heimische Firmen werden auf der Weltausstellung in Brüssel ausgezeichnet. Die Werkzeugmaschinenfabrik Droop & Rein und die Bielefelder Maschinenfabrik vorm. Dürkopp & Co. erhalten einen „Grand Prix".

21. Oktober: Beginn eines siebenwöchigen Arbeitskampfes in der Wäscheindustrie. Die Erwartungen der Wäschearbeiterinnen werden nicht erfüllt. Die Arbeitszeit bleibt bei täglich 9 $^1/_2$ Stunden, die freie Lieferung von Garn und Maschinennadeln kann nicht durchgesetzt werden.

Friedrich von Bodelschwingh (1831–1910)

Zunächst war von Bodelschwingh Landwirt, bevor er Theologie studierte und zur Betreuung deutscher Auswanderer nach Paris ging. 1872 übernahm er die Leitung der fünf Jahre zuvor für Epileptiker gegründeten Anstalt Bethel und des Westfälischen Diakonissenhauses Sarepta. Auch gegen manche Widerstände der Bielefelder entfaltete sich die Einrichtung für Anfallskranke, geistig Behinderte, psychisch Kranke und in soziale Not geratene Menschen unter seiner Leitung zum größten Hilfswerk der Inneren Mission. Von Bodelschwinghs besondere Fürsorge galt den „Brüdern von der Landstraße".

Als die Eisenbahn noch das wichtigste Verkehrsmittel für Reisende war, diente das markante Jugendstilgebäude gewissermaßen als Empfangshalle für die Stadt.

Eine neue Empfangshalle für die Stadt

Der Bielefelder Bahnhof

Als im Jahre 1847 die „Köln-Mindener Eisenbahn" ihren Reise- und Güterverkehr aufnahm, hatte man weit außerhalb der damaligen Stadt, auf „Crüwells Kamp", den Bielefelder Bahnhof errichtet. Die Industrie entdeckte dies als Vorteil. Viele Betriebe siedelten sich in der Folgezeit rund um den Bahnhof an. Nach und nach stellte auch für die Wohnbebauung die Eisenbahnlinie keine Grenze mehr dar, so dass westlich der Strecke neue Stadtteile entstanden. Zur Jahrhundertwende lag das Stationsgebäude damit längst nicht mehr vor, sondern mitten in der Stadt.

Der zunehmende Verkehr auf den Straßen und der Schiene führte zu immensen Behinderungen. Die Geduld der Bielefelder wurde an den Bahnübergängen vor den oft und lange geschlossenen Schranken gewaltig auf die Probe gestellt. Zum Handeln veranlasste die Eisenbahnverwaltung aber nicht der Verdruss der Bevölkerung, sondern die Entwicklung der Ost-West-Verbindung zu einer der wichtigsten Bahnlinien des Deutschen Reichs. Dem Fernverkehr reichten die beiden Streckengleise nicht mehr, so dass ein Ausbau auf vier Gleise unausweichlich war. Niveaugleiche Bahnübergänge verschwanden im Zuge dieser Erweiterung. Überall an der Trasse wurden nun Unterführungen und Brücken für den Straßen- und Fußgängerverkehr geschaffen.

Auf den beiden östlichen Streckengleisen wurde fortan der Reiseverkehr abgewickelt, während die beiden westlichen Gleise überwiegend dem Gütertransport dienten. Diese Trennung erforderte eine Neuordnung des Bahnhofsgeländes. Das 1847 errichtete und 1885 erweiterte klassizistische Empfangsgebäude, das dem Ansturm der Reisenden ohnehin nicht mehr gewachsen war, musste einem Neubau weichen. Die Stück- und Expressgutabfertigung fand auf der gegenüberliegenden Gleisseite einen neuen Platz, den Ortsgüterbahnhof verlegte man an die Strecke nach Lage und den Lokschuppen an die Stadtheider Straße. In diesem Bereich entstanden zusätzliche Rangier- und Abstellgleise für die Züge der von Bielefeld ausgehenden Nebenbahnen nach Osnabrück, Paderborn und Hameln.

Während die Umgestaltung der Strecke bereits 1903 begann und sich über Jahre hinzog, setzten die Arbeiten am neuen Empfangsgebäude erst 1907 ein. Doch termingerecht fertig wurde der repräsentative Jugendstilbau nicht, so dass die Reisenden den Bahnhof erst einen Tag nach der für den 30. April 1910 geplanten Eröffnung in Besitz nehmen konnten.

Das funktionale Gebäude mit seiner zentralen Halle fand große Anerkennung. Von der Halle aus gelangte man durch einen Tunnel trockenen Fußes auf die nun überdachten Bahnsteige. Über dem Eingangsportal demonstrierte ein in Stein gehauener, gekrönter Adler die Allgegenwärtigkeit der preußischen Macht.

So sehr die Bielefelder von ihrem neuen Bahnhof angetan waren, so haderten sie über den Zustand des Vorplatzes, der zwar ebenfalls eine Neugestaltung erfahren hatte, aber noch einige Zeit seinen unfertigen Charakter bewahrte.

Einweihung der „Turnhalle Ost" im Mai 1914

1911

27. Januar: Zu Kaisers Geburtstag wird in der Neustädter Kirche eine Gedächtnistafel für die in Deutsch-Südwestafrika Gefallenen enthüllt.

9. April: Der ehemalige Oberbürgermeister Bunnemann erhält den Ehrenbürgerbrief der Stadt.

26. Juni: Die Teilnehmer am Deutschen Rundflug sollten auf ihrer Etappe von Hannover nach Münster in Bielefeld eine Zwischenlandung einlegen. Doch nur einer der Flieger kommt tatsächlich auf der Queller Rennbahn an. Andere können erst gar nicht starten oder müssen unterwegs notlanden. Ein Doppeldecker stürzt über dem Teutoburger Wald ab.

7. Juli: Im evangelischen Vereinshaus wird das „Wandertuberkulose-Museum" aufgestellt. In acht Tagen informieren sich 9000 Besucher über die Bekämpfung der Krankheit und die Folgen des Missbrauchs geistiger Getränke.

4. Dezember: Beim Bahnübergang Fußbach wird ein Fuhrwerk von einem Eilzug überfahren. „Ein Pferd blieb dabei tot."

Zum Turnen kein Dach über dem Kopf

Die Gründung der „Freien Scholle"

Immer wieder hatte die etwa 700 Mitglieder zählende „Freie Turnerschaft" Anträge an die Stadtverordnetenversammlung gestellt, um städtische Turnhallen benutzen zu dürfen. Doch die Stadtvertreter waren den „roten" Arbeitersportlern nicht wohlgesonnen und öffneten die Hallen auch weiterhin nur den in der „Deutschen Turnerschaft" organisierten bürgerlichen Vereinen. Die Arbeitersportler sahen sich zur Selbsthilfe gezwungen, wollten sie nicht jeden Winter ihre Übungsstunden in wenig geeigneten Wirtshaussälen abhalten. So gründeten sie 1911 die Baugenossenschaft „Freie Scholle", deren vorrangiges Ziel die Errichtung von Turnhallen sein sollte. Um vom Registergericht anerkannt zu werden, sah das Gründungsstatut außerdem den Bau von Wohnungen vor.

Tatsächlich errichtete die „Freie Scholle" nur eine einzige Sportstätte. Die 1914 mit viel Eigeninitiative fertiggestellte „Turnhalle Ost" an der Bleichstraße entwickelte sich bald zum kulturellen Mittelpunkt des „5. Kantons", eines reinen Arbeiterwohnquartiers. Gleichzeitig hatte man hier ein Achtfamilienhaus gebaut.

Die Errichtung dieses Hauses galt als Beginn des genossenschaftlichen Wohnungsbaus. Dass dieser bald zum Hauptanliegen wurde, hatte seinen guten Grund. Die Bielefelder Wohnungssituation konnte nicht mit den katastrophalen Verhältnissen in anderen Industriestädten verglichen werden, doch der Bedarf an preiswerten Unterkünften war auch hier hoch. Die Stadt engagierte sich zwar auf diesem Gebiet, doch die Sozialdemokraten kritisierten, dass die vom Bauamt erstellten Ein- und Zweifamilienhäuser von kinderreichen Familien nicht finanziert werden könnten.

Die Genossenschaftler verfolgten einen anderen Weg: Den Bau von Mehrfamilienhäusern mit preiswerten Kleinwohnungen, die dennoch gesundheitlichen und ästhetischen Ansprüchen genügen sollten. Bereits 1914 wagten sie sich an ihr erstes großes Projekt, den Niedernmühlenhof an der Spindelstraße. Bis zum Ausbruch des Ersten Weltkriegs konnten dort 30 Wohnungen fertiggestellt werden, 18 weitere folgten bis April 1915. Ein allgemeines Bauverbot verhinderte in den folgenden Jahren die Weiterführung des Projekts, das erst zwei Jahre nach Kriegsende abgeschlossen werden konnte. Architektonische Maßstäbe setzte die „Freie Scholle" dann mit ihren Siedlungen „Heeper Fichten" und „Im Siekerfelde" aus der Zeit von 1925 bis 1931.

Sozialreformerische Gedanken spielten bei der Siedlungsplanung eine wichtige Rolle. Einrichtungen wie das Friedrich-Ebert-Haus an den Heeper Fichten sollten die Gemeinschaft unter den Bewohnern fördern. Soziale Einrichtungen wie Kindergärten oder eine Mütterberatungs- und Säuglingsfürsorgestelle, aber auch eine „zentrale maschinelle Waschanstalt", dienten vor allem der Entlastung der Frauen. Für Waren des täglichen Bedarfs sorgten die Verteilungsstellen des Konsum-Vereins.

Das soziale Gefüge der Gesellschaft hat sich inzwischen grundlegend gewandelt. So leben in der „Freien Scholle" längst nicht mehr die selbstbewussten Industriearbeiter der Anfangsjahre. Geblieben sind eine demokratische Selbstverwaltung und die Gewissheit, in der „Scholle" ein Leben lang wohnen zu können.

Dr. Leopold Kranefuß (1844–1911)

Der hochgeschätzte Sanitätsrat Dr. Leopold Kranefuß war von 1895 bis 1911 leitender Arzt des Städtischen Krankenhauses. 1911 zog er sich bei einer Operation eine Blutvergiftung zu und starb an deren Folgen. Seine Freunde schenkten der Familie einen Grabstein, den der Bielefelder Bildhauer Hans Perathoner geschaffen hatte, und ließen am Krankenhaus eine Gedenktafel anbringen.

1912

20. Januar: In einer Nachwahl für den Reichstag treten Graf Posadowsky, Kandidat der vereinigten bürgerlichen Parteien, und der Gewerkschaftssekretär Severing an. Posadowsky gewinnt mit einem Plus von 4000 Stimmen.

17. April: Von 12.02 bis 2.41 Uhr ist eine ringförmige Sonnenfinsternis zu beobachten.

7. Mai: Im „Hutnadelkrieg" gegen die Gefährdung der Fahrgäste durch überlange und spitze Nadeln haben die Straßenbahnschaffner bereits über 3000 Schutzhülsen verkauft. Ein Verbot gegen die ungeschützten Hutspieße, wie in anderen Städten, ist für Bielefeld noch nicht ausgesprochen worden.

12. Juli: Der 1. Westfälische Schrebergartentag findet in Bielefeld statt.

3. August: Erstmals fliegt ein Zeppelin-Luftschiff über Bielefeld. Seit Monaten herbeigesehnt, erscheint die „Hansa" um 10.20 Uhr. Sie zieht mehrere Kreise über der Stadt und entschwindet in Richtung Norden.

18. Oktober: Auf der Schwedenschanze wird 21 Jahre nach Grundsteinlegung die Kaiser-Friedrich-Gedächtnishütte eingeweiht.

Friedrich Schultz (1876–1945)

Als Stadtbaurat hat der Architekt Friedrich Schultz die Gestalt des modernen Bielefelds entscheidend geprägt. Von 1908 bis zu seinem Tode im Januar 1945 stand er im Dienst der Stadtverwaltung. Die in seiner Amtszeit errichteten öffentlichen Gebäude zeichnen sich durch Zweckmäßigkeit im Innern und eine strenge äußere Gestaltung aus. Von ihm selbst stammen unter anderem die Bosseschule, die Werkkunstschule, das Wiesenbad und das Haus der Technik. In seinem Verantwortungsbereich lag auch die Planung des Sennefriedhofs.

Die Kapelle 1912 kurz vor ihrer Fertigstellung. Sie sollte ein besonderer Blickfang in der Sennelandschaft sein

Eine Schlafstätte für müde Bürger

Der Sennefriedhof

„Eine Wald-Schlafstätte für müde Bürger aller Konfessionen, unter Heide und Ginster, befeuchtet vom süßen Regen, geherzt vom warmen Sonnenstrahl", so charakterisierte mit erhabenen Worten Musikdirektor Nacken den Sennefriedhof.

Der Begräbnisplatz weit draußen vor der Stadt war angelegt worden, weil der Johannisfriedhof und der Nicolaifriedhof, beides städtische Einrichtungen, für die Bestattungen der stark gewachsenen Bevölkerung nicht mehr ausreichten. Weite Teile des Stadtgebietes waren inzwischen mit Wohn- und Industriegebäuden bebaut, so dass sich freie Flächen für eine Friedhofserweiterung oder eine Neuanlage nicht finden ließen. Man wich daher auf ein Gebiet außerhalb der eigenen Stadt in die Senne aus, nicht zuletzt weil dort die Grundstückspreise für den wenig ertragreichen Sandboden niedrig waren.

Zwischen 1908 und 1910 erwarb die Stadt südlich von Brackwede von insgesamt 37 Besitzern ein etwa 72 Hektar großes Gelände. In den folgenden Jahren wurde die Wald- und Heidelandschaft nach den Plänen des Stadtbaurates Schultz und des Gartenbauinspektors Meyerkamp etwa zur Hälfte in einen Friedhof umgestaltet. Die übrige Fläche sollte einer späteren Erweiterung vorbehalten bleiben.

Vorbild für den neuen Zentralfriedhof war der 1905 als erster seiner Art in München eingeweihte „Waldfriedhof". Grundprinzip solcher Anlagen war es, die vorhandenen Naturgegebenheiten in die Gestaltung einzubeziehen. So wurden in der Senne die Gräber auf kleinen, von Kiefern umrahmten Heidelichtungen angeordnet. Um den harmonischen Gesamteindruck nicht zu gefährden, sollte auf Grabschmuck weitgehend verzichtet werden. Auch die Bepflanzung der Gräber war stark reglementiert.

Am 15. August 1912 fand die feierliche Einweihung des Friedhofes statt. Ihr schloss sich sogleich die erste Bestattung an, an der auch sämtliche Ehrengäste teilnahmen. Da die Aussegnungshalle noch nicht fertiggestellt war, wurde die erste Verstorbene, Frau Ziemann aus der Güsenstraße, noch aus einer provisorischen Kapelle heraus beerdigt.

Auch der Anschluss an das öffentliche Verkehrsnetz fehlte noch, so dass die Angehörigen weite Wege zurücklegen mussten. Wer den Fußmarsch aus der Stadtmitte bis zum sieben Kilometer entfernten Sennefriedhof antrat, hatte mindestens einen Halbtagesausflug vor sich. Die Bielefelder waren darüber wenig erfreut. Aus diesem Grund wurde die Straßenbahn, die zuvor in Brackwede geendet hatte, noch im Jahre 1912 um die zwei Kilometer bis zum Sennefriedhof verlängert.

Die Handwerker- und Kunstgewerbeschule, ein architektonisch vorbildliches Gebäude unterhalb der Sparrenburg

„Wirke Gutes, du nährst der Menschheit göttliche Pflanze;

bilde Schönes, du streuest Keime der Göttlichen aus.“

Diese Worte Schillers gab Direktor Max Wrba der neuerrichteten Handwerker- und Kunstgewerbeschule zum Geleit. Als am 25. Oktober 1913 das Gebäude unterhalb der Sparrenburg feierlich eingeweiht wurde, war die von der Stadt und dem Staat getragene „Handwerkerschule“, so ihre ursprüngliche Bezeichnung, schon einige Jahre alt. Anfangs provisorisch untergebracht, hatte sie am 1. April 1907 den Lehrbetrieb aufgenommen. Die Stadt verpflichtete sich, für eine angemessene Unterbringung zu sorgen. Dies geschah mit dem von Stadtbaurat Schultz entworfenen großzügigen Jugendstilgebäude, das auf die Bedürfnisse der Schule genau zugeschnitten war.

Der Plan für den kostspieligen Bau hatte nicht nur Begeisterung hervorgerufen, fürchtete die örtliche Handwerkerschaft doch Konkurrenz. Über den schweren Stand der Schule, deren Verbleiben in Bielefeld sogar zeitweise auf der Kippe stand, bemerkte Oberbürgermeister Stapenhorst bei der Einweihungsfeier: „Bald zeigte es sich aber, dass unsere Stadt kunstgeschichtlich noch Neuland war. Schule und Handwerk brauchten Zeit, sich aneinander zu gewöhnen und dies Sicheinleben ging nicht so schnell wie die Forderungen, die an die Stadt gestellt werden mussten, namentlich dann, als es hieß, ein würdiges Schulhaus anstelle der recht dürftigen provisorischen Schulräume zu schaffen.“

Das neue Gebäude brachte wohl auch die Kritiker zum Staunen. Mit dem Einsatz von Eisenbetonkonstruktionen fand die neuste Bautechnik Anwendung. Wegen des Verfahrens mussten alle Architekturteile so entworfen werden, dass ihre Form leicht mit Brettern zusammengesetzt und mit Kieszement ausgestampft werden konnten. Zur Eröffnung stellt die Presse fest: „Wenn auch der im Entwurf vorgesehene bildnerische Schmuck aus Mangel an Mitteln noch nicht ganz hergestellt werden konnte, so zeigen die Fassaden doch schon jetzt, dass der Beton ein besonders wertvolles Baumaterial ist.“

290 Schüler besuchten im Jahre 1913 die Klassen für Textilberufe, Malerei und Buchbinderei, Holz- und Steinbildhauerei, Architektur und Bauhandwerk. Fächer wie Materialkunde, gewerbliche Gesetzeskunde und Buchführung sollten die Absolventen auf das praktische Berufsleben vorbereiten. Neben Tagesklassen für Ausgelernte dienten Abendklassen den Handwerkern zur beruflichen Weiterbildung. Ein reformorientierter Unterricht sollte das bis dahin übliche Lernen an leblosen Vorlagen und das Kopieren historischer Stile durch eine Ausrichtung auf die Natur ersetzen. Die Schüler erlernten nicht nur den Entwurf, sondern konnten die praktische Umsetzung erproben. Hierzu dienten die Werkstätten und Ateliers mit riesigen Festern, die einerseits das natürliche Licht einfingen und andererseits die Räume gegen die Umgebung öffneten. Unterrichtsschwerpunkte lagen zwar auf der praktischen Ausbildung, neben der Technik wurde auf die ästhetische Schulung großen Wert gelegt.

Wer kennt nicht das Wahrzeichen Bielefelds? Der Leineweber auf dem Altstädter Kirchplatz ist ebenso das Werk eines Lehrenden der Handwerker- und Kunstgewerbeschule wie die Justitia am Landgericht und die Glasfenster im Treppenhaus des Rathauses. Die häufig jahrzehntelang an der Schule Wirkenden trugen ein großes künstlerisches Potential in die Stadt und die Region. Der Architekt Karl Woernle, der Glasmaler Karl Muggly, die Grafikerin Gertrud Kleinhempel, die Bildhauer Hans Perathoner und Franz Guntermann hinterließen hier Zeugnisse ihres Schaffens. Und auch ihre Schüler beeinflussten nachhaltig die lokale Kunst und Kultur.

1913

1. Februar: Die Hansa-Automobilwerke in Varel erwerben die Bielefelder Firma Rahmesohl & Schmidt. Hier sollen besondere Qualitätswagen hergestellt werden.

14. März: Im Stadttheater bricht eine Panik aus. Während der Aufführung des „Parsifal“ gibt die mittlere Querversenkung der Bühne nach und 17 Damen gehen langsam in die Tiefe. Beim Aufprallen werden sie durcheinandergewirbelt und einige leicht verletzt.

3. April: Vor dem Rathaus tummelt sich die Jugend auf den gerade populären Rollschuhen.

4. Juni: Die Frauenherberge an der Spindelstraße wird eröffnet. Die vorbildliche Sozialeinrichtung kann 20 obdachlose oder gefährdete Frauen und Mädchen betreuen.

1. September: Die Anker-Werke stellen die millionste Nähmaschine fertig.

22. Oktober: Das Anstaltskrankenhaus „Gilead“, das 200 Patienten aufnehmen kann, wird eingeweiht.

10. Dezember: Nach monatelanger Diskussion beschließt die Stadtverordnetenversammlung den Ankauf der Heeper Fichten.

Hans Perathoner (1872–1946)

Der Südtiroler Hans Perathoner wurde 1907 als Leiter der Bildhauerklasse an die neugegründete Kunstgewerbeschule berufen. Sein bekanntestes Werk ist der Leineweberbrunnen auf dem Altstädter Kirchplatz. Ein von ihm geschaffenes Relief im Giebelfeld der 1913 eingeweihten Kapelle des Sennefriedhofs, das den „Allsieger Tod“ als eine breitbeinig sitzende, nackte Männergestalt darstellt, löste einen Skandal aus. Unverstanden verließ Perathoner 1914 Bielefeld und folgte einem Ruf an die Kunstgewerbeschule in Charlottenburg.

1914

28. Juni: Abschluss der ersten Bielefelder Sportfeste mit Sternfahrt des Automobilclubs Westfalen, Radrennen und Waldlauf. Auf der Queller Rennbahn werden Schau- und Sturzflüge präsentiert.

25.–27. Juli: Das Schützenfest leidet unter den politischen Spannungen aufgrund des Attentats auf den österreichischen Thronfolger. Die Nachfeier am 2. August fällt mit Rücksicht auf den Kriegsausbruch aus.

6. August: Unter Vorsitz von Oberbürgermeister Stapenhorst tritt der Kriegshilfsverein zusammen, der am Bahnhof bereits einen Erfrischungsdienst für die durchziehenden Truppen eingerichtet hat.

31. August: Ankunft des ersten Verwundetentransports. Er wird am folgenden Tag nach Schwedt weitergeleitet.

7. September: Zur Speisung von Unterstützungsbedürftigen werden sieben Volksküchen eröffnet.

24. Dezember: Jeder in den Kriegsmonaten geborene Knabe, dessen Vater Soldat ist, und alle Kriegswaisen erhalten von der Stadtsparkasse zu Weihnachten ein Sparbuch mit je 10 Mark.

Hermann Stenner (1891–1914)

Nach dem Besuch der Bielefelder Oberrealschule begann Hermann Stenner, Sohn eines Malermeisters, in München seine künstlerische Ausbildung. 1910 ging er an die Stuttgarter Akademie und wurde Meisterschüler bei Adolf Hölzel. Zahlreiche Ausstellungen verschafften ihm überregional einen Namen. Wie viele seiner Kollegen meldete sich der junge Maler als Kriegsfreiwilliger. Bereits Anfang Dezember 1914 fiel er in den Kämpfen an der polnisch-russischen Grenze. Aus seiner nur 5 1/2-jährigen Schaffenszeit hinterließ Stenner 277 Gemälde sowie über 1 500 Zeichnungen und Aquarelle.

Auszug des 55er Regiments. „Wir hoffen", schrieb die Volkswacht, „recht viele von den Ausrückenden gesund und munter und mit Erfolgen belohnt wieder begrüßen zu dürfen."

„Die angeordnete Mobilmachung wird mit großer Begeisterung aufgenommen"

An der Schwelle zum Weltkrieg

Schon Tage bevor Wilhelm II. die Mobilmachung anordnete, hatte sich die drohende Kriegsgefahr über die Stadt gelegt. Soldaten auf Urlaub wurden in die Kasernen zurückgerufen, und die Frauen stürmten in den letzten Julitagen die Lebensmittelgeschäfte. Als dann der Bezirksadjudant am frühen Abend des 1. Augusts den Mobilmachungsbefehl vor dem Bezirkskommando an der Turnerstraße verlas, brach die Menge in dreifaches Hurra aus.

Am 10. August verließen die ersten Soldaten die Stadt. „Wohl noch nie ist das hier liegende Bataillon des Infanterie-Regiments Nr. 55 so sehr der Gegenstand begeisterter Ovationen gewesen, wie heute früh, als es zum Städele hinauszog", berichtete die Volkswacht. „Schon vor 6 Uhr hatten Hunderte von Menschen vor und in der Nähe der Kaserne Aufstellung genommen, um den Bekannten noch einmal Lebewohl zu sagen. Und als dann gegen 7 Uhr das Bataillon den bereitgehaltenen Zug bestiegen hatte, da stauten sich viele Tausende in der Bahnhofstraße, in der Friedensstraße und der Jöllenbecker Straße. Das Tücher- und Hüteschwenken und das Abschiedrufen wollte gar kein Ende nehmen."

Gleich darauf machte das 2. Bataillon des Reserve-Infanterie-Regiments Nr. 15 mobil. Am Nachmittag des 11. Augusts hielt Pastor Kuhlo für das Bataillon, das zu Dreivierteln aus Einwohnern Bielefelds und seiner näheren Umgebung stammte, einen Gottesdienst und weihte die neue Fahne, die die Soldaten in die blutigen Schlachten an der Westfront begleiten sollte. Doch von den bevorstehenden Schrecken ahnten weder die 1 024 Soldaten noch die Menschen, die am 12. August zu nächtlicher Stunde die Männer verabschiedeten, etwas. Drei Kompanien setzten sich um ein Uhr in Bewegung. Vorneweg marschierte das städtische Orchester. „Unter den jubelnden Zurufen der Menge, dem Schwenken der Hüte und dem Winken der Taschentücher ging es nach den Klängen einer flotten Marschmusik zum Bahnhof. Mancher Gewehrlauf, der binnen kurzem vielleicht das todbringende Geschoss entfeuern wird, war von liebender Hand mit Blumen geschmückt, andere hatten Fähnchen aufgesteckt." Der Bielefelder Generalanzeiger berichtete weiter: „Auf der Bahnhofstraße stand das Publikum bereits Kopf an Kopf und nur eine schmale Gasse blieb für die Mannschaften zum Aufmarsch frei. Brausend erklangen die Töne der Wacht am Rhein zum Sternenhimmel, noch ein letzter Händedruck, und es begann das Einschiffen der Truppen; während desselben ließ das städtische Orchester auf dem Bahnsteig patriotische Weisen ertönen. Bald saß alles im Wagen und kurz nach 2 Uhr setzte sich der Zug unter dem Hurra der Menge in Bewegung."

Bis zum November waren bereits 6000 Soldaten aus der Stadt und 3000 aus dem Landkreis eingezogen. Die Daheimgebliebenen feierten in euphorischer Stimmung die Siegesmeldungen, doch es dauerte nicht lange, da füllten die Traueranzeigen der für das Vaterland den „Heldentod" Gestorbenen die Zeitungen. Es gab kaum eine Familie, in der nicht der Vater, Bruder oder Sohn auf dem „Felde der Ehre" blieb. Allein von den Bielefelder Soldaten fanden 2304 den Tod.

Der „Eiserne Wehrmann" am alten Rathaus. Mit ihm sollten Mittel für die allgemeine Kriegsfürsorge eingeworben werden

Der „Eiserne Wehrmann"

(K)ein Beitrag zur Linderung der Kriegsnot

Eine unübersehbare Menschenmenge drängte am Nachmittag des 19. Septembers auf den Alten Markt. Dieser war festlich geschmückt. Kränze und Girlanden aus Tannengrün rankten die Häuserfronten hinauf und wanden sich um Fenster und Balkone. Am alten Rathaus stand, von Soldaten des 55er-Regiments bewacht, der „Eiserne Wehrmann", eine Holzfigur, die erst durch das Einschlagen von vielen tausend Nägeln ihrem Namen gerecht werden sollte.

Mit dem Nagelschlag verband Oberbürgermeister Stapenhorst „das Versprechen, dieses Standbild, die künstlerisch vollendete Wiedergabe des wehrhaften deutschen Feldgrauen, in die Obhut der Stadt nehmen zu wollen", und er bat die Zuschauer, „tüchtig den Hammer zu schwingen, damit unserm Wehrmanne, dessen Kern uns freigiebiger Bürgersinn schenkte, bald eine lückenlose Panzerung umschließe". Nachdem er zur Tat geschritten war, begann die allgemeine Nagelung durch das unruhig wartende Publikum.

Wie viele andere Städte hatte nun auch Bielefeld seinen „Wehrmann". Bildhauer Franz Guntermann, Lehrer an der Handwerker- und Kunstgewerbeschule, hatte ihn geschaffen. Schlossermeister Röwekamp spendete das eiserne Seitengewehr und die Nägel, das Eichenholz steuerte ein ungenannter Bürger bei. Wer einen Nagel einschlagen wollte, musste eine Karte erwerben, die für Erwachsene eine Mark und für Schüler die Hälfte kostete. Das Geld sollte der Fürsorge der Soldaten und ihrer Familien dienen. Als Kriegsanleihen angelegt, wird davon jedoch für den eigentlichen Zweck kaum etwas übriggeblieben sein.

Um „sein Scherflein zur Linderung der Kriegsnot" beizutragen, traten Gesangsvereine, Jugendverbände und sogar Soldaten an. Die Mädchen und Jungen der Kleinkinderschule, die vom Kegelklub „Lattenfeind" 100 Nagelkarten zur Verfügung gestellt bekommen hatten, machten sich militärisch mit Helm, Schärpe und Fähnchen geschmückt an der Figur zu schaffen. Konzertveranstaltungen sollten die bald erlahmende Spendenfreudigkeit in Gang halten. Über das Ergebnis der Aktionen ließ der Generalanzeiger den Feldgrauen persönlich plaudern: „Mit dem Erfolge des letzten Sonntags bin ich zufrieden gewesen. Es geht mir, wie all denen, die sich schon freuen, wenn's auch nur etwas gibt. Der Dank für diesen guten Erfolg gebührt in erster Linie den Bielefelder Damen, die sich in ihrer bekannten Liebenswürdigkeit wieder für einige Stunden in meinen Dienst gestellt hatten und auch der Kapelle vom hiesigen Ersatz-Bataillon 131, deren Leistungen allgemeine Anerkennung fanden."

Als der Krieg vorbei war, blieb der „Eiserne Wehrmann" auf seinem Sockel stehen, bis man ihn im Juli 1919 auf die Sparrenburg verbannte. Demoliert musste der Geist vergangener Tage auf das übernervöse Revolutions- und Demonstrationsgeschehen herniederblicken. Sein Holzschädel war von der Sonnenhitze gespalten, die rechte Hand fehlte und auch der rechte Fuß war nicht mehr heil. Schließlich hatte jemand – ein symbolischer Akt – die Waffe des Wehrmanns unschädlich gemacht.

1915

22. Februar: Verkürzung der Polizeistunde auf abends 11 Uhr in der Stadt und 10 Uhr auf dem Land.

6. Juni: Auf dem Bahnhof gerät ein Eisenbahnwagen mit Feldpostsendungen in Brand. Speck, Würste, Schokolade und andere „Liebesgaben" verbrennen, weil trotz Verbots Streichhölzer versendet worden waren.

15. Juni: Auf dem Wochenmarkt beginnt die Abgabe von Fleischdauerwaren, welche die Stadt beschafft hat. Mitte Oktober kommt es dabei zu erregten Szenen, so dass der Verkauf zeitweilig eingestellt werden muss.

24. Juni: Der Schützengraben, den Soldaten zur Unterrichtung der Bevölkerung auf der Ochsenheide angelegt haben, wird mit einer Gefechtsübung eingeweiht.

23. Juli: Für die Provinz Westfalen hat die Anstalt Bethel die Ausbildung von kriegsbeschädigten Handwerkern und landwirtschaftlichen Arbeitern aufgenommen.

10.–12. November: Die Stadtverordnetenwahlen finden im Zeichen des Burgfriedens statt. Alle Parteien behalten ihre Mandate.

Fritz Gildemeister
(1837–1915)

Der aus dem pommerschen Lübzin stammende Fritz Gildemeister ließ sich 1864 als Maschinenbauer in Bielefeld nieder. Im Jahre 1870 gründete er am Bahnhof die Firma Gildemeister & Comp., die in Einzelanfertigung Werkzeugmaschinen für den Nähmaschinenbau, vor allem Bohr- und Fräsmaschinen sowie Drehbänke, herstellte. 1906 zog sich der Firmengründer zurück. Erst unter seinem Nachfolger stieg die Zahl der Beschäftigten von knapp 100 auf das Dreifache an. An der Umstellung des Unternehmens auf die Kriegsproduktion wirkte der alte Handwerksmeister nicht mehr mit.

1916

10. April: Die der Stadt von der Reichskartoffelstelle überwiesenen Speisekartoffeln werden nur noch gegen Vorlage von Lebensmittelkarten an die Haushalte abgegeben.

1. Mai: Im alten Rathaus eröffnet eine Goldankaufstelle. Auch Perlen und Edelsteine werden dort angenommen.

28. August: Die Brackweder Kirmes, sonst Anziehungspunkt weit über die heimatlichen Grenzen, bleibt auf einen eintägigen Kram- und Viehmarkt beschränkt.

7. September: Fürst Leopold zur Lippe hat dem Pächter der Wirtschaft im Bielefelder Hauptbahnhof, Paul Geist, den Titel des Hoftraiteurs verliehen.

26. September: In Bethel findet die Einweihung des ersten Hauses für Kriegerwitwen statt.

7. Oktober: Für 73 Millionen Mark sind im Bezirk der Reichsbankstelle Bielefeld Kriegsanleihen gezeichnet worden.

30. Dezember: Nachdem schon einige Wochen in den Straßenbahnen Schaffnerinnen eingesetzt werden, übernimmt nun die erste Frau den Dienst als Straßenbahnfahrerin.

Martha Stapenhorst (1875–1944)

Im Jahre 1916 feierte der Vaterländische Frauenverein, dem Martha Stapenhorst von 1914 bis 1930 vorstand, sein 50-jähriges Bestehen. Während des Ersten Weltkriegs leitete die Vorsitzende auch die vom Verein betriebene Kriegswohlfahrt: Es wurden diverse Sammlungen durchgeführt, durchreisende Soldaten verpflegt und Lazarettschwestern rekrutiert. In den Jahren danach machten die Frauen die Familienwohlfahrt und Armenfürsorge zum Schwerpunkt ihrer Arbeit. Martha Stapenhorst, geb. Kobusch, Tochter aus angesehener Bielefelder Familie, hatte 1896 den späteren Oberbürgermeister Dr. Rudolf Stapenhorst geheiratet. Beide starben bei der Bombardierung der Stadt im Oktober 1944.

Patienten des städtischen Krankenhauses im Ersten Weltkrieg. Verwundete Soldaten wurden auch in Bielefelder Lazaretten betreut

Opfer der Waffentechnik

Bielefeld als Lazarettstadt

Längst war die Euphorie vom Kriegsbeginn verflogen. Im Westen hatten sich die Truppen beider Seiten auf einer Länge von 700 Kilometern in ihren Schützengräben verschanzt. Erbittert und zäh tobte ein aufreibender Stellungskrieg, bei dem für jeden Meter Geländegewinn Tausende von Soldaten starben. Der im Februar 1916 begonnene mörderische Kampf um Verdun, wo viele Ravensberger eingesetzt waren, musste abgebrochen werden, nachdem Engländer und Franzosen seit Ende Juni an der Somme die deutsche Front zu zerschlagen suchten. Die Sommeschlacht gilt als eine der größten Materialschlachten des Krieges. Eine Million Soldaten kamen darin um. Ein Menschenleben hatte keinen Wert mehr.

Manch ein Feldpostbrief, den einer der 10000 „im Felde" stehenden Bielefelder schrieb, gab den Daheimgebliebenen ein ungeschminktes Bild der grausamen Kriegsführung, die allein auf ein Ausbluten des Feindes zielte: „Auge in Auge liegen sich die Gegner mit steter Wachsamkeit gegenüber", schilderte ein Bielefelder Landwehrmann, „und nur der, der die Kämpfe aus eigener Anschauung kennt, kann sich eine Vorstellung machen von der Größe und der Erbitterung dieses weltgeschichtlichen Ringens. Alle paar Tage erfolgen Angriffe und Gegenangriffe, die sich durch einsetzendes Maschinengewehrfeuer markieren. Es liegt weder Abenteuerliches noch Romantik in diesen Kämpfen, und die Fallenden sterben in den Drahtverhauen nur als die maschinenmäßig getöteten Opfer einer entwickelten Waffentechnik."

Seit Kriegsbeginn rollten Tag für Tag Züge durch Deutschland, um die unzähligen Verwundeten zu verteilen. In Bielefeld waren sechs Reservelazarette mit insgesamt 750 Betten eingerichtet. Zu den größeren zählten das städtische Krankenhaus, das St. Franziskus-Hospital und das Geschäftshaus der Firma Strunkmann & Meister in der Nähe des Bahnhofs, das der Eigentümer selbst zu diesem Zweck hatte herrichten lassen. In den Festsälen des Schützenhauses auf dem Johannisberg lagen wegen der Abgelegenheit des Geländes ausländische Verwundete. Die Bielefelder, die gewohnt waren, auf der Terrasse des Johannisbergs ihren Kaffee einzunehmen, gönnten den feindlichen Soldaten diesen bevorzugten Platz jedoch nicht, so dass 1916 deren Verlegung erfolgen musste. Außerdem stellte Bethel 2000 Betten zur Verfügung, und das Rote Kreuz versorgte Kranke im CVJM-Heim der Johannisgemeinde sowie im Kriegsgefangenenlager in der Senne.

Häufig schickte man die verletzten Soldaten direkt von den Verbandsplätzen hinter der Front ins Reich zurück. Sie kamen in einem erbärmlichen gesundheitlichen und psychischen Zustand an. Hauptausladestelle für die Lazarettzüge war der Bahnhof in Brackwede. Von dort erfolgte der Weitertransport durch Mitglieder der Sanitätskolonne des Roten Kreuzes. Schwer Verwundete wies man dem städtischen Krankenhaus zu, da dort eine chirurgische Abteilung vorhanden war. Anfangs hatte es noch eine große Hilfsbereitschaft in der Bevölkerung gegeben. Der Vaterländische Frauenverein hatte Binden gewickelt und die Krankenhäuser mit „Liebesgaben" reichlich bedacht. Je länger der Krieg jedoch dauerte, umso schwieriger wurde die Lage. Anne Marie Wiese, Oberin des städtischen Krankenhauses, berichtete über den „Steckrübenwinter" 1916/17: „Ich wusste oft nicht mehr, wie ich das bis auf das letzte Bett stets belegte Haus satt kriegen sollte. Auch an allem anderen fehlte es je länger je mehr. Um uns zu Wäsche zu verhelfen, wurden die kostbaren feinen Damasttischtücher in den Bielefelder Leinenfabriken beschlagnahmt und zu Hemden und Bettwäsche verarbeitet. Es blutete einem das Herz." So mussten in den Krankenhäusern und Lazaretten manche Patienten, die dem Grauen der Schützengräben entgangen waren, nicht nur wegen ihrer schweren Verletzungen, sondern auch wegen der mangelhaften Versorgung sterben.

Der Hof Meier zu Ummeln, das Bauernhausmuseum auf der Ochsenheide

Bauernhausmuseum und Kartoffelmangel

Westfalens erstes Freilichtmuseum wird eröffnet

„Mitten im Krieg ist der Bau fertig geworden, und wenn wir ihn jetzt vor uns sehen, so kommt es uns recht zum Bewusstsein, wie gut wir es haben: Während jenseits unserer Grenze Dörfer und Städte, Kirchen und Wohnhäuser in Asche und Trümmern liegen, können wir hier nicht allein unseres bisherigen Besitzes uns freuen, sondern ihn auch mehren." Mitten im Ersten Weltkrieg, am 6. Juni 1917, weihten die Bielefelder auf der Ochsenheide ihr Bauernhausmuseum ein.

Es war das erste Freilichtmuseum in Westfalen. Prof. Tümpel, der Vorsitzende des Historischen Vereins, erinnerte die Gäste an die kriegerischen Zeitläufte. In der Tat waren in Bielefeld weder Kanonendonner zu hören noch Schützengräben, Bombentrichter und zerstörte Häuser zu sehen. Der Krieg machte sich dennoch bemerkbar. So konnten die Menschen in den Tageszeitungen lesen, dass es im Juni weniger Kartoffeln, dafür aber mehr Brot gebe. Auch die Volksküchen, auf die im Landkreis etwa 10000 und in der Stadt 5700 Menschen angewiesen waren, mussten sich der kartoffellosen Zeit anpassen.

Doch zurück zum Bauernhausmuseum. Die Pläne für ein Freilichtmuseum auf städtischem Gebiet wurden im Historischen Verein bereits 1907 diskutiert und für die 1909 gefeierte dreihundertjährige Zugehörigkeit der Grafschaft Ravensberg zu Preußen vorgeschlagen. Allerdings setzte sich der Plan durch, statt dessen das Leineweberdenkmal auf dem Altstädter Kirchplatz zu errichten. Der Verein ließ sich aber nicht von seinem Vorhaben abbringen und wurde letztlich auf das 700-jährige Stadtjubiläum vertröstet, das 1915 gefeiert werden sollte. Die städtischen Gremien bewilligten im Januar 1914 die notwendigen Mittel, der Verein sammelte Spenden und auch der Minden-Ravensbergische Hauptverein für Heimatschutz und Denkmalpflege beteiligte sich an den Kosten. Die rechtzeitige Fertigstellung des Museums wurde jetzt allerdings durch den Beginn des Krieges vereitelt.

Im Auftrag der Stadt ließ Architekt Herzbruch das Hauptgebäude des Hofes Meier zu Ummeln im April 1915 abbauen, nachdem zuvor genaue Aufnahmen von dem Haus gemacht worden waren. Bereits zwei Monate später konnte das Gebäude auf der Ochsenheide wieder aufgebaut werden, wobei morsche, nicht mehr tragfähige Balken durch neue ersetzt wurden. Bei dem Meierhof handelte es sich um einen imposanten Zweiständer von gut 28 Meter Länge und 13,50 Meter Breite.

Als das Bauernhausmuseum eröffnet wurde, enthielt es außer einer Reihe von Hausratsstücken auch Trachtenfiguren, Trachtenstücke und Bauernschmuck, die in einem besonderen Zimmer untergebracht waren. Von diesem Zimmer abgesehen sollte in dem Gebäude nach Möglichkeit der Museumseindruck vermieden werden. „Das Haus soll so aussehen, als wäre es noch im Gebrauch", forderte Prof. Tümpel.

Generationen von Menschen aus der gesamten ostwestfälischen Region haben das Bauernhausmuseum seit seiner Eröffnung besucht, die Bearbeitung von Flachs sowie die Herstellung von Leinen kennengelernt und Märchen gelauscht, bis der Meierhof im Mai 1995 ein Raub der Flammen wurde.

1917

8. Januar: Totale Mondfinsternis, die erste von sieben im Jahr 1917.

10. Februar: Die Kartoffelration wird von fünf auf drei Pfund wöchentlich herabgesetzt. Als Ersatz werden Steckrüben angeboten.

14. März: Wegen Kohlenmangels muss das Elektrizitätswerk für etwa zehn Tage den Betrieb teilweise stilllegen. Die Kohlenversorgung wird neu geregelt.

1. April: Ein verschärftes Bezugscheinsystem zur Beschaffung von Kleidung, Wäsche und Schuhen tritt in Kraft.

26. Juni: Ablieferung der Kirchenglocken an die Metallsammelstelle. Die Brackweder Glocken waren bereits am 18. Juni abgeliefert worden.

26. Juli: Die Kaiserin besucht die von-Bodelschwinghschen-Anstalten in Bethel.

September: In den Sommerferien sind hunderte von Kindern nach Pommern und Ostpreußen verschickt worden. Jetzt kehren sie wieder zurück.

1. November: Die Straßenbahn führt den 12-Minuten-Takt ein.

Dr. Hermann Tümpel (1857–1923)

Hermann Tümpel, der im thüringischen Ernstroda geboren wurde, kam 1882 nach dem Studium und der Promotion nach Bielefeld, wo er am Ratsgymnasium Deutsch und Geschichte unterrichtete. Bald schloss er sich dem Historischen Verein für die Grafschaft Ravensberg an, dessen Vorstand er seit 1886 angehörte. Seit 1911 war er Vorsitzender des Vereins. Tümpel, der 1901 die Ravensberger Blätter, eine Zeitschrift des Historischen Vereins, mitbegründet hat, engagierte sich jahrelang für ein Bielefelder Bauernhausmuseum. 1917 konnte er es als Vereinsvorsitzender eröffnen.

1918

25. Januar: Lina Oetker, Witwe des am 10. Januar 1918 verstorbenen Unternehmers Dr. August Oetker, ruft die Dr. Oetker-Gedächtnisstiftung ins Leben.

20. Februar: Der städtische Theaterausschuss genehmigt die Aufführung der Operette „Die geschiedene Frau" von Franz Lehar aus sittlichen Gründen nicht.

11. März: Um den Schwarzhandel einzudämmen, müssen gewerbsmäßige „Schleichhändler" mit einer Freiheitsstrafe rechnen.

8. Mai: Alle in Gaststätten und privaten Haushaltungen anfallenden Knochen müssen lufttrocken an besondere Sammelstellen abgeliefert werden.

8. Juli: Weil die Lebensmittelversorgung mit Fleisch immer schwieriger wird, werden fleischlose Wochen eingeführt, die einmal im Monat durchzuführen sind. Die Zeitungen berichten aber auch weiterhin von Schwarzschlachtungen.

Oktober: In Bielefeld grassiert eine Grippeepidemie, in deren Folge die Schulen geschlossen werden.

Nikolaus Dürkopp (1842–1918)

Der gebürtige Herforder, ein gelernter Schlosser mit feinmechanischen Kenntnissen, arbeitete nach Lehre und Wanderschaft beim Uhrmacher Böckelmann, in dessen Werkstatt auch Nähmaschinen repariert wurden. 1867 machte sich Dürkopp mit einer Werkstatt am Alten Markt selbständig. Er legte den Grundstein für eine der größten Fabriken Bielefelds, die außer Nähmaschinen auch Fahrräder, Zentrifugen und Automobile herstellte. 76-jährig verstarb er am 25. Juni 1918. Er fand in Bad Salzuflen seine letzte Ruhestätte.

Während einer „Freiheitskundgebung" am 17. November 1918 spricht Carl Schreck (SPD) vom Balkon des Rathauses zu den Menschen

„Es lebe der Frieden! Es lebe die Freiheit!"

Der Volks- und Soldatenrat in Bielefeld

„Kameraden! Arbeiter! Mitbürger! Die Soldaten Bielefelds haben mit dem heutigen Tage aufgehört, Stützen einer untergehenden Gewaltherrschaft zu sein." Mit diesen Worten beginnt ein Aufruf, der am 9. November 1918 in der sozialdemokratischen Volkswacht zu lesen war. Tags zuvor war auch Bielefeld „von der Welle erfasst worden", die seit den ersten Novembertagen Deutschland in Atem hielt: Nach der Matrosenrevolte in Kiel waren vor allem in norddeutschen Städten Arbeiter- und Soldatenräte gegründet worden, die im Bürgertum Ängste vor einem „bolschewistischen Umschwung" schürten.

Unter der Führung einiger Matrosen zogen in Bielefeld am Abend des 8. November Soldaten und Arbeiter zur Kaserne mit dem Ziel, die dort untergebrachten Truppen zu entwaffnen. Die Offiziere hielten sich zurück, verhinderten dadurch ein Blutvergießen und leisteten auch keinen Widerstand, als sich einige hundert Soldaten den Aufständischen anschlossen. Ihr Weg führte sie weiter zum Gefängnis in die Gerichtsstraße, wo Gefangene befreit werden sollten. Der Versuch misslang, weil die Gefängnistore geschlossen blieben.

Die Menschenmenge zog nun weiter zum Bahnhof, um die auf den benachbarten Gebäuden platzierten Maschinengewehre zu holen. Hier stieß Carl Severing, seit 1903 sozialdemokratischer Reichstagsabgeordneter, zur Truppe. Er beglückwünschte sie, Ausschreitungen vermieden zu haben und appellierte an ihre Vernunft: „Die Aufrechterhaltung der Ordnung ist jetzt die unbedingte Voraussetzung für das Leben der Nation und damit auch für das Leben jedes Einzelnen. Morgen beschließen wir in einer großen Versammlung, was werden soll. Bis dahin immer wieder: Disziplin!" Seine Worte verfehlten nicht ihre Wirkung. Kein Tropfen Blut wurde vergossen. Während es den Soldaten am späten Abend gelang, einige politische Gefangene zu befreien, sprach sich die Vertrauensmännerversammlung der SPD und der Gewerkschaften für die Bildung eines Volksrates aus.

Am Vormittag des 9. November war die Centralhalle am Kaiser-Wilhelm-Platz, dem heutigen Kesselbrink, dicht gefüllt, als die Soldatenversammlung, an der auch Offiziere teilnahmen, einen Soldatenrat wählte, der sich sogleich mit dem Volksrat zusammenschloss. Breits nachmittags um drei, eine Stunde nachdem Philipp Scheidemann in Berlin die Republik proklamiert hatte, fand im Sitzungssaal der Stadtverordneten die erste Versammlung des Volks- und Soldatenrates statt. Zu den wichtigsten Aufgaben zählten, wie schon in der Kriegszeit, die Ernährungs-, Kleidungs- und Wohnungsfürsorge. Zudem wollte sich der Rat für die „Wiedereinführung der Truppen in den bürgerlichen Beruf" engagieren.

Während in verschiedenen Städten über die Räte Klagen laut wurden, arbeiteten sie in Bielefeld gut mit der Verwaltung zusammen. Carl Severing hob hervor, dass die Verwaltung Bielefelds „in guten Händen" liege. „In der Kriegszeit hatten der Oberbürgermeister und alle Magistratsmitglieder mit großem Fleiß und frischer Initiative die Aufgaben der Stadt angepackt und dabei auch den Grundsätzen sozialer Gerechtigkeit Raum gegeben. Ihnen den Dienst durch eine unsachliche Kontrolle zu verekeln oder sie gar zu verdrängen, dazu lag nicht der geringste Anlass vor." Die Revolution hatte ihre spezielle Bielefelder Variante. Zu den vordringlichen Aufgaben des Volks- und Soldatenrates gehörte es, „für Ruhe, Ordnung und Sicherheit zu sorgen".

Vor den Dürkoppwerken formiert sich ein Protestzug gegen die unzureichende Versorgungslage

Krawall auf dem Wochenmarkt

Über Bielefeld wird der Belagerungszustand verhängt

Die Folgen des Krieges trafen die Bevölkerung hart. Die Arbeitslosigkeit stieg rasant an, denn die zurückkehrenden Soldaten drängten auf einen Arbeitsmarkt, der die Umstellung zur Friedenswirtschaft noch nicht vollzogen hatte. Der Mangel an Kohlen und anderen Rohstoffen ließ die Maschinen stillstehen. Als sich im Frühjahr 1919 die Ernährungssituation dramatisch verschlechterte, nahmen im ganzen Reich Lebensmittelunruhen zu. Immer wieder kam es auch in Bielefeld zu Demonstrationen. Vorwürfe wurden laut, dass Lebensmittel verschoben würden, und dass es keine wirkungsvollen Maßnahmen gegen den Schwarzmarkt gäbe.

Am Morgen des 28. Juni, einem Samstag, entlud sich der Ärger. Auf dem Wochenmarkt stürmten Frauen und Männer die Verkaufsstände. Überteuertes Obst und Gemüse flog durch die Luft. Die überrumpelten Händler flüchteten oder mussten mit ansehen, wie ihre Waren von den Aufständischen zu willkürlich herabgesetzten Preisen anboten wurden. Der Kopf Salat war nun für 10 Pfennig zu bekommen, Heringe kosteten nur noch 40 Pfennig und fanden reißenden Absatz. Das eingenommene Geld übergaben die selbsternannten Verkäufer den Inhabern der Marktstände. Sie wollten gegen die Höhe der Preise protestieren, hatten aber nicht die Absicht, sich selbst zu bereichern.

Am Nachmittag setzten die Demonstranten ihre Aktionen in den Geschäften der Stadt fort. Die Menschen drängten sich in die Läden, in denen die ungebetenen „Preisregulatoren" für Ausverkaufsstimmung sorgten.

Vertreter der Arbeiterbewegung beeilten sich, zu Ruhe und Ordnung aufzurufen. Scharf verurteilten die Gewerkschafts- und sozialdemokratischen Parteiführer die drastische Art der Selbsthilfe und mahnten aus Angst um die noch junge Demokratie vor einer Wiederholung. Carl Severing, inzwischen Reichskommissar für das Ruhrgebiet und Westfalen, traf mit Vertretern der Polizei, Kaufleuten und Stadtverordneten zusammen. Seinen Einfluss auf die Aufständischen überschätzend, beteuerte er, es werde keine weiteren Ausschreitungen geben. Man kam daher überein, die Geschäfte wieder zu öffnen.

Die Situation eskalierte dennoch. Gegen den Willen Severings fand schon am nächsten Tag auf dem Kesselbrink eine Versammlung statt, auf der zur Fortführung der Aktionen aufgerufen wurde. Bei dem Versuch der Menge, den Feuerwehrturm zu stürmen, auf dem ein Maschinengewehr postiert war, wurde ein Demonstrant erschossen. 16 weitere erlitten zum Teil schwere Verletzungen. Die Demonstranten entwaffneten daraufhin die Sicherheitswehr und die Polizei. Wenige Stunden hatten sie die Gewalt über die Stadt.

In den frühen Morgenstunden des folgenden Tages marschierte das 1. Bataillon des westfälischen Freikorps Gabke mit 500 Mann in Bielefeld ein und trieb die immer noch protestierende Menge auseinander. Ein jugendlicher Arbeiter kam zu Tode, weitere Personen wurden verletzt. Über die Stadt wurde der Belagerungszustand verhängt. Die Truppen verhafteten die Rädelsführer und stellten Waffen- und Munitionsbestände sicher. Nach einer Woche war die Ruhe wieder hergestellt.

1919

2. März: Bei den Stadtverordnetenwahlen werden 27 Sozialdemokraten und 27 Vertreter bürgerlicher Parteien gewählt.

27. März: Proteststreik gegen die unzureichende Lebensmittelversorgung. Bielefelds Ruf, die ruhigste Stadt im revolutionären Deutschland zu sein, leidet Schaden.

5. April: Auf dem Kesselbrink veranstalten Sozialdemokraten und Gewerkschaftskartell eine Großkundgebung. Gefordert werden die Verbesserung der Ernährungsverhältnisse sowie der Versorgung mit Brennstoffen und Kleidung.

11. Juli: Der erste Transport heimkehrender Kriegsgefangener trifft in Bielefeld ein. 72 Angehörige des Infanterie-Regiments Nr. 55 kommen aus Saloniki zurück.

14. August: Das Freikorps „Lichtschlag" rückt in seinen neuen Garnisonstandort ein.

6. November: Nach dem Ergebnis einer Volkszählung hat Bielefeld 79 105 Einwohner.

Walter Michaelis (1866–1953)

Zweimal war der in Frankfurt a. d. Oder geborene Walter Michaelis Pastor an der Neustädter Marienkirche: Von 1892 bis 1901 und von 1908 bis 1919. In diesem Jahr nahm er eine Dozentur an der Theologischen Hochschule in Bethel an und wurde gleichzeitig Pfarrer der Zionsgemeinde. Sein Stadtverordnetenmandat legte er deshalb nieder. Ebenfalls 1919 erfolgte seine Wahl zum Vorsitzenden des „Gnadauer Verbandes", der größten Vereinigung landeskirchlicher Gemeinschaften, was ihn bald zu einer bekannten Persönlichkeit des deutschen Protestantismus werden ließ.

1920

21. Januar: Im Kinopalast an der Niedernstraße findet die Gala-Eröffnungsvorstellung statt. „Carmen“ steht auf dem Programm.

12. Februar: Nach jahrelangem Prozess werden der Architekt und der Bildhauer des Kaiser-Wilhelm-Denkmals vor dem Rathaus zur Zurücknahme der ramponierten Statue und der Erstattung der Kosten verurteilt. Der Bardigliomarmor hatte sich als nicht wetterfest erwiesen.

14. März: Beginn eines fünftägigen Generalstreiks wegen des Kapp-Putsches. Die Stadtverordnetenversammlung fordert die Bürger zu Ruhe und Ordnung auf. Die Streiktage verlaufen ruhig.

1. April: Das Freikorps Lichtschlag, das knapp zwei Jahre in Bielefeld stationiert war, verlässt die Stadt, um nach Lübbecke abzurücken.

1. August: Die Einwohnerzahl Bielefelds beträgt 80 171.

29. Oktober: Der Kreistag stimmt einer Unterstützung der Kohlenzeche in Dornberg mit einer Summe von 300 000 Mark zu. Bereits im August hatte die Stadtverordnetenversammlung 800 000 Mark zur Erhaltung der Zeche bewilligt.

August Göricke (1854–1920)

August Göricke, in Neuendorf in Anhalt geboren, kam nach Lehr- und Wanderjahren nach Bielefeld, wo er 1874 in der Hermannstraße eine Nähmaschinenhandlung gründete. Von der Zukunft des „Velozipeds“ überzeugt, begann er in den 1890er Jahren mit der Herstellung von Fahrrädern, die unter der Bezeichnung „Görickerad“ Weltruhm erlangten. Später kamen noch Milchzentrifugen hinzu. Als er starb, waren 700 Arbeiter in seinem Werk beschäftigt.

Kinder auf der Kesselstraße. Hier war das Essen wenig reichlich

Ein amerikanischer Freundschaftsgruß für die Kinder Deutschlands

Die Quäkerspeisung

„Wenn man den Umfang und die Bedeutung der Quäkerspeisung recht würdigen und erkennen will, so muss man sich die Verhältnisse noch einmal vor Augen führen, die in der Nachkriegszeit in allen Teilen Deutschlands, insbesondere aber in den Groß- und Industriestädten bestanden, Verhältnisse, deren erschreckenden Bilder schon nach wenigen Jahren erblassen. Man muss sich vergegenwärtigen, welch große Not in der Inflationszeit und in der ersten Zeit nach der Stabilisierung allenthalben in Deutschland bestand und welcher Entbehrung weite Kreise der Bevölkerung, insbesondere aber unsere heranwachsende Jugend, ausgesetzt waren. Entwertung des Geldes, Verringerung der Kaufkraft der Mark, zunehmende Arbeitslosigkeit, Verringerung des Einkommens, alle diese Merkmale bedeuteten eine erhebliche Verschlechterung der Lebenshaltung. Dazu kam noch die allgemeine Verarmung Deutschlands an Rohstoffen und Lebensmitteln und die Unmöglichkeit der Erwerbung aus dem Auslande infolge der ungünstigen Mark-Währung. Bei voller Erkenntnis dieser Umstände wird die Hilfe durch die amerikanisch-deutsche Kinderspeisung erst ins rechte Licht gerückt und es ist zu verstehen, dass in den Herbstmonaten 1920, als die Einbeziehung Bielefelds in die Quäkerspeisung sicherstand, ein Gefühl der Erleichterung bei den Stellen aufkam, die für die Beseitigung der mancherlei großen Nöte und des Elends berufen waren.“ So resümierte das städtische Wohlfahrtsamt, nachdem die amerikanisch-deutsche Kinderspeisung im Jahre 1925 zu Ende gegangen, die letzte der insgesamt 1 097 932 Mahlzeiten ausgeteilt war.

Die für ihre Wohltätigkeit bekannten Quäker hatten seit Kriegsende Hilfsgüter in das ausgeblutete Land geschickt. Im Januar 1920 begann die Kinderhilfsmission der religiösen „Gesellschaft der Freunde“, so die offizielle Bezeichnung der Quäker, mit der organisierten Verteilung von Speisen an besonders Bedürftige. Anfänglich hatten es die Quäker abgelehnt, Bielefeld in ihr Hilfsprogramm aufzunehmen, denn die Stadt sei zu klein, und vorerst würden nur große Industriestädte berücksichtigt. Zudem sei der Transport von Lebensmitteln durch den Mangel an Eisenbahnwaggons ohnehin schon schwierig. Stadtrat Binder ließ nicht locker und erklärte, dass Stadt und Landkreis Bielefeld durchaus mit einer Ruhrgebietskommune zu vergleichen seien. Er untermauerte dies Argument mit konkreten Zahlen: 800 skrofulöse und blutarme Kinder lebten in Bielefeld, darüber hinaus seien 700 Personen bei der Lungenkrankenfürsorge gemeldet.

Im September 1920 traf endlich die erfreuliche Mitteilung ein, dass die Hilfsmission für die kommenden Wintermonate auch in Bielefeld Kinderspeisungen vorgesehen habe.

Am 22. November 1920 bekamen die ersten 800 Kinder ihre Zusatzmahlzeit. „Gespeist“ wurden Schulkinder, seit 1921 ebenfalls Kleinkinder im Alter von zwei bis sechs Jahren, werdende und stillende Mütter sowie Jugendliche zwischen 14 und 17 Jahren. Ärzte suchten aufgrund von Richtlinien die Bedürftigen aus. Ausschlaggebend war der Gesundheitszustand, nicht das Einkommen der Eltern. Die aus dem Ausland geschickten Lebensmittel wurden in vier Küchen zubereitet und in die Kindergärten und Schulen gebracht, wo in den großen Pausen die Austeilung an die Berechtigten stattfand. Jugendliche erhielten ihre Mahlzeit an der Arbeitsstelle. Kleinkinder, stillende und werdende Mütter hatten eine der Küchen aufzusuchen.

Besonders ansprechend war der Speisezettel für die Zusatzmahlzeit nicht. Es gab täglich eine Milch-, Erbsen-, Kakao-, Reis- oder Bohnensuppe und dazu ein Brötchen von 50 Gramm. Dennoch zeigte sich der Erfolg der Speisung bald. Im Schnitt nahmen die Kinder ein bis drei Kilogramm zu. Es trat eine Besserung des Gesundheitszustandes ein, und die Schulleistungen wurden deutlich besser.

Dort wo einst Ton abgebaut wurde, sollten die Bürger Ruhe und Erholung finden

„Eine Zierde des westlichen Stadtteils“

Der Bürgerpark

„Wer soll auf diesem Terrain wohl Erholung suchen?“ fragten die Westfälischen Neuesten Nachrichten im Februar 1921. „Fünf Minuten weiter, und man ist mitten im Walde, wandelt in wundervollen Laubgängen durch Tal und Höhen oder tummelt sich auf weitgestreckten Wiesen. Hier unten aber entbehrt man, selbst wenn dort Bäumlein und Strauchwerk sich erheben, wenn Blumen ihren lieblichen Duft verbreiten werden, auf Jahre hinaus jeden Schatten, so dass selbst an schönsten Sommertagen der Aufenthalt niemandem reines Vergnügen bereiten kann.“

Mit „diesem Terrain“ war die ehemalige Hagemeiersche Besitzung im Bielefelder Westen gemeint. Bevor die Stadt die Fläche zwischen Werther Straße und dem damaligen Bürgerweg übernommen hatte, gab es dort eine Ziegelei, die einige Male abgebrannt und schließlich ganz aufgegeben worden war. Auf dem 3 $^1/_2$ Hektar großen Grundstück blieb lediglich eine unansehnliche Lehmkuhle übrig. Um diese herum entstand in so genannten Notstandsarbeiten von 1919 bis 1921 eine aufwändig gestaltete Parklandschaft.

Höchst fragwürdig erschien es einigen Stadtverordneten, in einer Zeit großer wirtschaftlicher Not kostspielige Gartenanlagen zu schaffen. Als bekannt wurde, dass die Umgestaltung der Ziegelei anstelle der bewilligten 100000 Mark eine halbe Million Mark kosten sollte, waren sie alles andere als erfreut.

Oberbürgermeister Stapenhorst verteidigte die immensen Kosten damit, dass die Schaffung von Notstandsarbeiten nicht zu umgehen gewesen sei. Um nach dem Kriegsende einer drohenden Massenarbeitslosigkeit entgegenzuwirken, beschäftigte Bielefeld wie andere Städte die zurückkehrenden Soldaten mit Hilfstätigkeiten. Viele hundert Männer waren für den Straßen- und Kanalbau abgestellt, solange sie nicht in der freien Wirtschaft unterkommen konnten. Das Gartenamt setzte ebenfalls Notstandsarbeiter ein.

Zwar waren die Stadtverordneten von der Unumgänglichkeit dieser Maßnahmen überzeugt, fragten sich aber, warum auf dem Ziegeleigrundstück „statt des gärtnerischen Schmucks“ nicht Nutzanlagen geschaffen worden seien. Die Westfälischen Neuesten Nachrichten brachten es auf den Punkt: „Konnte man die Erwerbslosen das Land nicht zum Gemüsebau herrichten lassen, damit dort Anwohner jener Gegend ihre Kartoffeln und ihren Kohl bauen können?“

Die Westfälische Zeitung stellte dagegen fest: „Die Stätte, die früher lange gewerblichen Zwecken diente, will hinfort ein Plätzchen der Erholung sein, zu einem Spaziergang nach des Tages Arbeit einladen. Zwar fehlt es in unserer Stadt nicht an solchen Anlagen, dennoch ist diese jüngste Schöpfung, die ihrer Vollendung entgegengeht, mit Freuden zu begrüßen.“

Mit dem Bürgerpark schuf der städtische Gartenbaudirektor Meyerkamp einen für die Zeit typischen Volkspark, der – worauf der Name schon hindeutet – dem Wohl der Bürgerschaft dienen sollte. Von der späteren Stapenhorststraße führte eine von Birken gesäumte Hauptachse auf den Teich zu. Eine Steintreppe verband diesen Mittelpunkt des Parks mit der Werther Straße. Zu beiden Seiten legten die Arbeiter Rasenflächen und Blumenrabatten an. Auch ein Spielplatz durfte nicht fehlen.

„Der neue Park steht jetzt in schönstem Maienschmuck. Wenn sich die Anpflanzungen erst noch weiter entwickelt haben werden, wird die ganze Anlage eine wahre Zierde des westlichen Stadtteils sein“, prophezeite der Berichterstatter der Westfälischen Zeitung. Gegen alle Skepsis sollte er Recht behalten.

1921

13. Januar: Die Heilsarmee beginnt mit der Verteilung von Kondenzmilch an unterernährte Kinder.

1. April: Die Gewerkenversammlung der Zeche in Dornberg beschließt, den unrentablen Abbau der Kohle sofort einzustellen und die Maschinen zu verkaufen.

18. April: Der Sonderzug mit der Leiche der ehemaligen Kaiserin Auguste Viktoria macht auf seinem Weg nach Potsdam für zehn Minuten im Bielefelder Bahnhof Halt. In den Kirchen finden Trauerfeiern statt.

16. Juli: Die Bielefelder feiern die erste urkundliche Nennung ihrer Stadt vor 700 Jahren. Die Stadtsparkasse bringt zum Jubiläum Geldscheine in Samt, Seide und Leinen heraus.

30. Juli: Gleichzeitig mit dem 2. Reichsjugendtag findet in Bielefeld der I. Internationale Arbeiterjugendtag statt. 10000 Jugendliche demonstrieren für den Frieden.

20. Oktober: Die „Kuh des kleinen Mannes“ ist beliebt: In der Stadt werden 2267 Ziegen gehalten.

1. Dezember: Die Preise schnellen in die Höhe. Ein Liter Milch kostet 5 Mark.

Gertrud Kleinhempel (1875–1948)

Die in Dresden und München ausgebildete Grafikerin Gertrud Kleinhempel übernahm 1907 an der neu gegründeten Handwerker- und Kunstgewerbeschule den Allgemeinunterricht und die Klasse für Textilberufe. Sie galt als ausgezeichnete Pädagogin. Darüber hinaus betätigte sie sich im gestalterischen Bereich, entwarf Möbel, Spielzeug, Schmuck und vor allem Textilien. Im Jahre 1921 erhielt sie den Professorentitel, eine für Frauen zu jener Zeit äußerst seltene Ehrung.

1922

8. März: Eine Frühlingssturm lässt die Spitze am Nordturm der Neustädter Kirche einknicken. Der etwa 30 Kilogramm schwere Hahn stürzt zu Boden. In der Turmkugel wird eine Urkunde gefunden, die über Sturmschäden im Jahre 1703 Auskunft gibt. Nach zwei Monaten wird der Turmknauf wieder aufgesetzt.

28. Mai: Mit sportlichen Darbietungen wird der Großspielplatzes in Quelle eingeweiht.

31. Mai: Endgültige Stilllegung der Kleinbahn auf der Strecke Bielefeld–Heepen.

27. Juni: Aus Anlass der Ermordung des Reichsaußenministers Rathenau demonstrieren die Bielefelder für den Erhalt der Republik. In den folgenden Tagen kommt es zu weiteren Kundgebungen und auch zu gewalttätigen Ausschreitungen.

10. November: Eine von Arbeitgebern und Arbeitnehmern getragene Bielefelder Notgemeinschaft soll Arme, Klein- und Sozialrentner unterstützen.

26. November: Einweihung des von Kommerzienrat Kisker gestifteten Kriegerdenkmals auf dem Johannisberg.

Friedrich Wilhelm Murnau (1888–1931)

Der aus Bielefeld stammende Regisseur Friedrich Wilhelm Murnau verließ schon als Vierjähriger mit seinen Eltern die Stadt. Seinen Geburtsnamen „Plumpe“ legte er ab, als er begann, künstlerisch tätig zu werden. Am 5. März 1922 fand in Berlin die Uraufführung seines ersten bedeutenden Films „Nosferatu – Eine Symphonie des Grauens“ statt. 1926 ging Murnau nach Hollywood, später arbeitete er in der Südsee. Er starb bei einem Autounfall im californischen Santa Barbara. Murnau gehörte zu den bedeutendsten Stummfilmregisseuren und beeinflusste maßgeblich den Filmexpressionismus der 1920er Jahre. Seit 1989 wird in seiner Geburtsstadt zu seinen Ehren ein renommierter Filmpreis verliehen.

Im Herbst 1922 erteilte der Reichsfinanzminister der Stadt die Erlaubnis, Notgeld in Höhe von 550 Millionen Mark zu drucken

Eine Lizenz zum Gelddrucken

Das Bielefelder Notgeld

„Reichsbank Bielefeld fehlen Barmittel. Erbitten dringend Genehmigung zur Ausgabe von Zahlungsersatzmitteln.“ Per Telegramm gab der Magistrat am 9. September 1922 diesen dramatischen Notruf an den Reichsfinanzminister ab. Da die Berliner Zentrale nicht genügend Bargeld nachliefern konnte, hatte die Bielefelder Reichsbankstelle an diesem Tag erstmals die Auszahlung von 200000 Mark verweigert. „Die Abhebung der Gehaltsempfänger und auch die Rückzahlung im Sparverkehr sind jetzt so außerordentlich stark, dass laufend große Barmittel zur Befriedigung des Zahlungsgeschäfts gebraucht werden“, so die Erläuterungen des Magistrats. „Bielefelder Fabriken konnten ebenfalls wegen Mangel an Zahlmitteln nur eine Teillöhnung vornehmen. Unruhen in der Bürgerschaft sind zu befürchten. Das Vertrauen weiter Kreise zu unseren Finanzen wird erschüttert. Ansturm auf die Sparkassen mit den unausbleiblichen Folgen des weiteren Geldhamsterns steht bevor. Die Krise der Kriegszeit wiederholt sich. Erbitterung herrscht bereits in weiteren Kreisen. Dringende Abhilfe tut schleunigst not. Verantwortung für Unruhen und tiefgreifende Erschütterung unserer Wirtschaftsverhältnisse muss abgelehnt werden, wenn nicht sofort in durchgreifender Form Wandel geschaffen wird. Wir können unter keinen Umständen die Löhnung für unsere an den Kleinwohnungsbauten beschäftigten Arbeiter einstellen, den Sparbetrieb stilllegen und die Leistungen der Gehaltsbeträge unterbinden. Wenn nicht innerhalb 48 Stunden die nötigen Barmittel in irgendeiner Form gedeckt sind, dann sind wir gezwungen, aus dringender Not wieder zu den Ersatzmitteln der Kriegszeit zu greifen. Um Erschütterung zu vermeiden, bitten wir um Drahtantwort, dass die im § 3 des Notgeldgesetzes vorgesehene Ermächtigung zur Ausgabe von Ersatzzahlmitteln uns umgehend erteilt wird.“

Die Erlaubnis, Notgeld in Höhe von 50 Millionen Mark auszugeben, erfolgte bereits am 11. September. Der Betrag erschien dem Magistrat jedoch ganz unzureichend, um die Lohn- und Gehaltszahlungen von täglich etwa 25 Millionen Mark zu gewährleisten und die Stilllegung von Betrieben zu verhindern. Er forderte deshalb die Erhöhung des Betrages auf mindestens das Zehnfache, was Ende des Monats aus Berlin genehmigt wurde. Ein Gegenwert des ausgegebenen Notgeldes sollte als Sicherheit der Reichsbank überwiesen werden, nach zwei Monaten sollte es seine Gültigkeit verlieren.

Da die Geldscheine noch angefertigt werden mussten, gab die Sparkasse zunächst gewöhnliche Kassenschecks aus. Dieses Verfahren konnte zumindest die Zahlungsfähigkeit der Wirtschaftsunternehmen gewährleisten. Der Druck des Notgeldes zog sich bis Anfang Dezember hin, nicht zuletzt, weil dessen einfallsreiche künstlerische Gestaltung einige Zeit in Anspruch nahm. Auf den in der Druckerei Gundlach hergestellten Noten sind Szenen aus der Geschichte Bielefelds ebenso zu finden, wie die Darstellung aktueller Probleme. Unverblümt kritisierten Zeichnungen und Texte die Auflagen des Versailler Vertrags.

Kommunales Geld hatte es bereits vor der immer schneller galoppierenden Inflation gegeben. So brachte die Sparkasse 1921 anlässlich der 700-Jahrfeier der Stadt die bekannten Noten aus Leinen, Samt und Seide auf den Markt. Stadtgeld glich seit dem Ersten Weltkrieg auch den Mangel an Kleingeld aus. Dieser war dadurch entstanden, dass die Bevölkerung Silber-, Nickel- und Kupfermünzen hortete, weil deren Materialwert den Nennwert weit überstieg. Sicher linderte das Notgeld die Finanzkrise der Kommune. Zum wesentlichen Zahlungsmittel wurde das Stadtgeld aber erst im Laufe des Sommers 1922, als die Reichsbank auf Grund des Währungsverfalls mit der Produktion von Banknoten nicht mehr nachkam.

Bald war der Überblick über die ausgegebenen Notgeldscheine und Kassenschecks verloren. Die geforderte Deckung existierte nicht. Nun ging es nicht mehr um die Ausgabe von Notgeldscheinen mit vierstelligem Wert. Im Sommer 1923 gab die Sparkasse Einemillionscheine heraus. Das Geld zerrann zwischen den Fingern. Schließlich, auf dem Gipfel der Hyperinflation im Herbst 1923, bezahlten die Menschen mit Zehnbillionenscheinen.

Nach der Einführung der wertbeständigen Goldmark im Oktober 1923 begann das Ende des Notgeldes. Mit der Stabilisierung der Währung entwickelten sich die Stadtgeldnoten zu dem, was sie vor 1922 schon waren und bis heute geblieben sind: zu begehrten Sammlerstücken.

Auch die kleinen Handwerksbetriebe litten unter der Inflation. Der Geldschein der Stadtsparkasse Bielefeld vom 20. August 1923 macht auf die Not der Schuster und Schneider aufmerksam.

Geld macht nicht satt:

210 Millionen für einen Liter Milch

„Unser Trägerpersonal ist beauftragt, keine Geldscheine unter einer Million Mark mehr in Zahlung zu nehmen", teilte die Westfälische Zeitung im Oktober 1923 ihren Lesern mit. „Der durch das Zählen kleiner Geldscheine verursachte Zeitaufwand" rechtfertige diese Maßnahme. Die sozialdemokratische Tageszeitung Volkswacht bat nur einen Monat später ihre Abonnenten, „die Summe von 100 Milliarden Mark bereitzuhalten, damit die Trägerinnen, deren Dienst wirklich kein leichter ist, nicht vergeblich Wege zu machen haben." Im Herbst 1923 erreichte die Inflation ihren Höhepunkt. Täglich konnten die Menschen erfahren, dass die Mark über Nacht gegenüber dem amerikanischen Dollar um ein Vielfaches an Wert verloren hatte. Und manchmal mussten die Preise im Laufe eines Tages korrigiert werden, damit sich die Verluste der Händler in Grenzen hielten. Dass der Bezugspreis der Bielefelder Tageszeitungen innerhalb weniger Wochen von 50 auf 100 Milliarden Mark gestiegen war, mag dabei die Menschen nicht so sehr gestört haben. Schwerer wogen die 210 Millionen Mark, die für einen Liter Milch gezahlt werden mussten. Und die Ungewissheit, ob man sich für das Geld im Portemonnaie am nächsten Tag noch etwas kaufen konnte.

Erster Weltkrieg, Arbeitslosigkeit und Inflation blieben vor allem für die kleinen Leute nicht ohne Folgen: Viele lebten in Armut und waren auf Unterstützung angewiesen. Arbeiter, die noch in Lohn und Brot standen, mussten erleben, dass sie weniger verdienten als in den Vorkriegsjahren. Während bis dahin eine Stunde ausreichte, um ein Brot von 3 $^1/_2$ Pfund zu kaufen, mussten sie jetzt dafür drei Stunden arbeiten. Und das Wenige, das ihnen blieb, wurde durch die Inflation wertlos.

Vor diesem Hintergrund standen die Lohn- und Tarifverhandlungen im Herbst 1923 unter keinem guten Stern. Die Umstellung der Löhne auf Goldbasis hatte in der metallverarbeitenden Industrie eine große Krise ausgelöst. Die Gewerkschaften forderten einen Stundenlohn von 50 Pfennig, die Arbeitgeber boten dagegen nur 32 Pfennig an. Den Schiedsspruch, der 35 Pfennig vorsah, lehnten beide Tarifparteien ab. Nach dem Bekanntwerden des Ergebnisses legte die Belegschaft der Dürkoppwerke am 13. November die Arbeit nieder. Weitere Firmen folgten. Obwohl eine Gewerkschaftsversammlung sich mit knapper Mehrheit gegen den „wilden Streik" aussprach, dachten die Arbeiter der Auto-, Fahrrad- und Nähmaschinenfabrik nicht daran, die Arbeit wieder aufzunehmen. Die Reaktion der Arbeitgeber ließ nicht lange auf sich warten. Nur wenige Tage später wurden die Belegschaften verschiedener Firmen „per Toranschlag" ausgesperrt. Zehntausend Menschen standen auf der Straße.

Die dadurch verursachte Notlage vieler Familien löste eine große Hilfsbereitschaft aus. Geschäftsleute aus der Stadt und den angrenzenden Gemeinden spendeten Brote und Mehl, Kartoffeln, Fleisch und Wurst. Die Verteilung der Lebensmittel an Bedürftige übernahm der Metallarbeiterverband. Mehrere in Jöllenbeck wohnende Familien boten an, Kinder der Streikenden und Ausgesperrten vorübergehend aufzunehmen.

Nach drei Wochen wurde der Streik abgebrochen, ein erneuter Schiedsspruch, der 40 Pfennig lautete, von den Tarifparteien angenommen. Ruhe kehrte in das krisengeschüttelte Jahr 1923 allerdings nicht ein. Von den ausgesperrten Arbeitern wurden etwas 1 000 „aus betriebsbedingten Gründen" nicht mehr eingestellt. Sie waren nun auf die Volksspeisungen angewiesen, die seit dem Weltkrieg versuchten, das Leid zu lindern.

1923

März: Die Badeanstalt an der Gütersloher Straße wird wegen „Unrentabilität" geschlossen, eine Woche später aber unter der Regie des Bielefelder Schwimmvereins wieder eröffnet.

8. März: Die Feuerwehr des Bielefelder Landkreises erhält eine neue Autospritze, die durch freiwillige Spenden aufgebracht worden ist.

18. März: Reichspräsident Friedrich Ebert stattet Bielefeld einen Besuch ab.

30. Juni: Der Neubau der Deutschen Bank an der Herforder Straße wird eingeweiht.

Juli: Im Landkreis Bielefeld grassiert die Tollwut der Hunde. Mehrere von tollwütigen Hunden gebissene Menschen werden in das Pasteursche Heilinsitut nach Berlin verlegt.

10. August: Die Geldknappheit erreicht einen beängstigenden Höhepunkt. Durch den Druck von Stadtnotgeld werden die Gehalts- und Lohnzahlungen im letzten Augenblick sichergestellt.

28. Oktober: In Bielefeld wird das kurbellose Telefonsystem eingeführt.

9. Dezember: In der Zentralhalle findet eine Versammlung der Bielefelder Elternschaft statt. Die Eltern protestieren gegen den Schulabbau.

Clara Delius (1887–1963)

Im westfälischen Halle geboren, lebte Clara Delius seit 1914 in Bielefeld, wo sie sich im öffentlichen Leben engagierte. Während des Ersten Weltkriegs übernahm sie die Leitung des Johannis-Lazaretts. Von 1937 bis 1956 gehörte sie dem Vorstand des Upmannstifts an. Als erste Frau wurde sie am 20. März 1923 zum Mitglied des Bielefelder Magistrats gewählt, dem sie bis 1933 angehörte.

1924

31. Januar: Nach einem halben Jahr wird der Maulkorb- und Leinenzwang für Hunde wieder aufgehoben.

1. Februar: Einrichtung einer Autopost auf der Strecke zwischen Bielefeld und Heepen. Die zur Beförderung von zwei Personen geeigneten Kraftwagen verkehren einmal täglich.

24. April: Kolonialgedenktag in Bielefeld. Auf der Sparrenburg wird eine „Kolonialeiche" gepflanzt.

14. Juni: Im Assapheum in Bethel findet die Eröffnung des Deutschen Kirchentages statt. Bereits am Abend zuvor gibt es in der Altstädter Kirche einen Gottesdienst.

11. Oktober: Eröffnung der Opferwoche für die Rhein- und Ruhrkämpfer. Zu diesem Zweck sind die Säle auf dem Johannisberg in „Rheinlandschaften" verwandelt.

28. Oktober: Aus dem Verschönerungsverein wird der Verkehrsverein. Neben der Anlage und Unterhaltung von Wegen, Bänken und Schutzhütten ist die Schaffung einer Geschäftsstelle für die Auskunftserteilung über Sehenswürdigkeiten, Gasthöfe und Ähnliches geplant.

Alfred Zickgraf (1874–1924)

Der aus der Rheinpfalz stammende Oberstudienrat Dr. Alfred Zickgraf, von 1905 bis zu seinem Tode Lehrer am Gymnasium, war alles andere als ein Lehrbuchpädagoge. Der begeisterte Naturkundler gründete 1908 den „Naturwissenschaftlichen Verein für Bielefeld und Umgebung", dem er als rühriger Vorsitzender jahrelang vorstand.

Unterricht in der Deutschen Nähmaschinenmechanikerschule. Auf die praktische Ausbildung wurde besonderer Wert gelegt

„Die Deutsche Nähmaschinenmechanikerschule ist zur Tatsache geworden"

Ohne Zweifel: Bielefeld stand jahrzehntelang an der Spitze der Nähmaschinenproduktion. Seit 1861 gab es hier die erste Nähmaschinenfabrik. Die Nachfrage stieg rasch, so dass weitere Unternehmen entstanden. Die vier größten Werke, Anker, Baer & Rempel, Dürkopp und Kochs Adler machten die Bielefelder Produkte weltweit bekannt. Vor dem Ersten Weltkrieg kam etwa jede sechste in Deutschland hergestellte Maschine aus der ostwestfälischen Metropole.

Ein Problem bereitete lange Zeit die Ausbildung geeigneter Fachkräfte. Auch um der amerikanischen Konkurrenz begegnen zu können, die nach dem Ersten Weltkrieg massiv in den europäischen Markt eindrang, gründeten die vier großen Unternehmen gemeinsam mit dem Reichsverband deutscher Mechaniker, dem Verband deutscher Nähmaschinenhändler und der Stadt Bielefeld die „Deutsche Nähmaschinenmechanikerschule". Die neue Lehranstalt wurde der Handwerker- und Kunstgewerbeschule am Sparrenberg angegliedert. Der Magistrat stellte 16000 Mark für den Um- und Ausbau des Dachgeschosses bereit und die übrigen Schulträger sorgten für die Beschaffung von Werkzeug und Maschinen. Auswärtige Unternehmen konnten für eine Beteiligung an der Schulträgerschaft nicht gewonnen werden, fürchteten sie doch, dass im Unterricht die Bielefelder Fabrikate bevorzugt werden.

„Die deutsche Nähmaschinenmechanikerschule ist zur Tatsache geworden", berichtete die Fachzeitung „Der Reichsmechaniker" im April 1924. „Die Ausbildung und Fortbildung der Nähmaschinenmechaniker erhält damit eine feste Grundlage. Das Nähmaschinenfach kann auf diese Einrichtung, die in wirtschaftlich schwieriger Zeit geschaffen ist, stolz sein. An den Kollegen liegt es jetzt, durch alsbaldige zahlreiche Anmeldungen die Lebensfähigkeit der Schule von vornherein sicherzustellen."

39 junge Schlosser und Mechaniker fanden sich am 24. April zum ersten Semester ein. Die 16 Tages- und 23 Abendschüler sollten innerhalb eines halben Jahres „mit dem Wesen der Nähmaschine vertraut werden, selbständig Fehlerquellen der Nähmaschinen verschiedenster Fabrikate und Typen finden, Verbesserungen vorschlagen und ausführen können". Schüler, die später als Händler oder Verkäufer arbeiten wollten, erhielten außerdem die notwendige kaufmännische Ausbildung. Den besonderen Praxisbezug bekam der Unterricht durch die Auswahl der Lehrkräfte, in den technischen Fächern allesamt Fachkräfte der beteiligten Unternehmen. Ingenieur Nagel, Leiter der Schule, stellte heraus: „Wir sind eben keine Schule im Sinne einer Volksschule oder einer höheren Schule. Wir sind ein praktischer Betrieb mit Unterricht."

Im Jahre 1928 erfolgte die Abtrennung der Nähmaschinenmechanikerschule, der 1926 gegründeten Motoren- und Fahrzeugmechanikerschule sowie der Maschinenbaukurse von der Handwerker- und Kunstgewerbeschule. Die Bedeutung und das stetige Anwachsen dieser Abteilungen ließ ihre Zusammenfassung zu einer selbständigen Anstalt geboten erscheinen. Damit erhielt die Stadt der Schulen, wie Bielefeld häufig genannt wurde, eine neue Lehranstalt, die „Fachschule für das Metallgewerbe".

Obwohl in der Halle im Bielefelder Osten nur selten Ausstellungen stattfanden, wurde sie im offiziellen Sprachgebrauch „Ausstellungshalle" genannt

Eine Halle nicht nur für Viehauktionen

Schon 1922 hatte man den Bau einer Viehhalle ins Auge gefasst. Das Projekt löste sogleich einen großen Wirbel aus, denn es war die Absicht des Stadtbauamtes, das Nützliche mit dem Angenehmen, die Viehhalle mit einem Musiksaal zu verbinden. Das Bielefelder Notgeld nahm dieses Vorhaben aufs Korn: Eine Darstellung musizierender Schweine, Kühe und Pferde auf einem 1000-Markschein war spöttisch mit „Morgenkonzert in der Bielefelder Viehhalle am 31. Februar 1988" untertitelt. Niemand trauerte, als schon bald die Pläne der Mehrzweckhalle in den Schubladen verschwanden. Erst als die schlimmsten Folgen der Inflation überwunden waren, griffen die Stadtverordneten das Projekt Viehhalle wieder auf und gaben Ende Februar 1924 dem Bau ihre Zustimmung. Zunächst sah man einen Standort in der Nähe des Schlachthofs vor, der jedoch aus veterinärpolizeilichen Gründen verworfen werden musste. So fiel die Entscheidung auf einen Platz an der Eckendorfer Straße in der Nähe des Kleinbahnhofs. Da die neue Halle zum Zentrum der Viehzucht für die gesamte Region werden sollte, war es von Vorteil, dass sie an diesem Standort problemlos mit einem Gleisanschluss versehen werden konnte.

Am 17. April 1925 vermeldete die Presse: „Gestern haben neunzig breitbeinige brüllende Bullen und anderes Vieh ihren Einzug in die Bielefelder Viehhalle gehalten und sie auf ihre Art bereits eingeweiht. Und wenn die Halle als unvollendeter Bau auch noch nicht prangend, prächtig und hehr dasteht, so macht das den Bullen weiter nichts aus, wie es auch auf die erste Versteigerung des Rindviehzuchtverbandes Minden-Ravensberg keinen Einfluss haben wird."

Die Besucher betraten das von Stadtoberbaurat Schultz konzipierte Gebäude durch einen Windfang, der in die erste Vorhalle führte. Von dort gelangten sie in den großen Vorführraum, der fast quadratisch angelegt und von Tribünen umgeben war. An diese Halle schlossen sich Stallungen für Rindvieh und Pferde sowie für Schweine an. Insgesamt konnten über 1000 Tiere untergebracht werden. Der Bau beeindruckte durch sein weitgespanntes Holzgewölbe. Es überdeckte die zentrale, 12 Meter hohe Halle, in der 2000 Menschen Platz finden konnten. Da Versuche, die Landwirtschaft zur Finanzierung des Projektes heranzuziehen, scheiterten, musste die Stadt die Baukosten, die sich gegenüber den Planungen verdreifacht hatten, alleine tragen.

Bei der ersten Zuchtviehauktion am Tag nach der Eröffnung standen 71 Bullen sowie 70 Eber und Sauen zur Versteigerung an. Zwei Eber aus dem Stall Meyer zu Eißen in Schildesche, die besonders durch ihren Wuchs und einen trotz ihrer Länge festen Rücken auffielen, bekamen bei der Prämierung den ersten Preis. Und auch für die, die sich an der Auktion nicht beteiligten, boten die Bullen bei ihrer Vorführung laut Pressebericht eine „Augenweide".

Außer den Auktionen fanden in der Halle landwirtschaftliche Ausstellungen, volkstümliche Konzerte und politische Kundgebungen statt. Hier redeten Carl Severing, Paul Löbe, Otto Braun, Ernst Thälmann, Julius Streicher und Hermann Göring. Bei einer Wahlveranstaltung der NSDAP im November 1930 hielt Adolf Hitler, der nur ein einziges Mal Bielefeld besuchte, in der Viehhalle vor 7000 Menschen eine Ansprache.

Im Zweiten Weltkrieg brannte das Gebäude aus. An einen Wiederaufbau dachte niemand. So fielen die Reste der Halle 1961 der Umsiedlung eines Industrieunternehmens zum Opfer.

1925

27. Januar: Laut Statistik der Reichsarbeitsverwaltung hat Bielefeld 855 Betriebe und 29300 Arbeiter.

28. April: Ende des längsten Arbeitskampfes der Metallindustrie in der Weimarer Zeit. Nach neun Wochen Streik und Aussperrung kehren über 17000 Arbeiter in die Fabriken zurück.

29. April: Beschluss der Stadtverordnetenversammlung, die Scheunen der Niedermühle in ein Jugendheim umzuwandeln.

7. September: Der Aufsichtsrat der Spinnerei Vorwärts beschließt, den Betrieb stillzulegen. 500 Arbeiter und 40 Angestellte werden entlassen. Im Dezember muss auch die Ravensberger Spinnerei vorläufig schließen.

18. September: Auf dem Johannisberg wird die „Grünen Messe", eine Ausstellung der heimischen Landwirtschaft, eröffnet.

16. Oktober: Aufnahme des Autobusverkehrs zwischen der Jöllenbecker- und der Oststraße.

19. November: Der Magistrat hat ein Wohnungsbauprogramm zur Schaffung von jährlich 340 Wohnungen vorgelegt. Die Zahl der fehlenden Wohnungen wird mit 1700 angegeben.

Theodor von Möller (1840–1925)

Der auf dem Kupferhammer bei Brackwede geborene Fabrikantensohn trat in die ererbte Gerberei ein, setzte aber gemeinsam mit seinem Bruder mit der Maschinenfabrik K. & Th. Möller auch eigene unternehmerische Akzente. Für die Nationalliberalen war er seit 1890 Mitglied des Reichstags und seit 1893 Mitglied des preußischen Abgeordnetenhauses. Von 1901 bis 1905 bekleidete er das Amt des preußischen Handelsministers. Bei seinem Ausscheiden erhob ihn Wilhelm II. in den Adelsstand.

1926

6. Januar: An der Siegfriedstraße wird eine von der Firma Dr. Oetker gestiftete Musterkrippe ihrer Bestimmung übergeben. Hier können 20 Säuglinge und 25 Krabbelkinder Aufnahme finden.

23. Februar: Anstelle der bisher benutzten Pferdegespanne werden Verstorbenen nun mit einem Leichenauto, hergestellt bei der Firma Dürkopp, zum Sennefriedhof transportiert.

25. Juni: Der Umgestaltung des Jahnplatzes fällt die Jahneiche zum Opfer. Sie wurde 1861 von Mitgliedern der Bielefelder Turngemeinde gepflanzt und gab dem Platz seinen Namen.

21. Juli: Gründungsversammlung der gemeinnützigen „Stadttheater Bielefeld GmbH". Die schwere Theaterkrise, die Diskussionen um eine Schließung des Hauses nicht verstummen ließ, soll durch die neue Betriebsform beendet werden.

20. November: Immer wieder kommt es bei der Stadtverordnetenversammlung zu störenden Zwischenrufen. Zum ersten Mal wird bei einer solchen Versammlung die Tribüne, die von Arbeitslosen dicht besetzt ist, durch Schutzpolizisten geräumt.

Otto Fischer (1879–1927)

Wenige Monate vor seinem frühen Tod konnte Otto Fischer im Oktober 1926 das 25-jährige Jubiläum seiner Buch- und Kunsthandlung feiern. Bibliophile Kostbarkeiten waren bei ihm ebenso zu bekommen wie moderne Dichtung. Die von ihm organisierten Ausstellungen bereicherten das gesellschaftliche Leben Bielefelds außerordentlich. Mit der Präsentation zeitgenössischer Maler und Bildhauer schuf er in der Stadt ein besonderes Verständnis für den Expressionismus. Werke von Nolde, Munch, Kokoschka, Modersohn-Becker und vielen anderen waren in seinem Kunstsalon an der Niedernstraße zu sehen. Auch als Verleger betätigte sich Otto Fischer. Das bekannte „Buch der Stadt" ist 1926 bei ihm erschienen.

Der Kesselbrink kurz nach seiner Neugestaltung. Die strengen Formen erinnern an französische Barockgärten

Von einer Staubwüste zum Volkspark

Die Umgestaltung des Kesselbrinks

„Die Not der Arbeitslosen wird von Tag zu Tag größer", schrieb Oberbürgermeister Stapenhorst am 15. März 1926 an das Reichsarbeitsministerium. „Die Zusatzunterstützung der Gewerkschaften fließen nicht mehr, die Wintervorräte sind verzehrt, Kleidung und Wäsche zerschlissen, aber für Neuanschaffungen fehlt das Geld, das kaum für die Miete und das tägliche Brot ausreicht. Dabei ist noch keinerlei Aussicht auf Belebung des Arbeitsmarktes. Unsere beiden Flachsspinnereien mit zusammen 1500 Beschäftigten liegen vollständig still, und es besteht keine Aussicht, sie wieder in Gang zu bringen ... Der Automobilbau leidet unter einer schweren Absatzkrise, sodass allein bei den Dürkopp-Werken 2000 Arbeiter entlassen sind. Außer den Flachsspinnereien geben unsere Werke zwar die Hoffnung nicht auf, allmählich wieder den größten Teil ihrer Leute einstellen zu können, aber es wird viele Monate dauern, bis unsere 12000 Vollerwerbslosen wieder leidlich beschäftigt sind; sind diese 12000 doch mehr als $^1/_6$ der 70000 gewerblichen Arbeiter in Stadt- und Landkreis Bielefeld."

Um wenigstens einigen der Erwerbslosen eine sinnvolle Beschäftigung zu verschaffen, bemühte sich das Stadtoberhaupt im Berliner Ministerium um eine Förderung für sogenannte Notstandsarbeiten. Zwei Projekte lagen ihm dabei besonders am Herzen: Der Bau eines Freibades und die Neugestaltung des Kesselbrinks, um den herum repräsentative Gebäude wie das Landratsamt, die Gewerbebank und der Kyffhäuser zu finden waren.

In seinem Schreiben an das Ministerium führte Stapenhorst aus: „Dieser Platz, 12 Morgen groß, mitten in der Stadt gelegen, diente seit 150 Jahren unserer Garnison als Exerzierplatz. Dauernd mit Bauschutt, Kies, Sand und Schlacke eingeebnet und aufgefüllt, war er zu einer Schmutz- und Staubplage geworden, unter der die Bewohner der angrenzenden Straßen, die nach und nach dicht bebaut sind, so sehr litten, dass die Stadt sich im Jahre 1913 entschloss, der Garnison einen neuen Platz vor dem Tore zur Verfügung zu stellen."

Seit Anfang der Zwanziger Jahre hatte es dann Pläne für eine Bebauung des damaligen Kaiser-Wilhelm-Platzes gegeben. Hier sollte ein südländisch anmutendes, von Säulen umstandenes Karree mit Stadthalle, Musikpavillon, Sparkasse, Kino, Bücherei und Museum entstehen. Noch 1925 war an den Bau einer großzügigen Schwimmhalle gedacht.

Aus Kostengründen konnten die Konzepte nie verwirklicht werden, doch wollte man dem Platz zumindest ein ansehnliches Äußeres geben. So kam der Gedanke auf, die „gesundheitsschädliche Staubwüste" in einen „Volkspark" umzuwandeln. Nachdem aus Berlin die Förderung des Projekts zugesichert worden war, die Stadtverordnetenversammlung den Notstandsarbeiten zugestimmt und der letzte Zirkus Ende April seine Zelte abgebrochen hatte, begannen die Arbeiten.

Im September sprießte auf den neu angelegten Rasenflächen bereits das erste Grün, und noch im Spätherbst sollte die neue Anlage fertiggestellt sein. Kirmes und Zirkusveranstaltungen, die hier immer wieder für Trubel gesorgt hatten, konnten nun nicht mehr auf dem Kesselbrink abgehalten werden. Sie zogen an die Vieh- und Ausstellungshalle im Osten der Stadt. Erst nach dem Krieg diente der Kesselbrink, dessen gärtnerische Gestaltung dem Krieg zum Opfer gefallen war, wieder als Rummelplatz.

Badebetrieb im Eröffnungsjahr. Das Wiesenbad 1927

„Gemeinsames Familienbaden für beiderlei Geschlecht“

Das Freibad an der Wiesenstraße

Einen großen Mangel, mit dem die Bielefelder leben müssen, ist das fehlende Wasser. Hier gibt es keinen Fluss und keine Seen, in die man im Sommer bei großer Hitze abtauchen kann. Als Bademöglichkeiten standen lange nur die Stauteiche an der Lutter zur Verfügung. 1855 eröffnete Mühlenbesitzer Büscher dort, wo heute auf dem Adenauerplatz der Autoverkehr tobt, ein erstes bewachtes Freibad. Den Ansprüchen an eine gesundheitsfördernde Badekultur entsprach diese Badegelegenheit nicht. Doch nur eine kostengünstige Wasserzufuhr ließ einen Neubau zu.

Im Winter 1925 löste sich dieses Problem. Auf dem Grundstück des städtischen Betriebsamtes wurde in 456 Meter Tiefe ein Brunnen gebohrt, der täglich etwa 1500 Kubikmeter Wasser mit der angenehmen Temperatur von 26°C liefern konnte. In Erinnerung an den Tag seiner Erbohrung erhielt die neue Wasserquelle den Namen „Weihnachtsbrunnen“.

Nun beeilte man sich mit der Planung und dem Bau eines modernen Freibades, das allen Bedürfnissen der Volksgesundheit gerecht werden sollte. Zwischen Bleich- und Wiesenstraße entstand im Zuge von Notstandsarbeiten in gut einem Jahr Bauzeit eine Badeanstalt im Stil der Neuen Sachlichkeit. Charakteristisch für das Bad ist bis heute seine strenge Achsensymmetrie: Vom Norden führt eine Allee im Rechten Winkel auf ein 100 Meter langes Gebäude zu, in dem „Umkleide-, Brause- und Aborträume“ untergebracht waren und das gleichzeitig als Tribüne für bis zu 2000 Personen genutzt werden konnte. Davor legte man die Becken an: Eine 100 Meter lange und 18 Meter breite Schwimmbahn und zwei je 42 Meter lange und 12 Meter breite Nichtschwimmerbecken. Genau in der Symmetrieachse wurde der 10 Meter hohe Sprungturm errichtet, der trotz seiner Eisenbetonkonstruktion einen sehr leichten Eindruck macht. Südlich davon befindet sich ein exakt quadratisches Kinderplanschbecken. Den Achsenabschluss bildet ein eingeschossiges Kasinogebäude.

Das neue Bad, am 8. Mai 1927 eingeweiht, wurde als bedeutendes Musterbad gepriesen. Zum ersten Mal konnten Frauen und Männer nun gleichzeitig das kühle Nass genießen. In erster Linie sollte das Volksbad „der allgemeinen körperlichen Erziehung und Gesundheitspflege dienen“. Es wurde aber auch als Austragungsort für internationale Schwimmwettkämpfe genutzt.

1944 hat das Bad bei einem Luftangriff schwer gelitten. Es wurde repariert, doch investierte man in den folgenden Jahren nur noch das Nötigste. Nach Plänen aus den 1970er Jahren sollte das Bad einem neuen Verkehrskonzept zum Opfer fallen. Dieses Vorhaben konnte, wie auch Überlegungen, das Wiesenbad in ein kommerzielles Spiel- und Spaßbad umzuwandeln, von engagierten Bürgern verhindert werden. Das Bad, dessen Denkmalwert man erst spät zu schätzen wusste, wurde grundlegend renoviert und konnte 1988 ein zweites Mal eröffnet werden.

1927

2. März: Trotz Aschermittwoch tagt die Stadtverordnetenversammlung und beschließt den Bau eines Arbeitsamtes.

24. März: Die Hundebesitzer veranstalten eine große Protestveranstaltung gegen eine beabsichtigte Erhöhung der Hundesteuer um 50 Prozent. Sie drohen mit dem Boykott des Theaters. So bleibt es bei den alten Sätzen.

29. April: Die Dürkoppwerke stellen das millionste Fahrrad her.

23. Mai: Das neue Verwaltungsgebäude der Allgemeinen Ortskrankenkasse an der Oelmühlenstraße wird eingeweiht.

9. Juli: Ein Unwetter überzieht Deutschland. Gadderbaum wird überschwemmt und der Jahnplatz verwandelt sich in einen See.

6. September: Bei einem Brand in der Hillegosser Papierfabrik verbrennen große Mengen Holzschliff.

1. November: Bielefelds Einwohnerzahl hat 90000 überschritten.

2. November: In der Obern- und Niedernstraße wird elektrische Beleuchtung installiert.

Johannes Klasing (1846–1927)

Johannes Klasing gehörte zur zweiten Inhabergeneration der weithin bekannten Verlagsbuchhandlung Velhagen & Klasing. Das Unternehmen mit Sitz in Bielefeld und Leipzig war besonders für seine Zeitschriften, die „Monatshefte“ und das „Daheim“, seine Schulbücher und die kartographischen Werke bekannt. Nach Ende des Kaiserreichs bereitete dem national-konservativen „Kommerzienrat“, einst Mitglied im Preußischen Herrenhaus, die Neuausrichtung des Verlags einige Schwierigkeiten.

1928

6. Februar: An der Sparrenburg werden die Bäume gefällt, die den Blick auf die Burg und den Ausblick von dort auf die Stadt versperrten.

30. März: Das letzte preußische Lehrerinnenseminar an der Cecilienschule schließt die Pforten. Von seinen 650 Schülerinnen sind 260 Lehrerinnen geworden.

1. Juli: In Bielefeld gibt es 1276 Pkws, 15 Omnibusse, 349 Lkws, 633 Motorräder und 29 Taxen. Damit ist jeder 40. Bielefelder motorisiert. Das am meisten genutzte Verkehrsmittel ist aber das Fahrrad.

1. August: Nach 28 Jahren fährt durch die Obern- und Niedernstraße keine Straßenbahn mehr. Die Linie Brackwede–Schildesche führt nun durch die Hindenburgstraße.

4. November: Tausende Schaulustige kommen, um an der Schwedenschanze die ersten Segelflüge zu beobachten.

30. November: Albert Schweitzer spricht im Altstädter Gemeindesaal über „Kultur und Ethik". Bereits am 18. November hat er in der Nikolaikirche ein Orgelkonzert gegeben.

Max Pruss
(1891–1960)

Als im Herbst 1928 das Luftschiff „Graf Zeppelin" seine Amerikareise antrat, war der in Bielefeld aufgewachsene Max Pruss als Navigationsoffizier mit dabei. Dieser hatte 1907 bei der Handelsmarine als Schiffsjunge angeheuert. Im Ersten Weltkrieg wechselte er zur Luftflotte. 1923 verpflichtete die Zeppelinwerft in Friedrichshafen den Steuermann. In den folgenden Jahren bereiste Pruss alle Teile der Welt. 1930 machte er auch in Bielefeld Station, ein Großereignis, auf das die Bevölkerung monatelang hingefiebert hatte. Als 1937 bei der Landung in Lakehurst das legendäre Luftschiff „Hindenburg" in Flammen aufging, führte Pruss das Kommando. Er überlebte die Katastrophe. Die große Zeit der Luftschiffe war jedoch vorbei.

Richtfest im Jahre 1928. Mit ihrer einheitlichen Gestaltung galt die Siedlung „Am Wellensiek" als mustergültiges Beispiel einer Gartenstadt

Jubiläumssiedlung der „Westfälischen Heimstätte"

Die Gartenvorstadt „Am Wellensiek"

Anlässlich ihres zehnjährigen Bestehens machte sich die „Westfälische Heimstätte" ein besonderes Geschenk: Eine nach sozialreformerischen Vorstellungen gestaltete Gartenstadt, wie sie seit Ende des 19. Jahrhunderts aus England bekannt war. Anfang 1927 hatte die „Ravensberger Heimstätte", eine Tochter der genannten Wohnungsfürsorgegesellschaft, ein 156000 Quadratmeter großes Gelände in Groß-Dornberg erworben, um dort eine Siedlung für Einkommensschwache zu schaffen. Da die neuen Wohnungen zum größten Teil für Bielefelder Arbeiter vorgesehen waren, hoffte man für das Projekt auf städtische Zuschüsse. Dies führte zu einigen Schwierigkeiten, wollte die Stadt doch lieber die Bebauung in der Nähe der Industriebetriebe fördern, als eine Siedlung im Landkreis. Nachdem eine Umgemeindung des Wellensieks zur Stadt in Aussicht gestellt worden war, stand dem Baubeginn jedoch nichts mehr im Wege.

Am 28. Mai 1928 erfolgte der erste Spatenstich, am 13. Oktober fand anlässlich einer Tagung der Deutschen Gartenstadtgesellschaft die Grundsteinlegung des vorerst letzten Hauses statt. Erschlossen wurde die Siedlung von der Wertherstraße durch eine einzige Zufahrt. Diese teilte sich vor der zentral gelegenen Schule und traf am östlichen Ende wieder zusammen. Den Charakter der Gartenstadt erhielt das Gebiet durch die Aussparung großer Grünflächen und die Zugabe von Gartenland zu jeder Wohnung.

„Die Form, Himmelsrichtung und Beschaffenheit des nach Norden teilweise stark abfallenden Grundstückes ermöglichte es, das Gelände einfach und klar aufzuteilen und die Gebäude überwiegend in der für die Besonnung der Hauptwohnräume günstigen Nord-Süd-Richtung anzuordnen", wusste das Westfälische Wohnungsblatt zu berichten. Die Mehrzahl der anfänglich 334 Wohnungen lag in Zweifamiliendoppelhäusern. Auf einer Fläche von 73 Quadratmetern fanden zwei Zimmer, eine Wohnküche mit Kochnische, ein Bad und eine Mansarde Platz. Daneben gab es einige größere Wohnungen und 24 Einzelhäuser. Um eine rationelle Ausnutzung der Wohnfläche zu gewährleisten, stattete die „Heimstätte" die Küchen sogar mit Mobiliar aus.

Schon bald erfolgte eine Verdichtung der anfangs lockeren Bebauung. Es wurden nicht nur in den Dachgeschossen Wohnungen eingerichtet, seit 1929 entstanden auch zwischen den Häuserreihen Blocks mit Klein- und Kleinstwohnungen. Mit etwa 500 Wohneinheiten galt der Wellensiek schließlich als eine der größten Gartenvorstädte Westfalens.

In der Planungsphase hatte der Magistrat bereits Bedenken geäußert, dass sich kaum „300 Bielefelder finden, welche die Häuser kaufen oder zu dem errechneten Mietpreis mieten würden. Es muss berücksichtigt werden, dass die Kolonie noch $1\frac{1}{2}$ Km vom Endpunkt der geplanten elektrischen Straßenbahn entfernt liegt und dass der dadurch bedingte Zwang einer regelmäßigen Benutzung der Straßenbahn den Haushalt einer Familie in schwer träglicher Weise belastet."

Wie es der Magistrat vorhergesehen hatte, gab es trotz großer Wohnungsnot anfänglich Schwierigkeiten, passende Mieter zu finden. Erst als die Preise gesenkt und eine Busverbindung in die Stadt geschaffen worden war, löste sich dieses Problem. Das Geld für die „elektrische Straßenbahn" konnten die Bewohner des Wellensieks allerdings lange sparen. Erst im Jahre 2000 nahm die Stadtbahn ihren Betrieb in diese Richtung auf.

Die Architektur des HdT spaltete die Geister: Was für die einen modern war, wollten andere am liebsten abreißen

„Ein leuchtendes Denkmal vollendeten Könnens"

Mit dem Haus der Technik in die Moderne

Kaum ein zweites Gebäude hat vor seiner Fertigstellung die Bielefelder mehr bewegt als das Haus der Technik, kurz „HdT" genannt. Mit seiner modernen Architektur verbanden die Verantwortlichen im Rathaus den Beginn einer neuen städtebaulichen Ära. Der in allen Lebensbereichen merkbare technische Fortschritt forderte eine Architektur, die von Bauhaus und Neuer Sachlichkeit geprägt war. Bei der feierlichen Eröffnung des HdT am 23. November 1929 brachte Stadtoberbaurat Schultz in einer engagierten Rede sein Bekenntnis zur Moderne zum Ausdruck: „Eine moderne technische Idee erfordert eine bestimmte Form des Ausdrucks. Es ist nicht mehr möglich, so zu denken, wie vor dreißig Jahren. Die Welt des Radios, des Autos, der Physik und Chemie kennt nicht mehr die alten Landesgrenzen. Diese Welt ist international geworden – sie will nicht mehr biedermeiern. Eisenbahn, Glas, Lichtarchitektur verlangten für das Haus der Technik andere Formen, als man sie vor dreißig Jahren kannte. Das Rad der Zeit, der Rhythmus der Massen, moderne Sachlichkeit sind an die Stelle historischer Maskerade getreten! Nicht die Romantik völkischer Prägung, sondern der Zweck entscheidet. Die Aufgabe des Hauses der Technik musste eine wesenseigene Lösung finden." Extreme Gegner dieses Baustils wandelten die Abkürzung HdT dagegen in „Hol's der Teufel" oder „Haut den Tischer" um; der Berliner Architekt Tischer zeichnete für den Neubau verantwortlich.

Der Standort des HdT am Jahnplatz war gewählt worden, weil die Notwendigkeit bestand, neben dem Alten Friedhof ein neues Schalt- und Umspannwerk zu bauen. Seit Jahren war es wiederholt zu einer Überlastung des Gleichstromnetzes im Zentrum der Stadt gekommen. Von der Umstellung auf Drehstrom erhoffte man sich, die Energieversorgung bei steigender Nachfrage langfristig sichern zu können. Aus städtebaulicher Sicht kam am Jahnplatz jedoch ein unansehnliches Schalthaus nicht in Frage. So wurde mit dem technischen Gebäude der langjährige Wunsch verbunden, eine repräsentative Werbe- und Beratungseinrichtung für den Gebrauch von Strom und Gas zu errichten. Schon beim Betreten des HdT sollte den Besuchern ein zeitgemäßer, moderner Umgang mit Energie demonstriert werden. So wurde der Festsaal „von einem unsichtbaren Lichtorchester überflutet". Die üblichen Beleuchtungskörper müssten verschwinden, forderte Architekt Tischer. „Von dem Handwerkszeug, den Lampen, darf nichts mehr zu sehen sein." Oberbürgermeister Stapenhorst lobte: Das HdT sei „ein leuchtendes Denkmal vollendeten Könnens".

Außer dem Schalt- und Umspannwerk, einer Wohnung und einer Anzahl Büros war im HdT eine umfangreiche Beratungsstelle eingerichtet worden, die sich in den ersten Jahren vor allem an Mädchen und Hausfrauen richtete. In den Adventswochen des Jahres 1929 konnten sie Vorträge besuchen, die über „sparsame Gasverwendung", „Arbeitserleichterung im Haushalt" oder die „Weihnachtsgans und das Drum und Dran zu Weihnachten" informierten. Eine Sonderausstellung stellte die Frage „Was schenke ich zu Weihnachten?" „Schenk was Elektrisches oder Gasgeräte", lautete die knappe, aber einprägsame Antwort.

Im HdT konnten sich die Menschen zeigen lassen, was in eine moderne Küche gehört und wie sie eingerichtet werden sollte. Mit der beginnenden Weltwirtschaftskrise, die auch in Bielefeld das Arbeitslosenheer vergrößerte, blieb die Erfüllung dieser Wünsche aber für viele Jahre nur ein Traum.

1929

23. Januar: In Deutschland werden alle Städte nummeriert. Bielefeld erhält die Nummer „39".

Februar: Der strenge Winter mit Temperaturen von bis zu minus 30 Grad fordert seinen Tribut: Eine Schulbaracke, die nicht richtig beheizt werden kann, wird geschlossen. Die Kinder erhalten Kälteferien. Die Post stellt vorübergehend die zweite Vormittagszustellung ein. In den Krankenhäusern melden sich Menschen, denen Hände und Ohren erfroren sind.

20. März: Bielefeld zählt 90 685 Einwohner und ist damit die achtgrößte Stadt in Westfalen.

18. Mai: Als erstes Kino in der Provinz Westfalen verfügt das Bielefeld-Kino „Gloria-Palast" an der Niedernstraße über eine Tonfilm-Apparatur. Bis der erste Tonfilm zu sehen ist, dauert es allerdings noch bis September: Gezeigt wird der amerikanische Film „Submarine".

Juli: Die Bielefelder Straßenbahn- und Omnibusfahrer streiken. Sie fordern eine Stundenlohnerhöhung von 10 Pfennig.

21. August: Bielefeld erhält eine neue Parkanlage. Für den Bau des Ostparks hat die Stadt 50 000 Mark zur Verfügung gestellt.

Prof. Wilhelm Lamping (1861–1929)

Nach seinem Musikstudium in Berlin war er von 1886 bis 1889 und von 1892 bis 1929 Leiter des Bielefelder Musikvereins. Musste er in den ersten Jahren zu vielen Konzerten Musiker aus dem gesamten westfälischen Umland verpflichten, so erklärten sich die Stadtväter 1901 bereit, ein städtisches Orchester mit 36 Musikern zu unterhalten. Der Bielefelder Musikverein erwarb sich unter Lampings Leitung einen ausgezeichneten Ruf. Heute ist die Straße, die zur Rudolf-Oetker-Halle führt, nach dem herausragenden Dirigenten benannt.

1930

1. Januar: Das Arbeitsamt zählt in seinem Bezirk 11 008 Arbeitssuchende.

31. März: Die im Jahre 1894 eröffnete Mertgen-Vorschule, die im Laufe der Jahre von 1 000 Kindern besucht wurde, schließt ihre Pforten.

16. August: Jeder 15. Einwohner besitzt einen Rundfunkempfänger. Insgesamt gibt es 6400 Radios.

31. August: Erste Zeppelinlandung in Bielefeld. 100 000 Menschen säumen den Landeplatz in der Senne. Schon Wochen zuvor ist ein wahres „Zeppelinfieber“ ausgebrochen.

1. Oktober: An dem Tag, an dem Bielefeld zur Großstadt wird, öffnet am Jahnplatz das Café Europa.

31. Oktober: Mit Beethovens Neunter Symphonie wird die Rudolf-Oetker-Halle eingeweiht. Die Konzerthalle, eine Stiftung der Familie Oetker, soll an den vor Verdun gefallenen Sohn des Firmengründers und dessen Kameraden erinnern.

16. November: In der Ausstellungshalle spricht Adolf Hitler vor 7000 Zuhörern. Es ist das einzige Mal, dass Hitler in Bielefeld einer Veranstaltung beiwohnt.

Dr. Rudolf Stapenhorst (1865–1944)

Nach Promotion und Referendarzeit wurde der in Lienen bei Tecklenburg geborene Stapenhorst im Jahre 1895 zum Bürgermeister der Stadt Bielefeld gewählt. 1911 übernahm der Jurist das Amt des Oberbürgermeisters, das er bis 1932 innehatte. Anlässlich seines 65. Geburtstages erfolgte die Umbenennung des Bürgerweges in Stapenhorststraße. Sein Verdienst ist die Entwicklung Bielefelds zur „Stadt der Schulen“. Als Abschluss seiner beruflichen Laufbahn gelten die Eingemeindungen von 1930, die den Weg zur Großstadt ebneten. Das ehemalige Stadtoberhaupt fand bei einem Luftangriff den Tod.

In dem Jahr, in dem Bielefeld zur Großstadt wird, landet dort erstmals ein Zeppelin

Bielefeld wird Großstadt

„Als Mittelstädter, als finstere Provinzler und als hinterwäldlerische Gemeindeeingesessene schlummerten gestern neunzigtausend Alt-Bielefelder und dreißigtausend Vorortbewohner im halbländlichen Eingemeindungsgebiet mehr oder weniger selig ein. Als Großstädter sind sie erwacht“, so die Westfälische Zeitung, die „erste Zeitung der Großstadt Bielefeld“ am 1. Oktober 1930. „Ist’s Einbildung oder Wirklichkeit? Der erste Großstadt-Morgen scheint ein anderes rascheres Tempo, einen härter pochenden Rhythmus, eine klingendere Melodie zu haben, als der in graue Vorzeit versunkene Tag der Mittelstadt.“

Nicht weniger als 22 Jahre hatte es gedauert, bis das Eingemeindungsproblem gelöst werden konnte. Bereits im Jahre 1908 hatten Bewohner von Schildesche an den Magistrat der Stadt die Bitte gerichtet, sie wegen Fehlens einer Wasserleitung und unzureichender Schulverhältnisse nach Bielefeld einzugemeinden. Wenig später drängten auch Industrielle auf eine „beschleunigte Regelung der Eingemeindungsfrage“. Die Vorortgemeinden mit einem hohen Anteil an Arbeitern, die zu den Bielefelder Industriebetrieben einpendelten, waren nicht in der Lage, die notwendige Infrastruktur für eine wachsende Anzahl von Bewohnern zu schaffen. Der Stadt ihrerseits lag daran, die Fläche des bereits bis an seine Grenzen bebauten Stadtgebietes zu vergrößern. Zwar trafen sich bald Vertreter von Stadt und Landkreis, doch bis zum Beginn des Ersten Weltkrieges war man noch zu keiner Lösung gekommen.

Erst im Jahre 1926 traten die Eingemeindungsausschüsse wieder zusammen. Es gab erste Überlegungen, das gesamte Kreisgebiet der Stadt zuzuschlagen, wogegen sich die Ämter und Gemeinden jedoch vehement zur Wehr setzten. Schließlich wurde am 22. Mai 1930 im Landtag ein Vorschlag verabschiedet, der im Wesentlichen den Vorschlägen des Landkreises entsprach.

Am 1. Oktober trat das „Gesetz über die Erweiterung des Stadtkreises Bielefeld“ in Kraft. Die neue Grenzlinie folgte im Norden dem Johannisbach. Sie umschloss das gesamte Dorf Schildesche, das Sudbrackgebiet, den Wellensiek und stadteigene Flächen in der Gemeinde Hoberge-Uerentrup. Im Osten kamen die Gemeinden Sieker und Stieghorst und von Heepen die Kammerratsheide, die Rieselfelder und die Heeper Fichten zur Stadt. Schließlich wurden noch kleinere Teile von Gadderbaum und Brackwede umgemeindet. Die Stadt hatte ihre Fläche fast verdreifacht, und die Zahl der Einwohner stieg von 90 000 auf 120 000 an. Damit wurde Bielefeld offiziell zur Großstadt, was mit einem Festakt auf der Sparrenburg gebührend gefeiert wurde. Oberbürgermeister Stapenhorst hieß die Neubürger willkommen, und Landrat Beckhaus nahm schweren Herzens von einem Drittel seiner Bevölkerung Abschied.

Die Gebietsveränderungen hatten Neuwahlen der Stadtverordnetenversammlung notwendig gemacht. Sie brachte der Kommunalpolitik eine ungeahnte Wende, doch das Ergebnis entsprach dem allgemeinen Trend. Zwar blieb die SPD mit 22 Stadtverordneten stärkste Fraktion, aber die bürgerlichen Parteien mussten erhebliche Verluste einstecken, während die Zahl der NSDAP-Vertreter von zwei auf zwölf stieg. Bei der konstituierenden Sitzung am 30. Dezember 1930 wählten die rechten und die bürgerlichen Vertreter den Zahntechniker Emil Irrgang zum ersten nationalsozialistischen Stadtverordnetenvorsteher einer Großstadt.

Das Haus an der Neustädter Straße Ecke Waldhof bot Kindern einen sicheren Hort

Ein reicher Onkel aus Amerika

Kindermanns Stiftung für Bielefelds Kinder

Der 5. November 1931 war für viele Kinder in Bielefeld ein Freudentag. Zu Ende war die Zeit, dass sie die engen, fast baufälligen Räume der Kinderbewahranstalt an der Viktoriastraße aufsuchen mussten. Auf einem Grundstück an der Neustädter Straße Ecke Dammstraße, wo noch ein Jahr zuvor die Fabrikgebäude der Gronewegschen Färberei gestanden hatten, war ein neues Kinderheim nach Plänen des Architekten Bernhard Kramer errichtet worden, das Kindermannstift. Kindergarten, Hort und ein geräumiger Spielplatz waren hier genauso entstanden wie Wohnungen für Schwestern und Hausmeister. Auf die Hygiene wurde besonders Wert gelegt. Jedes Kind fand im Waschraum ein eigenes Schränkchen vor, das Handtuch, Glas und Zahnbürste enthielt. Der Neubau und die Einrichtungen waren durch eine Spende des deutschstämmigen Amerikaners William Kindermann möglich geworden. 1930 hatte er der Stadt für den Bau eines neuen Kinderheims 50000 Dollar zur Verfügung gestellt.

Wer war William Kindermann? 1853 wurde der Sohn eines Schuhmachers an der Dammstraße 7 geboren und auf den Namen „Wilhelm" getauft. 1874 wanderte er nach Amerika aus und machte eine Karriere, von der die meisten Auswanderer nur träumen konnten. Zuerst war er in Philadelphia als Angestellter in einem Importgeschäft tätig, zog aber dann mit dem Eisenbahnbau in den „Wilden Westen". Von Denver (Colorado), damals noch eine kleine Stadt, wo die Eisenbahn endete, ging es in die Grenzregionen am Rio Grande. Hier betrieb er einen schwungvollen Handel mit sämtlichen Gebrauchsartikeln von der Stecknadel bis zu Pferden und Wagen, Wolle, Schafen und Rindern. Der Selfmade-Millionär besaß in den Dreißiger Jahren riesige Ländereien und Truthahnfarmen, Goldminen in den Rocky Mountains und Häuserkomplexe in Denver. Und er las regelmäßig die Bielefelder Westfälische Zeitung, die sein Bruder ihm nach Amerika schickte.

So war er stets über die Notlagen in seiner Geburtsstadt informiert. Wirtschaftskrise und steigende Arbeitslosigkeit machten viele Menschen von der öffentlichen Fürsorge abhängig. In den fünf Bielefelder Volksküchen erhielten Bedürftige eine warme Mahlzeit für 15, sonntags für 20 Pfennig. In den Wintermonaten mussten sie mit Zechenlagerkohlen versorgt werden, um nicht zu frieren. Die Zeitungen berichteten auch von Schulkindern, die ohne Frühstück und Butterbrot in die Schulen kamen.

Kindermanns Stiftung half, die Not vieler Kinder zu lindern. Am 5. November zogen die Kinder der Bewahranstalt von der Viktoriastraße her kommend zum neuen Domizil. Sie hatten weiße Luftballons und Fähnchen mit der US-amerikanischen Flagge in der Hand, sangen Wanderlieder und dankten dem „guten Onkel Kindermann". Nachdem Oberbürgermeister Doktor Stapenhorst und Pastor von Sicard kurze Ansprachen gehalten hatten, stürmten die Kinder ihr neues Haus. Der Tag „wird ein großer Tag in ihrem Leben bleiben", wird William Kindermann, der nicht nach Bielefeld gekommen war, in der Zeitung gelesen haben. „Eine Erinnerung für alle Zeit."

1931

1. März: Am Eingang des Alten Friedhofs am Jahnplatz in unmittelbarer Nähe zum Haus der Technik wird ein Ehrenmal für die im Ersten Weltkrieg gestorbenen Kriegsgefangenen eingeweiht, das der Bielefelder Bildhauer Karl Löwe entworfen und geschaffen hat.

11. März: Die Stadtverordneten fordern den Bielefelder Magistrat auf, auf dem Schlachthof das betäubungslose Schlachten zu verbieten.

5. Mai: Auf dem Kesselbrink wird ein Streifen für den Wochenmarkt freigegeben. An marktfreien Tagen dürfen hier Autos geparkt werden.

9. Juli: Das Stadttheater zieht Bilanz. In der vergangenen Spielzeit hat das Publikum „alle Problemstücke" abgelehnt. Der neue Spielplan soll das Besucherverhalten berücksichtigen.

Oktober: Die Wirtschaftskrise schafft immer größere Not. Während der Magistrat die Beamtengehälter reduziert, streicht der Regierungspräsident 133 Stellen. In Bielefeld sind davon 27 Planstellen betroffen.

Karl Löwe (1880–1942)

Der Graphiker, Maler und Bildhauer Karl Löwe wurde im lippischen Wrachtrup geboren. Zu seinem künstlerischen Werk gehören Glasbilder, die er für die Sieker Friedhofskapelle, die Baugenossenschaft „Freie Scholle", die Bielefelder Industrie- und Handelskammer sowie für die Arbeiterbildungsstätte „Rütli" geschaffen hatte. 1931 wurde ein von Löwe angefertigtes bronzenes Ehrenmal für Kriegsgefangene eingeweiht.

1932

31. März: Oberbürgermeister Dr. Stapenhorst verabschiedet sich von seinen Beamten.

10. April: Bei der Stichwahl um das Amt des Reichspräsidenten entscheiden sich 62 Prozent der Bielefelder Wähler für Hindenburg, 31 Prozent für Hitler.

14. Juli: Schwere Zusammenstöße erschüttern die Ruhe der Stadt. Ein Kommunist wird mit einem Schraubenschlüssel niedergeschlagen. An anderer Stelle demolieren Gegner der NSDAP ein mit Hakenkreuzfahne und Propagandaplakaten dekoriertes Auto. Der nationalsozialistische Stadtverordnetenvorsteher Irrgang trägt eine Kopfverletzung davon.

18. August: Die Stadt wird verurteilt, die Zuleitung mangelhaft geklärter Abwässer aus ihrer Kanalisation in die Aa zu unterlassen. Die Radewiger Mühle in Herford hatte gegen Bielefeld geklagt.

6. November: Bei den Reichtagswahlen, bei denen ein deutlicher Ruck nach rechts zu spüren ist, bleibt die NSDAP in Bielefeld mit 28 Prozent hinter dem Durchschnitt zurück. Die SPD liegt mit 37 Prozent über dem Reichsdurchschnitt.

20. November: In den Nachtstunden bebt die Erde. Die leichten Erdstöße richten jedoch keine Schäden an.

Dr. Paul Prieß
(1879–1935)

Als der promovierte Jurist am 1. April 1932 das Amt des Oberbürgermeisters übernahm, hatte er bereits 21 Jahre für die Stadt Bielefeld als Beigeordneter gewirkt und ein umfangreiches Aufgabengebiet zu verantworten. Der Verwaltungsbeamte, bekannt für seine Sachlichkeit, verhielt sich gegenüber den Nationalsozialisten loyal. Unter seiner Führung wurden missliebige, vor allem sozialdemokratische Mitarbeiter entlassen. Bereits 1935 starb Paul Prieß. Ein Jahr später wurde ein Teil der Oststraße in „Prieß-Allee" umbenannt.

Wahlkampfrede Carl Severings im Juli 1932. In seiner Heimat besaß der preußische Innenminister eine begeisterte Anhängerschar

„Bielefelds Arbeiterschaft dankt Severing"

Die Absetzung der preußischen Regierung

Mitten im Wahlkampf – am 31. Juli 1932 sollten Neuwahlen für den aufgelösten Reichstag stattfinden – setzte Kanzler von Papen per Notverordnung in Preußen die SPD-Regierung ab und ernannte sich selbst zum Reichskommissar. Er weiche nur der Gewalt, hatte Innenminister Severing noch am Morgen des 20. Juli gedroht, räumte aber später ohne Gegenwehr seinen Dienstsitz, um „nach außen kein Signal zum Blutvergießen" zu geben. Damit hatte Preußen, die Hochburg der Republik und damit eines der größten Hindernisse der Nationalsozialisten auf ihrem Weg zur Macht, kampflos kapituliert. Die Bielefelder empörte der offensichtliche Verfassungsbruch besonders, denn er traf die populäre lokale Politikergröße Carl Severing, der als preußischer Innenminister neben Ministerpräsident Braun an der Spitze der Minderheitsregierung gestanden hatte.

Zwei Veranstaltungen am Abend des Staatsstreichs, die eigentlich Wahlkundgebungen hätten sein sollen, entwickelten sich zu regelrechten Solidaritätskundgebungen für den Minister. „Bielefelds Arbeiterschaft dankt Severing", titelte die sozialdemokratische „Volkswacht" am folgenden Tage. Auf dem „Rütli" und in der Ausstellungshalle demonstrierte die Arbeiterbewegung ihre Stärke und ihre Bereitschaft, gegen die Ungerechtigkeit auch mit scharfen Mitteln anzugehen. Doch anders als erwartet, riefen Gewerkschafts- und Parteiführung nicht zum Generalstreik auf. Da wegen der Massenarbeitslosigkeit – 1932 hatte die Arbeitslosigkeit ihren Höchststand erreicht – ohnehin viele Menschen ohne Auskommen dastanden, maßen sie derlei Aktionen keinen Erfolg bei. Einen drohenden Bürgerkrieg wollte die Spitze der SPD auf jeden Fall vermeiden und forderte deshalb die Parteigenossen zu allergrößter Disziplin auf. All ihre Hoffnungen setzte die SPD auf die bevorstehenden Reichstagswahlen. „Der Kampf um die Wiederherstellung geordneter Rechtszustände in der deutschen Republik ist zunächst mit aller Kraft als Wahlkampf zu führen", ließ der Parteivorstand vermelden.

Als Severing am 25. Juli selbst zum ersten Mal nach dem Sturz wieder in seiner Heimat auftrat, erwartete ihn eine begeisterte Anhängerschar. Darüber berichtete die Volkswacht: „Bei Siekmann ist der größte Saal in Hillegossen, aber er ist viel zu klein. Dicht gedrängt, Mann bei Mann, weit über 1 000 Menschen, kaum dass sie eine schmale Gasse bilden können, als Carl Severing zur Bühne hindurchschreitet. Bis zu den Fenstern hinauf türmen sich Pyramiden und ein gewaltiger Schrei – Freiheit! – ist der Gruß der Männer und Frauen für den tapferen Führer. Nie hatte Hillegossen eine solche Kundgebung erlebt."

Das Ergebnis der Reichstagswahlen war für alle republiktreuen Parteien ernüchternd. Die Nationalsozialisten konnten gegenüber 1930 die Zahl ihrer Mandate verdoppeln, während die SPD erhebliche Stimmenverluste hinnehmen musste. In Bielefeld setzte sich dieser Reichstrend allerdings nicht durch. Hier verbesserte sich die ohnehin starke SPD, und auch die KPD gewann Stimmen hinzu. Die großen Verlierer waren die bürgerlichen Parteien, deren Anhänger zur NSDAP wechselten. In Bielefeld erreichten die bürgerlichen Parteien nur noch einen Anteil von 17 Prozent, die NSDAP hingegen 31 Prozent. Das Ende der Weimarer Republik, das mit dem „Preußenschlag" eingeläutet worden war, nahm seinen Fortgang.

Am „Tag der nationalen Arbeit" nahmen Zehntausende an der Kundgebung in den Heeper Fichten teil

„Der Parlamentarismus ist tot"

Brauner Terror und Aufmärsche

„Wir freuen uns, dass wir die Macht in den Händen haben, und wir werden diese Macht nie und nimmer aus den Händen geben." Das rief triumphierend und gleichsam drohend Gauleiter Dr. Meyer den Bielefeldern auf einem der vielen Aufmärsche der Nationalsozialisten im Jahre 1933 zu. Der Einstieg in die braune Diktatur begann in Bielefeld am Abend des 30. Januars, als rund 1200 Anhänger der NSDAP auf den Straßen mit einem Fackelzug die Ernennung Adolf Hitlers zum Reichskanzler feierten. Bereits am folgenden Tag demonstrierte die Eiserne Front gegen Hitler: 8000 Menschen versammelten sich auf dem Kesselbrink und gaben der Hoffnung Nahrung, dass man sich gegen die neue Regierung auflehnen könnte. Doch es kam anders.

Am 2. Februar wurden die Wohnungen und Häuser aller kommunistischen Funktionäre und Organisationen von der Polizei durchsucht, das Parteiorgan „Der Kämpfer" genauso verboten wie die sozialdemokratische „Volkswacht". Die Zeitung erschien zum letzten Mal am 27. Februar mit der Schlagzeile „Bielefeld ist rot und bleibt rot". Wunschdenken, das mit der Realität nichts mehr zu tun hatte.

Im März wurden in der Stadt bis zu 360 Hilfspolizisten eingestellt, die sich zu gleichen Teilen aus Mitgliedern der SA, SS und des Stahlhelms rekrutierten. Die Verhaftungen von Kommunisten und Sozialdemokraten nahmen zu. Die Gefangenen wurden im Polizeigefängnis an der Turnerstraße oder im Amtsgerichtsgefängnis interniert, bedroht, misshandelt und oft erst nach einigen Wochen wieder entlassen. Unter ihnen waren auch der Reichstagsabgeordnete Carl Schreck und der ehemalige Stadtrat Gottlob Binder.

Der Terror spielte sich nicht im Verborgenen ab. Die Zeitungen berichteten fast täglich von Verhaftungen. Auf der anderen Seite wurde der Anbruch einer neuen Zeit euphorisch gepriesen, die „Volksgemeinschaft" durch beeindruckende Massenkundgebungen gefeiert. Eine der größten fand am 1. Mai statt. 60000 Menschen marschierten in verschiedenen Zügen durch die Stadt und fanden sich in den Heeper Fichten ein, wo der „Tag der nationalen Arbeit" gefeiert wurde. Die Schüler hatten frei, die Arbeiter erhielten Lohnausgleich. Dem Feiertag folgte am 2. Mai auch in Bielefeld das Verbot der freien Gewerkschaften. Die Gewerkschaftshäuser wurden besetzt, das Eigentum beschlagnahmt und wieder gab es Verhaftungen von Gegnern des braunen Regimes.

Im Juni schien jegliche Opposition in Bielefeld ausgeschaltet. Als Fritz Budde zum ersten nationalsozialistischen Bürgermeister ernannt wurde, begrüßte ihn die Westfälische Zeitung mit einem freundlichen „Sieg Heil dem neuen Bürgermeister" und jubelte, der „Parlamentarismus ist tot". Seine Amtseinführung machte deutlich, dass im Rathaus keine kontroversen Diskussionen mehr geduldet wurden. Die SA bildete Spalier, SA und SS hatten im Sitzungssaal Ehrenwachen gestellt. „Es wird vermutlich die letzte Sitzung sein, die das Plenum in diesem Saal zusammenführt", prophezeite die Zeitung. Sie sollte Recht behalten.

1933

12. Februar: In Quelle wird eine Geldfälscherwerkstatt ausgehoben. Falsche Fünfmarkstücke im Wert von 460 Mark werden beschlagnahmt.

28. Februar: Die sozialdemokratische Tageszeitung „Volkswacht" wird verboten.

6. März: Auf dem Rathausbalkon werden zum ersten Mal die Hakenkreuz- und die Schwarz-weiß-rote Fahne gehisst. Clara Delius, Mitglied des Magistrats, protestiert gegen diesen „Schritt auf dem Wege zu Parteiwirtschaft und fort vom Rechte des freien Bürgers".

17. April: Bürgermeister Köllner und Intendant Cahnbley werden mit sofortiger Wirkung „beurlaubt", der sozialdemokratische Stadtrat Binder entlassen.

16. Mai: Stadtverordneter Schreck, der Anfang April verhaftet worden ist, wird aus der Haft entlassen. Das gegen ihn eingeleitete Hochverratsverfahren wird niedergeschlagen.

24. September: Am „Tag des Radfahrers" bewegt sich ein festlicher Korso durch Bielefeld. Viele Menschen nehmen in historischen Kostümen und mit alten Rädern daran teil.

Fritz von Bodelschwingh (1877–1946)

Der Sohn von Friedrich von Bodelschwingh, dem langjährigen Leiter der Anstalten in Bethel, wurde 1933 zum ersten Reichsbischof gewählt, von den braunen Machthabern aber zum Rücktritt gezwungen. Am 25. Juni 1933 legte er sein Amt nieder. 1977 wurde das Engagement des Theologen mit einer Sonderbriefmarke der Deutschen Bundespost gewürdigt.

1934

1. Januar: 14113 Radiohörer sind in Bielefeld registriert.

31. März: Die Vollversammlung der Industrie- und Handelskammer löst sich auf und überträgt dem Führerprinzip entsprechend alle Rechte und Pflichten dem Vorsitzenden und seinem Stellvertreter.

12. April: In Bielefeld, Brackwede und Gadderbaum wird die erste Verdunkelungsübung durchgeführt.

30. Juni: Etwa 70 SA-Männer dringen gewaltsam in das Gebäude der Freimaurerloge „Freiherr vom Stein" ein und zerstören das Inventar.

2. August: In den Kirchen finden Trauergottesdienste für den verstorbenen Reichspräsidenten Hindenburg statt.

15. September: Anlässlich des 40-jährigen Bestehens des Teutoburger Bezirksvereins im Verein Deutscher Ingenieure wird im Museumsgarten das „Maschinendenkmal", eine Balancierdampfmaschine aus der Frühphase der Bielefelder Industriezeit, eingeweiht.

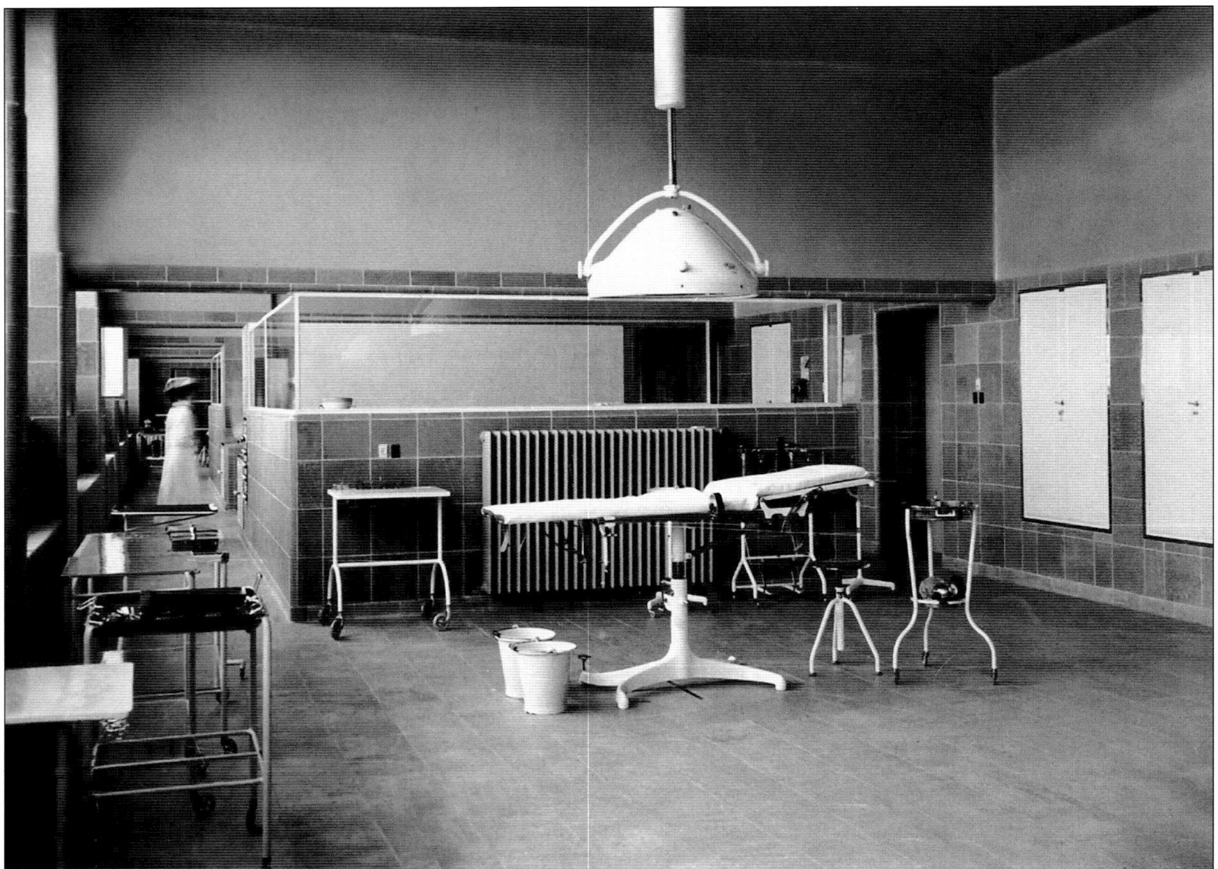

Operationssaal im Städtischen Krankenhaus in den dreißiger Jahren

Caroline Oetker (1867–1945)

Als erste Frau erhielt „Frau Kommerzienrat Oetker" am 14. Oktober 1934 die Ehrenbürgerwürde der Stadt Bielefeld. Mit dieser nur äußerst selten verliehenen Auszeichnung ehrten Stadtverwaltung und Ratsherren die Witwe des Firmengründers Dr. August Oetker für ihren Einsatz auf sozialem und kulturellem Gebiet. Unter anderem unterstützte sie das Siedlungswesen und war in der Säuglingsfürsorge sowie der Betreuung von Sozialrentnern aktiv. Durch die Stiftung der Rudolf-Oetker-Halle förderte sie nachhaltig das lokale Musik- und Kulturleben.

Zum Schutz des „Volksganzen"

Das „Gesetz zur Verhütung erbkranken Nachwuchses"

„Ein Erbkranker ... gleicht bei seiner Fortpflanzung mit Hinblick auf eine größere Reihe von Geschlechterfolgen in seiner verheerenden Wirkung einer Granate, die beim Platzen ihre Splitter ausstreut und auf diese Weise viele Menschen treffen kann." Diese unter Wissenschaftlern der Weimarer Zeit durchaus übliche Ansicht äußerte Dr. Wichern, Leitender Arzt am Städtischen Krankenhaus, in seinem 1934 erschienenen Buch „Erbkrankheit und Weltanschauung". Wollte man in der NS-Zeit einerseits die Gebärfreudigkeit der „rassisch Wertvollen" mit allen Mitteln fördern, sollten auf der anderen Seite die als „minderwertig" erachteten Menschen mit drastischen Mitteln von einer Fortpflanzung ausgeschlossen werden. So wurde bereits im Juli 1933 das „Gesetz zur Verhütung erbkranken Nachwuchses" erlassen. Es erlaubte die zwangsweise Sterilisierung von Personen, die an erblichen oder vermeintlich erblichen Erkrankungen wie Schizophrenie, manischen Depressionen, Epilepsie, Geisteskrankheit, Blindheit, Taubheit, schweren körperlichen Missbildungen sowie schwerem Alkoholismus litten.

Mit Inkrafttreten des Gesetzes wurde zum 1. Januar 1934 dem Amtsgericht ein Erbgesundheitsgericht angegliedert, das in pseudo-legaler Weise über Unfruchtbarmachungen zu entscheiden hatte. In nichtöffentlichen Verfahren wurden Zeugen und Sachverständige vernommen, wobei Ärzte ausdrücklich von ihrer Schweigepflicht entbunden waren. Ein Pressebericht stellte die Befugnisse der Institution vor: „Durch die vom Gericht angeordneten Sterilisationsmaßnahmen wird verhütet, dass gerade die Minderwertigen und erblich Belasteten sich hemmungslos fortpflanzen." Und so waren es nicht nur nachweislich erblich Kranke, die vom Gesundheitsamt der Stadt oder des Kreises dem Erbgesundheitsgericht weitergeleitet wurden, sondern den ideologischen Vorgaben entsprechend ebenfalls Sozialschwache wie Hilfsschüler, Fürsorgezöglinge, Kleinkriminelle oder Suchtkranke. Bis Ende Oktober 1934 lagen bereits 985 Anträge auf Sterilisierung vor, bis 1945 waren es 6215. Das Bielefelder Gericht war wegen seiner besonders rigiden Urteilsfindung berüchtigt. In 4469 Fällen ordnete es die Unfruchtbarmachung an, in nur 590 Fällen wies es Anträge zurück.

Das Städtische Krankenhaus sowie die Betheler Krankenanstalten Gilead und Nebo waren neben zehn weiteren Kliniken im Regierungsbezirk Minden zur Durchführung von Sterilisierungen ermächtigt. Nach dem Beschluss der Unfruchtbarmachung wurde der oder die Verurteilte aufgefordert, innerhalb von zwei Wochen den Eingriff vornehmen zu lassen. Nur bei Gefahr für das Leben konnte die Operation ausgesetzt werden. Wehrte sich ein Verurteilter, so erfolgte die zwangsweise Einweisung ins Krankenhaus.

Von den Zwangssterilisierungen waren besonders die Patienten der v. Bodelschwinghschen Anstalten betroffen. Nur durch eine Sterilisation konnten sie einer dauernden Heimunterbringung entgehen. 1176 Patienten erlitten dieses Schicksal.

Nach 1945 blieb das „Gesetz zur Verhütung erbkranken Nachwuchses" zwar in Kraft, die Sterilisierungen wurden aber durch die Aufhebung der Erbgesundheitsgerichte beendet. Erst seit 1980 wird den Menschen, die nie eine eigene Familie gründen konnten, ein Härteausgleich von 5000 DM und seit 1988 eine laufende Beihilfe gezahlt.

Die Lokale in Stadt und Kreis warben für den Patenwein. Als Dank dafür sollte ihnen die Getränkesteuer erlassen werden

„Haben Sie schon gebriedelt?"

Weinwerbewoche zur Unterstützung eines Moseldorfes

Als im Spätsommer 1935 deutlich wurde, dass die Weinbestände des ertragreichen Vorjahres gerade einmal zur Hälfte abgesetzt waren und kaum Lagermöglichkeiten für die anstehende Ernte vorhanden sein würden, ließ sich der Reichsnährstand eine besondere Aktion einfallen. Städte und Gemeinden sollten Patenschaften für bestimmte Weinorte übernehmen und durch Werbeveranstaltungen den Konsum des edlen Tropfens steigern. Stadt und Kreis Bielefeld nahmen sich des Örtchens Briedel an, einer 1700 Einwohner zählenden Gemeinde an der Mittelmosel. „In echter Volksgemeinschaft soll nun ganz Deutschland zusammenstehen, damit wenigstens schnell noch ein Teil des Jahresertrages untergebracht wird", ließen Oberbürgermeister, Landrat und Parteispitze zu Beginn des reichsweit gefeierten „Festes der deutschen Traube und des Weines" verlauten. An die Solidarität der Bielefelder appellierend, hieß es in dem Aufruf weiter: „Volksgenossen in Stadt und Land! Deutscher Wein ist kein Luxus. Viele Volksgenossen verdienen im Weinbau bei harter Arbeit ihr kärgliches Brot. Sie gilt es zu unterstützen; daher trinke jeder, soweit es ihm möglich ist, in der Weinwoche Briedeler Patenwein." Zum Auftakt der Werbewoche im Oktober fanden im gesamten Stadt- und Kreisgebiet Winzerfeste und „Rheinische Abende" statt. Das rauschendste aller Feste richteten die Schützen auf dem Johannisberg aus. Ein „nüchtern gebliebener Chronist" vermerkte: „Unsere traditionsreiche Garde, das Schützenbataillon, stellte sich am Sonnabend als Ehrenwache den Gästen und geleitete sie mit Musik zum Johannisberg, wo der Oberst und der Major die Begrüßung des Bürgermeisters Kroth von Briedel nebst seiner Freunde zelebrierten und sie dann im feierlichen Zuge durch den Saal den versammelten Bielefeldern vorstellten. Und als der Herr Bürgermeister mit einer wohllautenden Stimme noch einige Weinlieder sang, war er sogleich der gute Freund aller Bielefelder und musste überall auf die Tische steigen, um zu singen. Aber auch die Männer vom MGV „Harmonie" sangen so fröhliche und lustige Weinlieder, dass der Durst der Gäste immer größer, der Flaschenbestand des Wirtes immer kleiner wurde." Die Hilfsbereitschaft für die notleidenden Winzer kannte an diesem Abend keine Grenzen. Um 23 Uhr waren bereits die ersten 10000 Flaschen „Briedeler Herzchen" verkauft. Und da die Polizeistunde so gut wie außer Kraft gesetzt war, sollte das Fest längst noch nicht enden.

Auch auf dem Rütli wurde heftig „gebriedelt". Dort veranstaltete die Deutsche Arbeitsfront ein Fest. Die Werkskapellen von Anker und Dürkopp leiteten den Abend musikalisch ein. „Wein, Weib und Gesang", das waren die Themen der folgenden Stunden. Die „Briedeler Herzchen" vertrieben rasch die Alltagssorgen, und dies noch zu einem guten Zweck.

Am Ende der Werbewoche resümmierte die Presse: „Man machte sich mit echt westfälischer Gründlichkeit an die Verpflichtung, den Winzern zu helfen, wenn sie auch zu den angenehmsten gehört, die man sich denken kann." Zweimal musste der Briedeler noch nachgeordert werden, so dass das Moselörtchen schließlich fünfzig Fuder Wein – 50000 Liter in 66664 Flaschen – verkaufte.

Zu einer Wiederholung der Aktion kam es nicht. Das Weintrinken als „nationale Pflicht" scheint sich nicht durchgesetzt zu haben. Vielleicht waren die überzeugten Freunde des Gerstensaftes vom süßen, süffigen Wein doch weniger überzeugt, als dies die Propaganda weismachen wollte.

1935

13. Januar: In Jöllenbeck wird das Richtfest des ersten HJ-Neubaus in Westfalen, eines Gebäudes im Stil eines niedersächsischen Bauernhauses, gefeiert.

12./13. März: In den Betrieben und Verwaltungen finden zum letzten Mal Vertrauensratswahlen statt. NSBO-Kandidaten erzielen nur schlechte Ergebnisse.

21. Juli: Auflösung der Freimaurerloge „Armin zur Deutschen Treue". Das Logenhaus wird dem Deutschen Roten Kreuz zwangsübereignet.

7. November: Die ersten Rekruten seit Wiederherstellung der Wehrhoheit und der Neubegründung Bielefelds als Garnisonstadt werden auf dem Schillerplatz vereidigt.

24. November: Umbenennung der Brüderstraße in Elsa-Brändströmstraße.

1. Dezember: Mit großem Propagandaaufwand wird der erste Minden-Ravensberger Rundfunktag begangen. Tausende lauschen an ihren Lautsprechern einem bunten Programm von plattdeutschem Weckruf über Portraits bedeutender Ravensberger bis hin zum Gesang des Bielefelder Kinderchores.

Fritz Budde (1895–1956)

Ohne Zweifel kann man Fritz Budde als einen „strammen Nazi" bezeichnen. Im April 1933 wurde der Steuersekretär und Kreisleiter der NSDAP zunächst kommissarisch mit der Verwaltung der Stelle des zweiten Bürgermeisters beauftragt. Nachdem Oberbürgermeister Prieß 1935 gestorben war, besetzte der als erfahrener Verwaltungsmann anerkannte Budde das Amt des Oberbürgermeisters. Während er im Laufe des Zweiten Weltkrieges mit der örtlichen Parteispitze in Konflikt geriet, erlangte er durch sein konsequentes Eintreten für das Wohl der Stadt auch unter seinen politischen Gegnern eine gewisse Wertschätzung.

1936

17. Januar: Festlicher Empfang der „Olympia-Glocke" auf dem Schillerplatz. Am 1. August läutet diese 13 841 Kilogramm schwere Glocke die olympischen Spiele in Berlin ein.

1. März: Auf Antrag des Reichsverbandes ehemaliger Kriegsgefangener wird die Brüderstraße in Elsa-Brändström-Straße umbenannt. Die schwedische Schwester hatte in Sibirien deutsche Soldaten betreut.

28. Juli: Einweihung des neuen Finanzamtes an der Ravensberger Straße.

29. Juli: 13 Schülerinnen und 5 Lehrerinnen aus dem mittelenglischen Coventry treffen zu einem 10-tägigen Besuch ein.

10. Oktober: Aus Anlass des 80. Geburtstags des „Posaunengenerals", Pastor Johannes Kuhlo, findet der erste „Reichsposaunentag" statt. 5 000 Bläser kommen nach Bielefeld.

6. Dezember: Im Verlauf des Kreistreffens der NSDAP werden das Horst-Wessel-Haus an der Hindenburgstraße, das Haus der Nationalsozialistischen Volkswohlfahrt an der Theesener Straße und das HJ-Heim am Niedermühlenkamp eingeweiht.

Friedrich Schmale (1864–1936)

Nachdem der Volksschulpädagoge Friedrich Schmale 1897 die Stelle des städtischen Turnlehrers übernommen hatte, erlangte Bielefeld einen Spitzenplatz im westdeutschen Sport. Unter dem Gedanken der Volksgesundheit setzte sich der Stadtturnrat für die Ausweitung des Schulsports sowie den Sportstättenbau ein. Ehrenamtlich lenkte Schmale die Geschicke der Bielefelder Turngemeinde und wirkte als Vorsitzender des Turngaus Minden-Ravensberg auch über die Stadt hinaus. Zudem leitete er dreißig Jahre das 1903 auf seine Anregung hin gegründete Technische Lehrerinnenseminar.

Der Bau der Autobahn galt als technische Meisterleistung, führte aber auch zu krassen Veränderungen in der Landschaft

Generalinspektor Dr. Todt (Mitte) und Gauleiter Dr. Meyer (rechts) geben den Streckenabschnitt Brackwede–Herford im Dezember 1938 frei

„Des Führers Straße durch Ostwestfalen"

Der Bau der Reichsautobahn beginnt

„Nun ist es endlich so weit!" vermeldete die Westfälische Zeitung am 8. Dezember 1936. „Der Bau der Reichsautobahn beginnt in dem Abschnitt Gütersloh-Lämershagen. Die ersten Arbeiten sind an zehn Firmen aus Bielefeld, Gütersloh und Umgebung in Auftrag gegeben." Zu diesem Zeitpunkt waren schon einige Jahre der Vorarbeit ins Land gegangen. Bereits wenige Monate nach der Machtübernahme der Nationalsozialisten hatte die neue Regierung die „Gesellschaft zur Vorbereitung der Reichsautobahnen" gegründet, deren Zweck der Bau und Betrieb von zunächst sechs Fernstraßen sein sollte. Auch die Stadt Bielefeld sowie die Industrie- und Handelskammer Ostwestfalen gehörten der „Gezuvor" an. Nachdem der Generalinspektor für das deutsche Straßenwesen, Dr. Fritz Todt, aufgrund wirtschaftlicher Überlegungen die Streckenführung der Ost-West-Autobahn auf die so genannte Städtelinie festgelegt hatte – eine Alternative durch Lippe wurde verworfen –, richtete die zuständige Oberste Bauleitung Hannover Anfang 1936 in Bielefeld eine Unterabteilung ein. Sie hatte zur Aufgabe, den Abschnitt von Gütersloh über Lämershagen, Hillegossen, Brönninghausen und Altenhagen bis nach Herford zu bearbeiten. Dieser Teil der Autobahn galt als der schwierigste der ganzen Strecke zwischen dem Ruhrgebiet und Hannover, mussten doch hier die Höhen des Osnings überwunden werden.

In den folgenden Jahren sollte die Baustelle durch den Teutoburger Wald zum Ausflugsziel der Bielefelder werden. Für die projektierte Linienführung musste in der Nähe der Wirtschaft Deppe ein 264 Meter hoher Berg in einer Tiefe von 35 Metern abgeteuft werden. Nach seiner Fertigstellung klaffte der 250 Meter lange Durchbruch am oberen Rand 95 Meter auseinander, an der Sohle verengte er sich auf 25 Meter. Die geologischen Verhältnisse machten den Bauleuten einiges Kopfzerbrechen, stieß man doch auf Osning-Sandstein, Mergel und Kalkstein. Am 20. November 1937 berichtete die Presse: „Seit Jahr und Tag schaffen hier die Männer und die Bagger. Brechen Steine und Fels aus dem stöhnenden Berg, sprengen und räumen, schaufeln und laden und bahnen der Straße des Führers den Weg." Die Gesteinsmassen dienten beiderseits des Teutoburger Waldes zur Aufschüttung von Dämmen, die den Höhenunterschied der Strecke ausgleichen sollten. Eine eigens dafür verlegte Feldbahn befördert den Aushub.

Im gesamten Deutschen Reich war bis Ende 1938 knapp die Hälfte des geplanten Autobahnnetzes fertiggestellt. Am 15. Dezember 1938, am selben Tag, als Hitler am Berliner Ring den 3 000. Autobahnkilometer dem Verkehr übergab, eröffnete Gauleiter Dr. Alfred Meyer im Beisein der Arbeiter und Ehrengäste die Strecke zwischen Brackwede und Herford. „Kraft unserer Gemeinschaft", dozierte der Gauleiter, „der deutschen Volksgemeinschaft, ist dieses Werk geworden; ein einzelner vermag nur wenig, aber die Gemeinschaft kann Gewaltiges schaffen. So haben wir in kurzer Zeit die Wiederaufrüstung vollendet, unsere Wirtschaft neu aufgebaut und ein Reich der nationalen und sozialen Ehre, des Stolzes und der Kraft aufgerichtet."

Beim Autobahnbau demonstrierten die nationalsozialistischen Machthaber durch die gewaltigen Erdbewegungen und die aufwändigen Hochbauten ihre Fortschrittlichkeit und Gestaltungskraft. Tatsächlich gab es die Idee, spezielle Wege nur für den Kraftverkehr zu schaffen, schon vor dem Ersten Weltkrieg. Trotz weitreichender Vorplanungen war der Autobahnbau in der Weimarer Zeit jedoch nicht vorangekommen, denn die knappen finanziellen Mittel wollten viele lieber in den dringend notwendigen Wohnungsbau investieren. Hitler nahm die ausgearbeiteten Pläne sofort auf. Er erzielte damit eine enorme propagandistische Wirkung, denn zahlreiche Menschen, die in der Wirtschaftkrise der frühen Dreißiger Jahren arbeitslos geworden waren, fanden bei dem Großprojekt wieder Arbeit und Brot.

Nicht die KdF-Wagen beherrschten bald die Autobahnen, sondern Truppentransporte und Lastwagen mit Rüstungsgütern. Als Nachschublinien für die Front erlangten die Fernstraßen große militärische Bedeutung. Am Ende des verlorengehenden Krieges hatten sie in den Augen der Fanatiker ausgedient. So sprengten Männer des Sicherheitsdienstes am Ostersonntag die gerade einmal sechs Jahre alte Autobahnbrücke bei Hillegossen. Den Vormarsch der Alliierten verhinderten sie damit nicht.

Auf der linken Seite ist das Kunsthaus in der Grabenstraße (der späteren Hindenburg- und heutigen Alfred-Bozi-Straße) zu sehen. In der ehemaligen Villa des Spinnereidirektors Tiemann wurde seit 1928 der städtische Kunstbesitz gezeigt

Die „Säuberung der Museen"

Das Ende der freien Kunst

„Wir werden von jetzt ab einen unerbittlichen Säuberungskrieg führen gegen die letzten Elemente unserer Kulturzerstörung", drohte Adolf Hitler in einer Rede zur Eröffnung der „Großen Deutschen Kunstausstellung" am 18. Juli 1937 in München. Einen Tag später zeigte die Ausstellung „Entartete Kunst", was die braunen Machthaber aus den Museen verbannen wollten. Auch in Bielefeld sollte es sich bald zeigen, dass Hitlers Worte ernst gemeint waren.

Das städtische Kunsthaus, seit 1934 von dem Bildhauer und „Parteigenossen" Georg Hengstenberg geleitet, stellte in den Dreißiger Jahren vorwiegend westfälische Künstler sowie den städtischen Kunstbesitz aus. So waren auch Werke von Käthe Kollwitz, Emil Nolde und Erich Heckel zu sehen, worüber sich die Bielefelder NSDAP wiederholt aufregte. Die Münchener Ereignisse schoben dieser Ausstellungspraxis einen Riegel vor.

Im August 1937 nahm Hengstenberg an einer Museumsleitertagung in Dortmund teil, auf der die „Säuberung der Kunsttempel" angekündigt wurde. Danach durften ausländische Künstler nur noch in besonderen Räumen gezeigt und „entartete Kunst" nicht mehr ausgestellt werden. Wenige Tage später ließen sich Mitarbeiter der Berliner Reichskammer für bildende Künste den Bielefelder Kunstbesitz zeigen. Sie sortierten die gebrandmarkten Werke aus und brachten sie nach Berlin. Dort nahmen prominente Zeitgenossen des „Dritten Reichs" das aus den Museen beschlagnahmte Kunstgut in Augenschein und zweigten wertvolle Stücke für sich ab. Von den verbliebenen Werken wurde ein Teil einer Galerie in Luzern zur Versteigerung angeboten, der überwiegende Rest aber in ein Lagerhaus an der Köpenicker Straße im Osten Berlins geschafft und von der Feuerwehr verbrannt.

Nach dem Krieg sind nur zwei der beschlagnahmten Bilder des Bielefelder Kunsthauses wieder aufgetaucht. Zum einen das Aquarell „Viktoriabrücke im Abendglühen" von August Macke aus dem Jahr 1912. Dieses Bild ist 1952 bei einer Auktion von einem privaten Käufer erworben worden. Das Ölgemälde „Der Säemann" von Christian Rohlfs aus der Zeit um 1921, das bereits in den Fünfziger Jahren von einer Kölner Galerie in einem nahezu zerstörten Zustand angeboten worden war, konnte 1982 vom Förderverein der Kunsthalle für das Museum zurückerworben werden. Nach der so genannten „Säuberung der Kunsttempel" ist der „Säemann" somit das einzige Gemälde, das den Weg nach Bielefeld zurückgefunden hat.

Der Verlust der beschlagnahmten Bilder wiegt schwer: Zahlreiche Ölgemälde, Aquarelle und Grafiken von Peter August Böckstiegel, Otto Dix, Käthe Kollwitz, Emil Nolde und Hermann Stenner, um nur einige zu nennen, sind mit Vorsatz vernichtet worden. Sie werden in keinem Museum mehr zu sehen sein.

1937

2. Januar: Anlässlich des 100-jährigen Bestehens der Firma A.W. Kisker wird der obere Teil des Goldbachs in Kiskerstraße umbenannt. Mitglieder der Familie Kisker waren jahrzehntelang ehrenamtlich in den kommunalen Parlamenten tätig.

Februar: Der 1. Bauabschnitt der Kleinsiedlung „Am Rottmannshof" ist fertiggestellt. 27 Doppelhaushälften können bezogen werden, weitere 10 sollen folgen.

8. Juli: Der Johannisberg war bisher nur Mitgliedern der Bielefelder Schützengesellschaft vorbehalten. Jetzt fallen die Verbotsschilder.

6. September: Die Stadt plant den Neubau einer Jugendherberge an der Osningstraße und stellt dafür das Gelände und 70000 RM zur Verfügung.

25. September: Das Stadttheater ist grundlegend renoviert worden. Es hat eine neue Beleuchtung, Bestuhlung sowie eine drehbare Bühne erhalten. Die neue Spielzeit wird mit Goethes „Faust" eröffnet.

Dr. Wilhelm Breitenbach (1856–1937)

Nach dem Studium der Naturwissenschaften in Jena ging er nach Brasilien, um hier botanische Studien zu betreiben. Später ließ er sich in Brackwede nieder, entfaltete eine umfangreiche schriftstellerische Tätigkeit und unterrichtete zeitweise Naturwissenschaften an der Oberrealschule, dem späteren Helmholtz-Gymnasium. In Bielefeld war er jahrelang Vorsitzender und dann Ehrenvorsitzender der Gesellschaft für Naturkunde. Nach seinem Tod im September 1937 hinterließ er dem Helmholtz-Gymnasium eine etwa 4000 Bände umfassende wissenschaftliche Bibliothek.

1938

12. März: Aus Anlass des Anschlusses Österreichs kommen Tausende zu einer Kundgebung auf dem Schillerplatz.

13. Mai: Im Haus des Handwerks wird das BDM-Werk „Glaube und Schönheit" Gästen aus Partei, Staat, Wehrmacht und Wirtschaft vorgestellt. Die neue Organisation soll Mädchen im Alter von 17 bis 21 Jahren aufnehmen und in ihrer Weltanschauung stärken.

15. Juli: Einweihung des neuen Offizierkasinos an der Osningstraße.

12. Oktober: Grundsteinlegung für eine Siedlung Auf dem langen Kampe. Die gleichgeschaltete Baugenossenschaft „Freie Scholle" errichtete an der damaligen Schlageterstraße innerhalb eines Jahres 234 „Volkswohnungen".

11. November: Die vom Musikverein der Stadt Bielefeld aufgeführte weltliche Kantate Carl Orffs, „Carmina Burana", hat einen solchen Erfolg, dass sie ein drittes Mal wiederholt wird.

14. Dezember: Das Teilstück der Reichsautobahn von Brackwede bis Herford wird eröffnet. Bereits einen Monat zuvor hatte Dr. Todt die Strecke Recklinghausen–Brackwede freigegeben.

Dr. Alfred Bozi (1857–1938)

Der promovierte Jurist Alfred Bozi, Sohn des Eigentümers der „Spinnerei Vorwärts", Karl Bozi und dessen schottischer Ehefrau Eleanor Keith, nahm nach unbezahlter Assessortätigkeit in Bottrop seine erste Richterstelle beim Landgericht Aurich an. Nach einigen Jahren am Oberlandesgericht in Hamm wurde er 1911 Amtsrichter in Bielefeld. Alfred Bozi setzte sich unermüdlich für eine Justizreform ein. Er gilt als Begründer des Bielefelder Systems der sozialen Gerichtshilfe. Diese sollte die Wiedereingliederung von Verurteilten in die Gesellschaft befördern.

Die ausgebrannte Ruine der Bielefelder Synagoge

„SA-Männer haben unsere Synagoge angezündet ..."

Das Pogrom im November 1938

„Unsere Kirche brennt! SA-Männer haben unsere Synagoge angezündet und niedergebrannt." Am Morgen des 10. November 1938 saß ein elfjähriges Mädchen weinend in einem Klassenraum der Auguste-Viktoria-Schule und teilte einer Mitschülerin mit, was in der vergangenen Nacht passiert war. Sie waren die einzigen Kinder, die sich in der Klasse aufhielten. Als der Schuldirektor die Mädchen sah, scheuchte er sie „fort zur Synagoge", um sich „das Schauspiel" anzusehen. Die Kinder erhielten schulfrei.

Nach dem Attentat des in Deutschland geborenen Juden Herschel Grünspan auf den Legationssekretär der deutschen Botschaft in Paris am 7. November 1938 drohte die deutsche Presse den Juden unverhohlen Konsequenzen an. Am Abend des 9. November, als die NS-Prominenz in München den Hitlerputsch von 1923 feierte, ging die Nachricht vom Tod des Diplomaten ein. Mit Hitlers Einverständnis hielt Goebbels eine Rache fordernde Hetzrede und gab damit das Startzeichen zum Pogrom. Terroranschläge gegen Synagogen und jüdisches Eigentum ließen in ganz Deutschland nicht lange auf sich warten.

Gegen Mitternacht hielt vor der Bielefelder Synagoge an der Turnerstraße eine dunkle Limousine mit abgeblendeten Scheinwerfern, aus der Männer in schwarzen Uniformen stiegen. Sie wurden dabei beobachtet, wie sie schwere Gegenstände aus dem Wagen luden. Die Männer ließen sich nicht stören, sondern forderten die Passanten barsch zum Weitergehen auf.

In den frühen Morgenstunden wurden Anwohner der Synagoge von Brandgeruch und dem Schein lodernder Flammen aus dem Schlaf geschreckt. Eine Frau wollte sogleich die Feuerwehr rufen, doch am Telefon hörte sie nur ein desinteressiertes „Schon gut, schon gut." Ihr beherzter Versuch, das Feuer selbst zu löschen, misslang. Ein fremder Mann entriss ihr den Gartenschlauch. An der Brandstelle hatten sich mittlerweile viele Menschen eingefunden. Geschockt oder neugierig gaffend wurden sie Zeugen einer entsetzlichen Tat.

In der Nacht zum 10. November brannte die Synagoge bis auf die Grundmauern nieder. Die Feuerwehr begnügte sich, die Nachbarhäuser zu schützen. Mit der Synagoge wurde ein Gebäude vernichtet, das die Stadt wegen der beeindruckenden Architektur unter Denkmalschutz gestellt hatte. Der kostbar gestaltete Innenraum, die wertvolle Orgel, viele Kultgegenstände und historische Schriften der jüdischen Gemeinde gingen verloren. Die Ruine erinnerte noch bis in die ersten Kriegsjahre an das Pogrom. Die Abrissarbeiten, deren Kosten der jüdischen Gemeinde auferlegt wurden, zogen sich bis 1942 hin.

Nicht nur die Synagoge war das Ziel des organisierten Terrors. In der Bielefelder Innenstadt wurden Schaufenster von jüdischen Geschäften zerstört, die Auslagen beschädigt oder geplündert. Als die Kuppel der Synagoge lichterloh brannte, wurden die ersten von 50 jüdischen Männer verhaftet und in das Polizeigefängnis an der Turnerstraße gebracht, verhört und geschlagen. In der darauffolgenden Nacht wurden sie von der SS zum Bahnhof getrieben und mit dem Zug ins Konzentrationslager Buchenwald gebracht. Zwei Männer haben die schweren körperlichen Misshandlungen nicht überlebt. Die anderen konnten erst nach Wochen oder Monaten wieder zu ihren Familien. Über die Grausamkeiten, denen sie ausgeliefert waren, durften sie „bei Strafe" nicht berichten.

Die Ankunft der „Alten Garde" am festlich geschmückten Bahnhof

„Alle sollen fröhlich sein!"

Die Westfalenfahrt der Alten Garde

Mit großem Aufwand war die Stadt herausgeputzt, alle Straßen waren mit Fahnen und Tannengrün geschmückt, als 700 Altgardisten am Nachmittag des 14. Juni am Bahnhof eintrafen. 100 000 frühe Parteimitglieder, die „Vorkämpfer der nationalsozialistischen Revolution", und besonders verdienstvolle Nationalsozialisten hatten das Privileg, sich zur Gruppe der „Alten Garde" zählen zu dürfen. Seit 1937 wurde für eine ausgewählte Gruppe von ihnen jährlich eine Fahrt organisiert, die 1939 in den Gau Westfalen-Nord führte. Die erste Station war Bielefeld. Von hier aus sollte in den folgenden drei Tagen ein Autokorso über Paderborn, Detmold, Herford, Gütersloh und Gelsenkirchen nach Münster führen.

Die Zeitungen hatten das Ereignis propagandistisch vorbereitet: „Schmückt die Fenster", hieß es in der Presse. Am Jahnplatz war sogar ein Haus als Vorbild für die Beflaggung und den Schmuck hergerichtet worden, und nicht wenige orientierten sich daran. Die Presse ordnete sogar die Feststimmung an: „Alle sollen fröhlich sein!" lautete die Aufforderung am Abfahrtstag der Altgardisten.

Vom Bahnhof zogen die Teilnehmer der Westfalenfahrt zunächst zum Oberntorwall. Hier wurde feierlich das Horst-Wessel-Denkmal enthüllt, das an den zum Märtyrer des Dritten Reichs stilisierten Pfarrersohn erinnern sollte. Eine Feierstunde für ausgewählte Partei- und Wirtschaftsgrößen schloss sich in der Oetkerhalle an. Von dort marschierten die Altgardisten im Schein von Fackeln durch die abendliche Stadt. Begeisterte Bielefelder standen an den Straßen Spalier und jubelten den hochangesehenen Parteigenossen der ersten Stunde zu.

Als Höhepunkt des Tages fand gegen Mitternacht auf dem Kesselbrink eine Kundgebung statt. Offenes Feuer und Scheinwerfer illuminierten den Platz. Für die Ehrengäste war eine Tribüne, geschmückt mit Hakenkreuzfahne und Hoheitsadler, errichtet worden. Als die Alte Garde eintraf, setzten 600 Sänger und 200 Musiker zu einem gewaltigen musikalischen Spektakel ein. Die Atmosphäre war ergreifend, die Masse fasziniert. Am Ende der Veranstaltung gab es ein gebetsartiges Treuegelöbnis an den Führer. Der Leiter der Deutschen Arbeitsfront Robert Ley und Gauleiter Alfred Meyer beschworen das Charisma Hitlers, der nach jahrelangem Kampf den „endgültigen Sieg" errungen habe. An diese Leistung sollte nun auch die Westfalenfahrt erinnern. Nach dem abschließenden Feuerwerk tanzten viele Bielefelder noch bis tief in die Nacht. Feierstimmung und politische Indoktrination waren nicht mehr zu unterscheiden.

Außer den Durchfahrten fanden in allen Ortschaften, die von der Alten Garde besucht wurden, Volksfeste statt. So zogen auch in Bielefeld fünf Festzüge vom Stadtrand auf das Zentrum zu. Schmuckwagen mit Darstellungen zu den Bielefelder Industriezweigen präsentierten Produkte und typische Arbeitsweisen. Nicht nur für die Altgardisten war dies eine besondere Veranstaltung, sondern auch für die Bevölkerung, deren Zustimmung sich die Partei immer wieder vergewissern wollte. Wenige Wochen nach der vom Jubel der Zuschauer begleiteten Westfalenfahrt begann mit dem Überfall auf Polen der Zweite Weltkrieg.

1939

7. März: Die ersten „KdF-Wagen", besser bekannt als Volkswagen, rollen durch Bielefeld und ernten allgemein Bewunderung.

20. Juni: Für die „Großdeutschlandfahrt" ist die Fahrradstadt Bielefeld Etappenort. Nach einem Ruhetag wird das Radrennen in Richtung Hannover fortgesetzt.

28.–31. Juli: Mit Volksfest und Umzug begeht Schildesche seine Tausendjahrfeier.

25. August: Die Bielefelder Truppen erhalten den Mobilmachungsbefehl. Zwei Tage später verlassen sie per Eisenbahn die Stadt in Richtung Westwall.

6. September: Denunziationen sind an der Tagesordnung. Innerhalb einer Woche werden 26 Personen wegen ihrer regimekritischen Haltung bei der Staatspolizei Bielefeld angezeigt.

3. Oktober: Straßenbahnschaffnerinnen übernehmen den Dienst der „Kameraden an der Front".

21. Oktober: Erste polnische Kriegsgefangene treffen im Arbeitsamtsbezirk Bielefeld ein. Sie werden in der Landwirtschaft eingesetzt.

Horst Wessel (1907–1930)

Obwohl Horst Wessel, Sohn des Pastors Dr. Ludwig Wessel, noch kein Jahr alt war, als seine Familie nach Mühlheim an der Ruhr verzog, erlangte die Geburtsstadt des „Märtyrers der Bewegung" einigen Ruhm. Eine Gruppe von Bürgern gab die Anregung für einen Gedenkstein, der dem unter fragwürdigen Umständen im Berliner Zuhältermilieu umgekommenen SA-Sturmführer auf dem Kamm des Teutoburger Waldes gesetzt und im Oktober 1933 in einer pseudo-religiösen Zeremonie geweiht wurde. 1939 ehrte man den Dichter des zur zweiten Nationalhymne erkorenen Marschliedes „Die Fahne hoch ..." mit der Aufstellung einer Bronzefigur am Oberntorwall.

1940

19. Januar: Wilhelm Furtwängler dirigiert in der Oetkerhalle die Berliner Philharmoniker. Das Publikum stimmt darüber ein: Dies ist das musikalische Ereignis des Winters.

23. März: Das 1939 gegründete „jüdische Umschulungslager“ wird in den Schlosshof verlagert. Offiziell sollen die etwa 200 Lagerinsassen auf ihre Auswanderung vorbereitet werden, in Wirklichkeit müssen sie Zwangsarbeit leisten.

21. Juni: Erstmals wird bei einem Luftangriff das Stadtgebiet getroffen. Bei der nächtlichen Bombardierung sterben ein 15-jähriger Lehrling und eine 46-jährige Näherin.

5. Juli: Der Salonwagen, in dem Frankreich im Wald von Compiègne die Kapitulation unterschrieben hat, fährt auf seinem Weg nach Berlin durch Bielefeld.

8. Juli: Unter dem Jubel der Bevölkerung findet eine Parade der von der Westfront zurückgekehrten Panzertruppen statt.

13. Dezember: Im Palasttheater läuft der Propagandafilm „Der ewige Jude“ an. Zur „Festvorstellung“, in der Schächtszenen gezeigt werden, haben nur Männer Zutritt.

Martha Modersohn-Kramme (1865–1940)

Zusammen mit ihrem Mann Karl führte Martha Modersohn-Kramme eine zwischen Altstädter Kirche und Rathaus gelegene Gastwirtschaft, in der vor allem das gehobene Bürgertum verkehrte. Die Tochter des letzten Bielefelder Bleichers war ihrer Heimatstadt eng verbunden. Dieser setzte sie mit den historischen Skizzen „Aus Bielefelds vergangenen Tagen“ ein lebendiges Denkmal. Die große Leidenschaft Modersohn-Krammes galt dem Bielefelder Schützenfest. Sie selbst bekleidete 1908 das Amt der Schützenkönigin.

Zerstörungen im Haus „Ophir“, dem Kaufhaus der Anstalt

Eine Bombe traf das Haus „Klein Bethel“, in dem schwerstbehinderte Mädchen untergebracht waren

Bomben auf Bethel

Propaganda auf Kosten kranker Kinder

„Die Mordnacht von Bethel“, „Das Verbrechen der britischen Nachtpiraten“ titelten die Zeitungen, als Mitte September acht Bomben auf die v. Bodelschwinghschen Anstalten niedergegangen waren. Seit Mai hatte der Luftkrieg zwischen England und Deutschland eine neue Qualität bekommen. Während zuvor militärische Ziele im Visier der Luftflotten gestanden hatten, begann mit dem deutschen Angriff auf Rotterdam die Bombardierung gegnerischer Städte. Im Juni wurde Bielefeld zum ersten Mal getroffen. Zunächst waren lediglich zwei Opfer zu beklagen, denen man aber selbst die Schuld an ihrem Tode gab, hatten sie sich doch über die Luftschutzbestimmungen hinweggesetzt.

Anders in Bethel: Der Angriff verwüstete Gebäude und einen Teil des Friedhofs. Eine Bombe traf „Klein-Bethel“, ein Pflegehaus für schwerstbehinderte Mädchen. Über die Zerstörungen berichtete die Westfälische Zeitung: „Trümmer liegen über den Betten, die z. T. zusammengebrochen sind und in denen die blutbefleckten Bettbezüge noch zeigen, wie furchtbar die Verletzungen der Kinder gewesen sein müssen. Unter den Trümmern waren 15 kranke Mädchen begraben. Fünf davon waren sofort tot. Drei weitere starben an den grausamen Verletzungen nach der Einlieferung in das Lazarett.“ Die dauerhaft bettlägerigen Kinder hatten nicht in einen Luftschutzkeller gebracht werden können. Auch im Nachbarhaus kamen zwei Kranke und eine Schwester um. Weitere starben in den folgenden Tagen, sodass bei diesem ersten Bombenabwurf auf Bethel insgesamt 14 Menschen den Tod fanden.

Dass die Bombardierung bewusst der durch rote Kreuze gut als Krankenanstalt gekennzeichneten „Stadt der Barmherzigkeit“ gegolten hat, ist wenig wahrscheinlich. Möglicherweise waren die Bomben hier zufällig abgeworfen worden, wie immer wieder bei Angriffen auf das Stadtgebiet Bielefelds geschehen. Es kamen aber auch Gerüchte auf, dass die Bomben von einem deutschen Flugzeug stammten. Gesicherte Nachweise gibt es bis heute für keine der beiden Varianten. Wie es auch gewesen sei, auf Anordnung des Reichspropagandaministeriums schlachteten die Zeitungen das Ereignis hemmungslos aus. Sogar ausländische Berichterstatter wurden nach Bethel eingeladen, um darüber zu berichten.

Zur gleichen Zeit, als die Presse lautstark den „Kindermord“ anklagte, wurden in der groß angelegten Euthanasieaktion „Gnadentod“ geistig behinderte Menschen systematisch umgebracht. Auch Bethel hatte Mitte Juni die berüchtigten Meldebögen aus dem Reichsinnenministerium zur „planwirtschaftlichen Erfassung der Heil- und Pflegeanstalten“ erhalten. Anstaltsleiter Pastor Fritz von Bodelschwingh weigerte sich, die Bögen auszufüllen, die keinen anderen Zweck hatten, als den Mord an den Kranken in besonderen Tötungsanstalten vorzubereiten. Am 28. September schrieb er an den Regierungspräsidenten in Minden: „Soll ich die Tat der Engländer verurteilen und kurz darauf meine Hand reichen zu einem ‚Kindermord‘ in Bethel weit größeren Umfangs?“ Während von Bodelschwingh in Verhandlungen mit hohen Regierungsstellen einen Abbruch der Aktion „Gnadentod“ erreichen wollte, übten kirchliche Repräsentanten wie Ernst Wilm und Bischof von Galen öffentlich Protest. Doch erst im September 1941 endeten die Morde an den Behinderten. Durch sein hartnäckiges Vorgehen bewahrte der Anstaltsleiter viele der ihm anvertrauten behinderten Menschen vor dem Tod. Keine Rettung jedoch fanden sieben jüdische Patienten, die nach einer Verlegung wahrscheinlich noch im Herbst 1940 im Zuchthaus Brandenburg getötet wurden.

Bei der Deportation vom Bielefelder Hauptbahnhof am 13. Dezember 1941 täuschten die Personenwagen eine Umsiedlung in den Osten vor. Später wurden die Menschen in Viehwagen gezwängt

„…wir ahnten ja nicht, was da auf uns zukommen würde“

Die Deportation von Bielefelder Juden nach Riga

„Ich erinnere mich noch, es war am Abend des Channuka-Festes, als wir von Bielefeld fortgebracht wurden. Als der Zug anfuhr, fingen einige an, Channuka-Lieder zu singen. Doch wir ahnten ja nicht, was da auf uns zukommen würde.“ Am 13. Dezember 1941 wurden 88 Bielefelder Juden mit einem verplombten Personenzug nach Riga deportiert. Ein Mädchen, das sich an das Channuka-Fest erinnerte, gehörte zu den Überlebenden dieses Transports.

Im Herbst 1941, als Juden die Ausreise aus Deutschland nicht mehr gestattet wurde, begannen die Deportationen in die Ghettos und Konzentrationslager im Osten. Die Gestapoaußendienststelle Bielefeld hatte bereits im Oktober 1941 den Auftrag erhalten, die „Übersiedlung“ von 400 Juden aus dem Bezirk Minden vorzubereiten. Die Menschen wurden aber erst wenige Tage vor der Deportation informiert und aufgefordert, sich mit dem nach strengen Vorschriften zusammengestellten Gepäck bereitzuhalten. Streng bürokratisch verliefen die letzten Tage in Bielefeld. Bevor die Menschen aus ihren Wohnungen geholt wurden, mussten sie eine Vermögenserklärung unterzeichnen und die beschlagnahmten Wertgegenstände quittieren. Polizeibeamte brachten sie dann in den Saal des Kyffhäusergebäudes am Kesselbrink.

Eine Überlebende erinnert sich: „Der Saal wurde bis zum Abend ganz voll. Dann hieß es ‚Ruhe‘ und alle Namen wurden aufgerufen. Jeder musste aufstehen und ‚hier‘ rufen. Als der Name meines kleinen Bruders kam, hob meine Mutter ihn hoch. Dieses Bild werde ich auch nicht vergessen.“ Die Menschen wurden von Mitgliedern der jüdischen Gemeinde Bielefeld mit Essen und Getränken versorgt. Manche, die halfen, waren selbst in dem Arbeitslager an der Schlosshofstraße interniert.

Auch wenn die Tageszeitungen weder über das Sammellager, noch über die bevorstehende Deportation berichteten, wusste die Bevölkerung dennoch darüber Bescheid, was sich am Kesselbrink in den Dezembertagen ereignete, fuhr doch eine Straßenbahnlinie direkt am „Kyffhäuser“ vorbei. In einem Bericht des Sicherheitsdienstes ist zu lesen, „dass die Aktion von dem weitaus größten Teil der Bevölkerung begrüßt wurde.“ Am Tage der Deportation kritisierten, dem Bericht zufolge, Passanten, „dass man den Juden zum Transport nach dem Bahnhof die gut eingerichteten städtischen Verkehrsautobusse zur Verfügung stellte.“ Ein Zeitzeuge berichtet: „Vor dem Kyffhäuser stand eine große Menschenmenge, als die Juden in Fahrzeugen verladen wurden. Es hatte so den Anschein bei der Bevölkerung, als wenn es ein feierlicher Anlass gewesen wäre.“ Und viele hielten sich auch nicht mit zynischen Bemerkungen zurück.

Es geschah am helllichten Tag, als die Menschen am Güterbahnhof in den aus Münster eingefahrenen Zug stiegen, der sie nach Riga bringen sollte. Von den 400 Menschen, die am 13. Dezember 1941 deportiert wurden, überlebten nur 47, unter ihnen sechs Juden aus Bielefeld. Es war die erste von mindestens neun Sammeldeportationen, die bis Februar 1945 den Bielefelder Bahnhof als Ausgangspunkt hatten. Heute erinnert ein Mahnmal auf dem Bahnhofsplatz an Deportation und Mord. Es nennt Namen von Juden aus der gesamten Region, die Opfer des Nationalsozialismus geworden sind.

1941

1. Mai: Am „Tag der nationalen Arbeit“ erhalten die Firma C.A. Delius sowie die Dürkopp-Werke die „Goldene Fahne“. Dr. Oetker, Seidensticker und die Gebr. Mönkemöller waren schon zuvor als nationalsozialistische Musterbetriebe ausgezeichnet worden.

13. Juni: Erster großer Luftangriff auf die Bielefelder Innenstadt. 30 Menschen sterben, 1 500 Menschen werden obdachlos. Anfang Juli kommt es zu einem weiteren schweren Angriff.

27. Juli: Viele Bielefelder führt ihr Sonntagsausflug in die Senne, um sich das streng bewachte Gefangenenlager anzusehen. Bereits einen Monat nach dem Beginn des Krieges gegen die Sowjetunion sind dort 13 000 russische Soldaten untergebracht.

17. September: Das Sondergericht verurteilt einen Einbrecher sechsmal zum Tode. Er war mehrfach in Lebensmittelgeschäfte eingestiegen.

28. September: Vom Hauptbahnhof fährt ein Mutter- und Kindtransport nach Salzburg ab. Wegen der zunehmenden Gefährdung durch Luftangriffe wird die Kinderlandverschickung seit Jahresbeginn forciert.

November: Um den Verkehr aufrecht erhalten zu können, werden bei der Straßenbahn 30 Kriegshilfsdienstmädel als Schaffnerinnen eingesetzt.

Artur Sachs (1914–1997) und Berta Sachs (1909–1990)

Artur und Berta Sachs gehörten zu den wenigen Überlebenden der Riga-Deportation. Ein halbes Jahr vor der Verschleppung hatten die beiden geheiratet und waren vorübergehend in ein so genanntes Judenhaus gezogen. Sie überstanden die Gräuel mehrerer Konzentrationslager und kehrten nach Bielefeld zurück. Mit Hilfe der englischen Militärverwaltung gründete Artur Sachs die Jüdische Kultusgemeinde neu. Seit 1958 war er deren Vorsitzender. Nach dem Kriege baute er eine Hemdenfabrik auf, die er fast bis zu seinem Tode leitete.

1942

17. Januar: Reichsorganisationsleiter Ley appelliert an Dürkopp-Arbeiter für die Unterstützung der Front.

18. Februar: Ausbau von fünf Glocken der Altstädter Nikolaikirche, die für Rüstungszwecke eingeschmolzen werden.

31. März: Zweite Deportation von Bielefelder Juden. Im Juli folgen weitere Verschleppungen.

7. Mai: Vom Bielefelder Sondergericht werden fünf Todesurteile wegen Schwarzschlachterei und Lebensmittelschieberei verhängt. Die Verurteilten aus Liemke und Neuhaus hatten ihre Ware auch in Brackweder und Bielefelder Gaststätten abgesetzt. Weitere Prozesse gegen deren Besitzer folgen.

22. September: Werner Leege und Heinz Baak werden hingerichtet, weil sie Flugzettel verteilt und „hetzerische" Parolen an Hauswände geschrieben hatten. Sie sind die ersten Bielefelder, die vom Volksgerichtshof zum Tode verurteilt werden.

Eduard Wertheimer
(1867–1942)

Aufgrund der rassischen Verfolgung hatten sich die Brüder Wertheimer 1936 zum Verkauf ihrer in Jöllenbeck gelegenen Seidenweberei entschieden. Als Eduard Wertheimer später gefragt wurde, ob er nicht seinem Bruder nach England folgen wolle, antwortete der jüdische Kaufmann: „Ich habe hier doch so viele Verwandte, denen ich helfen kann!" Wenige Tage bevor er nach Theresienstadt deportiert werden sollte, nahm er sich das Leben.

Gauleiter Dr. Meyer bei den im Speisesaal der Ravensberger Spinnerei untergebrachten „Ostarbeiterinnen"

„Schwadronierende Kolonnen in bunten Kleidern"

Zwangsarbeiter in Bielefeld

„Wohl die meisten Bielefelder haben schon einmal auf den Straßen die schwadronierenden Kolonnen jener seltsam bunt gekleideten Mädel und Frauen gesehen, die, von deutscher Begleitung geführt, mit großen Augen die sauberen Häuser und eleganten Geschäfte unserer Stadt abtasteten ...". So begann ein Bericht der Westfälischen Neuesten Nachrichten vom 10. Juli 1942 anlässlich des Besuchs von Gauleiter Dr. Meyer. Dieser wollte sich in Bielefeld ein Bild von der Unterbringung und dem Arbeitseinsatz ukrainischer „Fremdarbeiterinnen" machen. Das erste Lager, das Meyer besichtigte, war jenes der Ravensberger Spinnerei. Hier lebten 60 Frauen und Mädchen in einem Raum, der ursprünglich ein Speisesaal gewesen war. Zum Einnehmen der Mahlzeiten standen noch immer Tische und Stühle bereit, drum herum waren an den Wänden die einfachen Holzbetten der Frauen aufgestellt.

Wie Pilze schossen in diesem Jahr Barackenlager aus dem Boden. Bei fast jedem größeren Betrieb wurden Behausungen für Menschen gebaut, die insbesondere aus Osteuropa, aber auch aus Holland, Belgien oder Frankreich stammten. Etwa 12 000 Menschen, Frauen, Männer, Jugendliche und sogar Kinder, waren durch falsche Versprechungen angeworben oder gewaltsam verschleppt worden. Die Industrie litt seit Herbst 1941 unter den vermehrten Einberufungen der Wehrmacht, die aufgrund des missglückten Blitzkriegskonzepts notwendig geworden waren. Gleichzeitig wuchsen wegen zunehmender Rüstungsanstrengungen die Anforderungen an die Betriebe. Da man aus ideologischen Erwägungen den Anteil der Frauenarbeit nicht wesentlich erhöhen wollte, setzte nun der massenhafte Einsatz ausländischer Arbeitskräfte ein.

Die Lager wurden in der Regel von den Firmen, die die ausländischen Kräfte beschäftigten, oder der Deutschen Arbeitsfront (DAF) getragen. Im Frühjahr 1942 befanden sich 26 solcher Lager im Arbeitsamtsbezirk Bielefeld, zu dem auch die Landkreise Bielefeld, Halle und Wiedenbrück gehörten. Bis 1944 erhöhte sich diese Zahl auf 206. Das größte Lager der Stadt befand sich auf dem Johannisberg. Für 600 Frauen eingerichtet, hatte es bei Kriegsende etwa 850 Bewohnerinnen. Dennoch wurden die Räumlichkeiten nicht vergrößert und auch die sanitären Anlagen nicht den Bedürfnissen angepasst. Wie in vielen Lagern grassierten typische Mangelkrankheiten, beispielsweise die gefürchtete und oft todbringende Tuberkulose.

Für die ausländischen Arbeiter herrschten rigide Bestimmungen. „Ostarbeiter" aus der UdSSR mussten auf ihrer Kleidung die Aufschrift „Ost" tragen, Polen wurden mit einem „P" gekennzeichnet. Aus rassenideologischen Gründen war es Deutschen verboten, außerhalb der Betriebe Umgang mit den Zwangsarbeitern zu pflegen, eine Vorschrift, über die sich mutige Menschen trotz Androhung härtester Strafen hinwegsetzten.

Jugendliche Flakhelfer am Eisenbahnviadukt in Schildesche

Kinder im Krieg

Schutz für die Kleinen, militärischer Dienst für die Großen

„Zum Schutz der deutschen Schulkinder vor den heimtückischen feindlichen Bombenangriffen sind die erforderlichen Maßnahmen im Gange. Für bedrohte Gebiete kann der Reichsverteidigungskommissar die Evakuierung von Schulen anordnen, und zwar im Rahmen der erweiterten Kinderlandverschickung. Für die Verschickung kommen alle Schulen, mit Ausnahme der von Berufstätigen besuchten Berufs- und Handelsschulen, in Betracht. Mit den Schülern zusammen sollen auch die Mütter mit ihren nichtschulpflichtigen Kindern, ja alle Familienmitglieder, die nicht mehr arbeitsfähig oder berufstätig sind, verschickt werden." So informierten die Westfälischen Neuesten Nachrichten am 14. August 1943 über die Schutzmaßnahmen für Schulkinder. Die Luftangriffe auf deutsche Städte hatten längst ein bedrohliches Ausmaß angenommen. Bielefeld war zwar bislang relativ verschont geblieben, doch die fast täglichen Fliegeralarme ließen den Menschen keine Ruhe. Nach anfänglich freiwilligen Sammeltransporten in ländliche, oft weit entfernte Gebiete fand die Verschickung der Kinder nun auf Anordnung von Partei und Verwaltung statt.

Auf die Eltern, die ihre Kinder ungern alleine ziehen lassen wollten, wurde ein massiver propagandistischer Druck ausgeübt. Elternversammlungen sollten über die Kinderlandverschickung informieren. So führte im August 1943 Oberstudiendirektor Dr. Hahn in der Aula der Cecilienschule aus, dass die Schließung der Bielefelder Lehranstalten kurz bevorstände. Der Abtransport geschlossener Klassen mit ihren Lehrern nach Oberbayern und Salzburg sei vorgesehen. Jedoch bliebe es den Eltern überlassen, ihre Kinder bei Verwandten auswärts unterzubringen.

Die organisierte Evakuierung der über zehnjährigen Kinder begann im September 1943. In den „KLV-Lagern" versuchten die Lehrer den Unterricht in eingeschränkter Form aufrechtzuerhalten. Der Tagesablauf der Schüler war streng organisiert, so dass wenig Zeit für freie Aktivitäten blieb. Mit dem Einmarsch der Alliierten lösten sich die Lager auf. Viele Kinder kehrten allerdings erst im Spätsommer 1945 in ihre Heimatstadt zurück.

Von der Kinderlandverschickung ausgenommen waren die oberen Klassen der höheren Schulen. Wollte man die jüngeren Kinder um jeden Preis vor den Luftangriffen in Sicherheit bringen, so bestand für die Jugendlichen eine Arbeitspflicht. Doch sie wurden nicht nur in der Industrie und in der Landwirtschaft beschäftigt, sondern auch für den Kriegsdienst missbraucht. Anfang 1943 erhielten die Schüler der Geburtsjahrgänge 1926 und 1927 ihre Einberufung als Waffenhelfer. Die Stimmung der Jungen war durchaus positiv, denn der Dienst brachte ihnen ein vorzeitiges Ende der Schulzeit. Klassenweise leisteten sie einen einjährigen Einsatz als Luftwaffenhelfer ab. Danach erfolgte ihre Berufung zum Reichsarbeitsdienst. Ihren Platz bei der Luftabwehr nahmen die nachrückenden Klassen ein.

Die Falkhelfer wohnten in Truppenunterkünften nahe der Flakstellungen. Sie erhielten dort neben ihrer militärischen Ausbildung zwar noch einige Stunden Unterricht, diese nahmen aber immer weiter ab, da die Schüler wegen der vermehrten Luftangriffe sich ganz auf ihre militärische Aufgabe konzentrieren mussten. Bis zum Kriegsende sank das Alter der jungen Flakhelfer auf 14 Jahre. Wie viele Schüler bei den Einsätzen ums Leben gekommen sind, ist nicht bekannt. Bei der Verteidigung des Schildescher Viadukts starben allein am 14. März 1945 mindestens elf jugendliche Flakhelfer.

1943

15. Februar: Die Meldepflicht aller Männer und Frauen aufgrund der Verordnung über den Arbeitseinsatz für den „totalen Krieg" führt zu einem Ansturm auf das Bielefelder Arbeitsamt. Längst nicht alle Arbeitskräfte können auch untergebracht werden.

2. März: Ein Transport mit 84 Bielefelder Juden geht nach Auschwitz ab. Im Mai und Juni werden 37 Juden nach Theresienstadt deportiert.

25. August: Der spätgotische Schnitzaltar aus der Altstädter Kirche ist ausgebaut und in die Kirche nach Ubbedissen überführt worden. Auch andere Kunstschätze werden vor den Luftangriffen in Sicherheit gebracht.

23. Oktober: Abschuss eines britischen Bombers. Die Bielefelder pilgern zur Absturzstelle am Frehen, um die verstreuten Trümmer zu besichtigen.

6. November: Im Standesamt wird eine junge Bielefelderin mit einem Feldwebel vermählt, der sich in Kanada in Kriegsgefangenschaft befindet. Bereits 60 Ferntrauungen haben stattgefunden, bei denen die jungen Männer nicht von der Truppe abkömmlich waren.

14. November: Aus Anlass der Gründung einer Zweigstelle der Deutsch-Japanischen Gesellschaft Westfalen-Nord findet unter Beteiligung des kaiserlichen Botschafters General Oshina in der Oetkerhalle eine Großkundgebung statt.

Helmuth W. (1922–1943)

Von Ostern 1933 bis März 1940 besuchte Helmuth W. das Gymnasium und begann danach ein Volontariat als Ingenieur. Im September 1941 erfolgte seine Einberufung zur Nachrichtentruppe bei der 71. Division der 6. Armee. Er fiel Ende Januar 1943 vor Stalingrad, in jenen Tagen, als die eingeschlossene Armee nach erbitterten Kämpfen kapitulierte. Das Grab des jungen Soldaten blieb unbekannt. Sein Schicksal steht für das vieler fast noch jugendlicher Bielefelder.

1944

11. Januar: Ein Bombenangriff fordert 114 Todesopfer.

18. Juli: Die Sängerin Lale Andersen, bekannt für ihr Lied „Lili Marleen“, singt im Kyffhäuser.

26. Juli: Nach dem Attentat vom 20. Juli findet in der Oetkerhalle eine Treuekundgebung für Hitler statt.

1. September: Der „totale Kriegseinsatz“ bringt das Ende aller kulturellen Aktivitäten.

15. September: Acht wegen ihrer NS-Gegnerschaft zum Tode verurteilte Arbeiter aus Bielefelder Fabriken werden in der Dortmunder Untersuchungshaftanstalt hingerichtet. Eine Woche später folgen vier weitere.

30. September: Beim schwersten Luftangriff auf Bielefeld fällt die Innenstadt in Schutt und Asche. Es kommt in kurzen Abständen zu weiteren Bombardierungen.

6. November: Aus Jugendlichen und Alten ist ein „Volkssturm“ aufgestellt worden.

26. Dezember: Auf der Eckendorfer Straße explodiert ein Blindgänger und tötet 19 Menschen.

Gustav Koch (1900–1944)

Am 2. Juli 1944 verurteilte der in Bielefeld tagende 2. Senat des Volksgerichtshofs den in Oerlinghausen geborenen Dreher Gustav Koch zum Tode. Dem einstigen KPD-Mitglied wurden Vorbereitung zum Hochverrat, Feindbegünstigung und Rundfunkverbrechen zur Last gelegt. Gegen zehn weitere Mitglieder einer sozialdemokratischen und kommunistischen Widerstandsgruppe, die in den Rüstungsunternehmen Benteler und Dürkopp aktiv war, verhängte der Volksgerichtshof die Todesstrafe. Am 15. September um 18.09 Uhr wurde Koch in Dortmund hingerichtet.

Bestattung der Bombenopfer vom 30. September auf dem Sennefriedhof

Die Katastrophe vom 30. September 1944

Es gibt kaum einen Tag im 20. Jahrhundert, der sich so sehr in das Bewusstsein der Bielefelder eingegraben hat, wie der 30. September 1944: Der Tag, an dem die Innenstadt in Schutt und Asche fiel. Dabei hatte der Tag ohne schlechte Vorahnungen begonnen. Es war ein Samstag, ein Herbsttag mit strahlend blauem Himmel. Zwar gab es fast täglich Fliegeralarm, aber die alliierten Bombengeschwader hatten es nicht auf Bielefeld abgesehen, sondern flogen mit ihrer todbringenden Last weiter in Richtung Osten.

Bisher hatte es nur relativ leichte Angriffe auf die Stadt gegeben, den letzten im Januar 1944. Die Bewohner fühlten sich sicher, denn sie schenkten dem Gerücht Glauben, Bielefeld werde geschont, weil in Bethel hohe englische Offiziere lägen. So haben auch am letzten Septembertag viele die Luftwarnung ignoriert, die um genau 11 Minuten vor 14 Uhr gegeben wurde. Doch in der zentralen Luftschutzbefehlsstelle im Sedanbunker war bald klar: Dieser Angriff galt Bielefeld.

Wie üblich wurden erste Bomben als Zielmarkierung abgeworfen. Vor Rauch und Qualm war kaum noch etwas zu sehen. Dann überzogen etwa 300 Flugzeuge die Innenstadt in vier Angriffswellen mit Tausenden von Brand- und Sprengbomben. Nach knapp einer Stunde standen Alt- und Neustadt in Flammen, der Feuersturm machte jeden Aufenthalt zur Lebensgefahr.

Sofort wurden Feuerwehren aus ganz Westfalen zusammengerufen, doch die Wasserzufuhr war wegen des zerstörten Leitungsnetzes äußerst schwierig. So dauerten die Löscharbeiten bis zum 3. Oktober. Die Bilanz des Angriffs war erschreckend: Mindestens 649 Menschen hatten ihr Leben lassen müssen, einige konnten nie identifiziert werden. Unter den Opfern waren besonders viele ausländische Zwangsarbeiter, denen der Zugang zu sicheren Schutzräumen aus ideologischen Gründen versagt war. Etwa 1300 Menschen erlitten Verletzungen. 10000 Bielefelder wurden obdachlos.

Die Bombenopfer fanden ihre letzte Ruhe auf einem speziell angelegten Gräberfeld auf dem Sennefriedhof. Bei der Trauerfeier am 5. Oktober rief Gauleiter Meyer die Angehörigen zum bedingungslosen Durchhalten auf. Noch immer an den Endsieg glaubend, verkündete er: „Der Führer, dessen Herz heute bei Ihnen ist und der mich beauftragt hat, seinen Kranz an dieser Gruft niederzulegen, ist uns Garant des Sieges. Er teilt Ihren Schmerz und würde ihn gern lindern. Aber er rechnet auch auf Ihren stolzen Mut und Ihre Beharrlichkeit in aller Not.“

Den Bielefeldern war keine Woche der Ruhe gegönnt. Alliierte Strategie war es, Angriffziele innerhalb kürzester Frist mit weiteren Bombardements zu überziehen. So ging bereits am 7. Oktober wiederum am hellichten Tag ein schwerer Angriff auf Bielefeld nieder, der noch einmal 97 Todesopfer forderte.

Luftbild von März 1945. Kaum ein Haus, das noch ein Dach hat

Weiße Fahnen über Bielefeld

Das Ende des Zweiten Weltkriegs

Gerüchte umranken das Geschehen vom Tag des Einmarsches der alliierten Truppen in Bielefeld. Niemand weiß bis heute, wer sie angebracht hat, doch am späten Nachmittag des 4. April 1945 wehte vom Rathaus eine weiße Fahne. Die Amerikaner waren schon in den letzten Märztagen bis an die Grenze des Landkreises vorgedrungen, doch sie umgingen die Stadt zunächst. Die Wehrmachtsführung und die Parteigrößen machten sich derweil in Richtung Weser davon, und auch NS-Oberbürgermeister Budde tauchte unter.

Die herannahende Front war für die Bevölkerung das Signal: Das Luftwaffenbekleidungsamt und das reich gefüllte Heeresverpflegungsamt wurden im Nu geplündert. Die Menschen trugen an Kleidung und Lebensmitteln davon, was sie gerade raffen konnten und sicherten sich die Versorgung für eine ungewisse Zukunft.

Am 2. April, Ostersonntag, nahmen die Amerikaner Jöllenbeck und einen Tag später Ubbedissen ein. In Brackwede kam es am 4. April zu letzten sinnlosen Schießereien. 70 bis 80 deutsche Soldaten leisteten am Lönkert erbitterten Widerstand. Um eine Beschießung der Stadt zu verhindern, fuhr Pastor Pawlowski, Leiter des Johannesstifts und offenbar Vertrauter des Oberbürgermeisters, mit dem Fahrrad den vorrückenden Truppen auf der Gütersloher Straße entgegen. Er teilte ihnen mit, dass Bielefeld nicht verteidigt werde. Kurz darauf rollten die ersten Panzer in die Stadt.

Am folgenden Tag setzten die Amerikaner den Versicherungsdirektor Josef Niestroy als Stadthauptmann ein. Er war nun der lange Arm der Besatzungsmacht, der dafür Sorge zu tragen hatte, dass die Ruhe gewahrt blieb und die notwendigsten Verwaltungsaufgaben aufrechterhalten werden konnten. Schon am 8. April 1945 rückten britische Truppen nach. Unter der Leitung von Colonel MacOlive bezog der Stab des „514 Military Government Detachment“ seinen Sitz in dem requirierten Hotel „Vereinshaus“ an der Bahnhofstraße. Seine vordringlichste Aufgabe sah die britische Militärverwaltung darin, belastete NSDAP-Anhänger aus einflussreichen Positionen zu entfernen und die Posten neu zu besetzen.

Ein großes Problem waren die Bombentrichter und Trümmermassen, die viele Wege unpassierbar machten. Um den Nachschub zu sichern, wurden von den Alliierten zunächst die Hauptdurchgangs- und Ausfallstraßen mit schweren Räum- und Planiermaschinen behelfsmäßig wiederhergestellt. Anschließend übernahm die städtische Straßenbauabteilung die Räumungsarbeiten, und die Bevölkerung wurde zur Mithilfe verpflichtet.

Obgleich der NS-Terror bis in die letzten Stunden gedauert hatte, sahen nur wenige die Besatzer als Befreier. Die nationalsozialistische Propaganda saß tief und nährte bei der Bevölkerung die Skepsis gegenüber den neuen Machthabern. Doch schon nach kurzer Zeit wurden kulturelle Veranstaltungen erlaubt, und es fanden erste Treffen der über Jahre hinweg verbotenen politischen Organisationen statt.

1945

14. März: Eine 10 Tonnen schwere Bombe namens „Grand Slam“ bringt den Eisenbahnviadukt in Schildesche zum Einsturz.

3. April: Weil der Brackweder Bürgermeister Hermann Bitter die Panzersperren öffnen lassen wollte, wird er auf Anweisung von NSDAP-Kreisleiter Reineking verschleppt und erschossen.

4. April: Einmarsch amerikanischer Truppen. Vier Tage später rückten die Briten nach, da Norddeutschland gemäß der Konferenz von Jalta zu ihrer Besatzungszone gehört.

Oktober: Die Schulen, die mit Einrücken der alliierten Truppen geschlossen worden waren, nehmen in beschränktem Umfang den Unterricht wieder auf.

21. Oktober: Der Freie Deutsche Gewerkschaftsbund Bielefeld wird gegründet. Am 26. Oktober begeht die SPD ihre Gründungsversammlung. Die KPD folgt am 19. Dezember.

1. Dezember: Mit Mozarts „Zauberflöte“ wird das Stadttheater wieder eröffnet. Programmatisch schließt sich das Schauspiel drei Tage später mit Lessings „Nathan der Weise“ an.

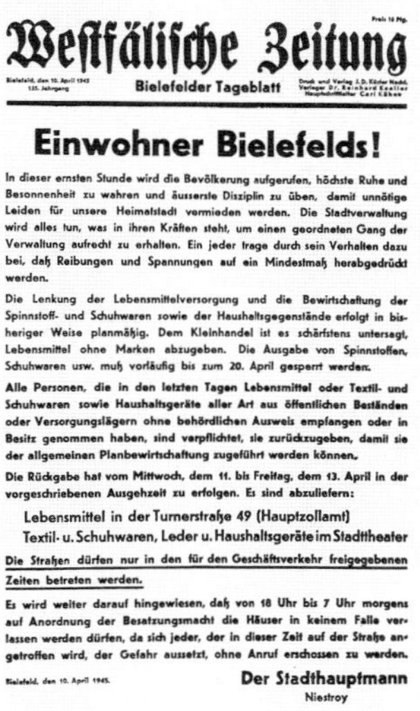

Preis 10 Pfg.

Westfälische Zeitung

Bielefeld, den 10. April 1945
135. Jahrgang

Bielefelder Tageblatt

Einwohner Bielefelds!

In dieser ernsten Stunde wird die Bevölkerung aufgerufen, höchste Ruhe und Besonnenheit zu wahren und äusserste Disziplin zu üben, damit unnötige Leiden für unsere Heimatstadt vermieden werden. Die Stadtverwaltung wird alles tun, was in ihren Kräften steht, um einen geordneten Gang der Verwaltung aufrecht zu erhalten. Ein jeder trage durch sein Verhalten dazu bei, daß Reibungen und Spannungen auf ein Mindestmaß herabgedrückt werden.

Die Lenkung der Lebensmittelversorgung und die Bewirtschaftung der Spinnstoff- und Schuhwaren sowie der Haushaltsgegenstände erfolgt in bisheriger Weise planmäßig. Dem Kleinhandel ist es schärfstens untersagt, Lebensmittel ohne Marken abzugeben. Die Ausgabe von Spinnstoffen, Schuhwaren usw. muß vorläufig bis zum 20. April gesperrt werden.

Alle Personen, die in den letzten Tagen Lebensmittel oder Textil- und Schuhwaren sowie Haushaltsgeräte aller Art aus öffentlichen Beständen oder Versorgungslägern ohne behördlichen Ausweis empfangen oder in Besitz genommen haben, sind verpflichtet, sie zurückzugeben, damit sie der allgemeinen Planbewirtschaftung zugeführt werden können.

Die Rückgabe hat vom Mittwoch, dem 11. bis Freitag, dem 13. April in der vorgeschriebenen Ausgehzeit zu erfolgen. Es sind abzuliefern:

Lebensmittel in der Turnerstraße 49 (Hauptzollamt)
Textil- u. Schuhwaren, Leder u. Haushaltsgeräte im Stadttheater

Die Straßen dürfen nur in den für den Geschäftsverkehr freigegebenen Zeiten betreten werden.

Es wird weiter darauf hingewiesen, daß von 18 Uhr bis 7 Uhr morgens auf Anordnung der Besatzungsmacht die Häuser in keinem Falle verlassen werden dürfen, da sich jeder, der in dieser Zeit auf der Straße angetroffen wird, der Gefahr aussetzt, ohne Anruf erschossen zu werden.

Bielefeld, den 10. April 1945.

Der Stadthauptmann
Niestroy

Josef Niestroy (1903–1957)

Es konnte nie ganz geklärt werden, weshalb gerade Josef Niestroy von den amerikanischen Besatzern zum Oberbürgermeister berufen wurde. In der Stadt war der einstige Polizeioffizier, der wegen seiner katholischen Einstellung in Konflikt mit den braunen Machthabern geraten war und deshalb seinen Posten verloren hatte, völlig unbekannt. Die starke Arbeiterbewegung, aber auch die evangelische Kirche akzeptierten den bürgerlich-katholischen Außenseiter nicht, so dass er Ende 1945 abgesetzt wurde.

1946

21. Januar: Militärgouverneur MacOlive ernennt einen 40-köpfigen Stadtrat. Der Stadtvertretung gehören drei Frauen an.

2. März: Die CDU feiert ihre Gründung. Am 8. April wird auch die FDP auf lokaler Ebene zugelassen.

15. März: Als Erstes von der Militärregierung genehmigtes Presseorgan erscheint die „Westfalen-Zeitung", später in „Westfalen-Blatt" umbenannt. Die erste Ausgabe der sozialdemokratischen „Freien Presse" kommt am 3. April heraus.

2. April: Das „Trocadero", Bielefelds bekanntestes Varieté, wird wieder eröffnet.

9. Juni: In der Oetkerhalle findet die erste Kunstausstellung der Nachkriegszeit statt. Es werden Werke der Künstlervereinigung „Westfälische Sezession" gezeigt.

13. Oktober: Erste Kommunalwahlen nach dem Krieg. Die SPD erringt die absolute Mehrheit. Die junge CDU erhält immerhin 39,3 % der Wählerstimmen.

Artur Ladebeck (1891–1963)

Der in Berlin geborene Ladebeck kam 1919 nach Bielefeld. Seit 1925 gehörte der zur Führung der örtlichen SPD zählende Lehrer der Stadtverordnetenversammlung an. Auf Antrag der NSDAP musste er 1933 den Schuldienst verlassen und arbeitete in den folgenden Jahren in der Obst- und Gemüseanbaugenossenschaft. Wegen seiner Aktivitäten im Widerstand wurde er einige Male verhaftet. Nach Kriegsende ernannten ihn die britischen Besatzer zum Landrat des Kreises, danach zum Oberbürgermeister der Stadt Bielefeld. Dieses Amt hatte er mit zweijähriger Unterbrechung vom 1. Januar 1946 bis 1961 inne.

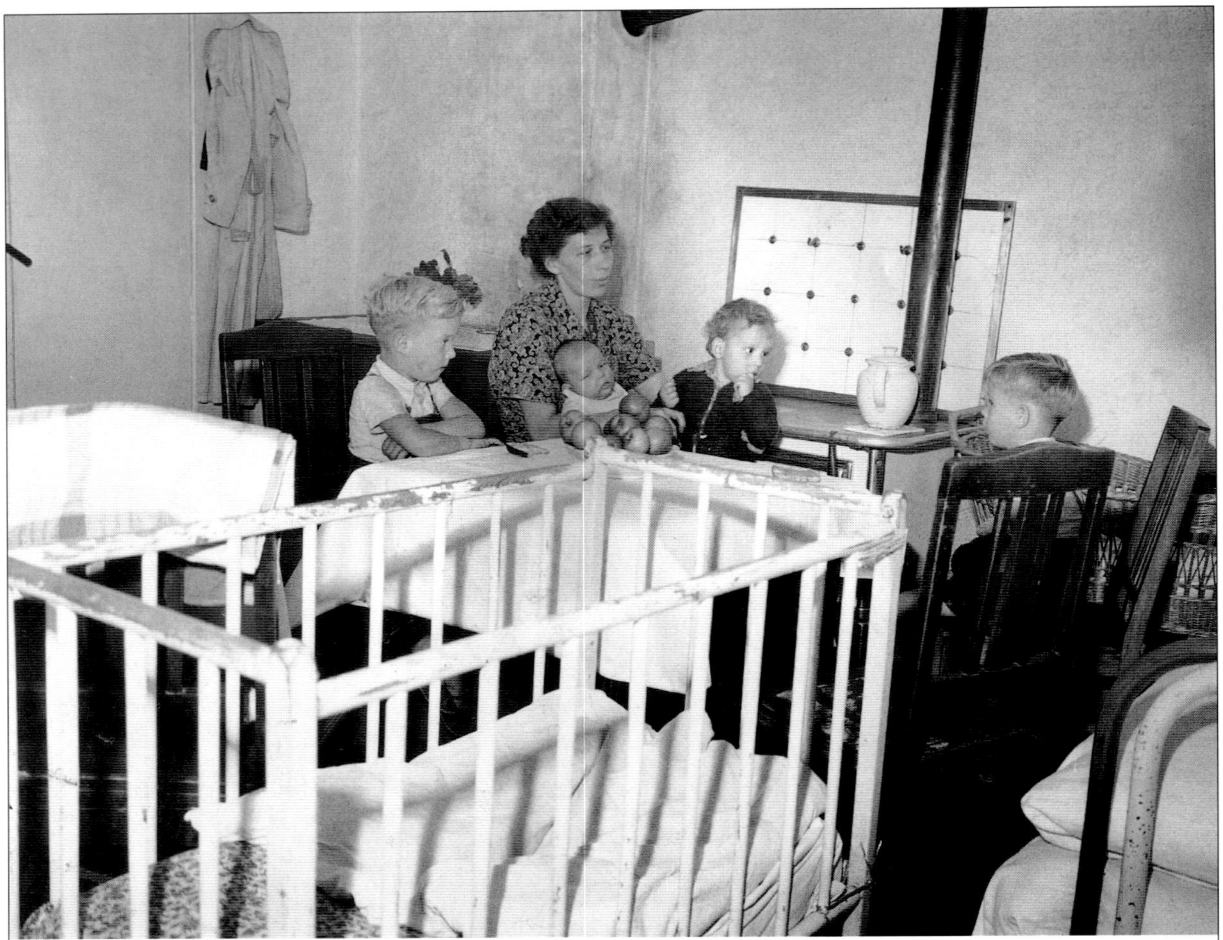

Fehlender Wohnraum war über Jahre ein großes Problem. Flüchtlinge und Vertriebene waren davon besonders betroffen

Neue Heimat Bielefeld

Bis Dezember 1945 war noch nicht geklärt, ob Bielefeld überhaupt Vertriebene aufnehmen sollte, denn die Stadt war zwar im Vergleich zu anderen Großstädten günstiger dran – „nur" etwa ein Drittel des Wohnraums hatte Schaden gelitten – doch ließen die Rückkehr von Evakuierten und Wehrmachtsangehörigen die Wohnungen knapp und die Ernährungslage kritisch werden. Die Einwohnerzahl war von Kriegsende bis Anfang 1946 schon von 70 000 auf über 105 000 gestiegen, als schließlich bekannt wurde, dass der Stadt einige tausend Menschen aus den ehemaligen Ostgebieten zugeteilt werden sollten. So wuchs Bielefeld innerhalb eines knappen Jahres auf 135 000 Einwohner an.

Viele Menschen hatten sich bereits auf eigene Faust in Richtung Westen aufgemacht, als im Februar 1946 die Massenausweisungen begannen. Eine von den Alliierten organisierte Umsiedlungsaktion, die den Decknamen „Schwalbe" trug, brachte vom 8. April bis zum 27. August 1946 in sieben Zügen etwa 12 000 Menschen in die Stadt. 70 Prozent von ihnen kamen aus Schlesien, je 12 Prozent aus Brandenburg und Ostpreußen, die übrigen aus Pommern.

Am Hauptbahnhof, über den auch 37 Züge mit 45 000 Flüchtlingen auf die Landkreise Bielefeld und Halle verteilt wurden, gab es eine Großküche, Verpflegungsräume und funktionstüchtige sanitäre Anlagen. Außerdem wurde ärztliche Hilfe angeboten. Helferinnen und Helfer der freien Wohlfahrtsverbände nahmen die Menschen, die häufig des Nachts eintrafen, in Empfang. Etwa die Hälfte der Ankommenden waren Frauen, 30 Prozent Kinder und 20 Prozent zumeist alte, kranke oder arbeitsunfähige Männer.

Die dem Stadtkreis zugewiesenen Vertriebenen wurden vorübergehend in Auffanglagern untergebracht. Gemeindehäuser, Klassenzimmer, Turnhallen und die Aula des Gymnasiums, den „Rütli", Speisesäle der Firmen Dr. Oetker und Kochs-Adler sowie den Hochbunker an der Bünder Straße hatte man für diesen Zweck notdürftig hergerichtet. Als im August alle verfügbaren Räume in der Stadt belegt waren, quartierte man die Neuankömmlinge in zwei Großlagern in Künsebeck und Elverdissen ein.

Das städtische Flüchtlingsamt organisierte die Aufnahme der Vertriebenen. Sie wurden beim Wohnungsamt, Einwohnermeldeamt, Arbeitsamt und Ernährungsamt registriert. Erst danach kamen sie in die durch das Wohnungsamt beschlagnahmten Privatquartiere. Bis Ende des Jahres 1946 waren die meisten Vertriebenen untergebracht, sodass die Auffanglager bis auf weiterhin notwendige Durchgangslager aufgelöst werden konnten.

Die Zuteilung von Wohnraum verlief nicht immer ohne Probleme. Viele weigerten sich, fremde Menschen in den eigenen vier Wänden aufzunehmen, Möbel standen kaum zur Verfügung, Kochgelegenheiten wurden verwehrt. Materielle Verluste hatten alle zu erleiden; die Flüchtlinge jedoch besaßen nichts, was ihre Lage hätte verbessern können: Keine Wertgegenstände zum Tausch auf dem Schwarzmarkt und keine Verwandten auf dem Lande, die helfen konnten.

Trotz der Anfangsschwierigkeiten fanden viele Menschen, die mit der „Aktion Schwalbe" oder einem der späteren Transporte nach Bielefeld kamen, in der Stadt und im Landkreis langfristig ein neues Zuhause.

Die Volksküchen mit ihrer mageren Kost bescherten vielen Menschen wenigstens eine warme Mahlzeit

1947

13. Januar: Einführung verschärfter Gassperrstunden. Auch das Wasser wird eingeschränkt.

7. Februar: Die Ausstellung „Deutsches Buchschaffen – Leistungsschau der deutschen Verlage 1945-46" mit Publikationen aus allen vier Besatzungszonen findet großen Anklang. Die Idee, Bielefeld zur westdeutschen Buchstadt zu machen, misslingt jedoch.

27. März: Für jeden arbeitsfähigen männlichen Bürger wird ein dreitägiger Schutträumdienst verfügt.

3. April: Der Eisenbahnviadukt in Schildesche ist für den Güterverkehr wieder befahrbar.

14. November: Aus Protest gegen die milde Bestrafung des Bankiers Kurt von Schroeder, einem Geldgeber Hitlers, legen 30000 Beschäftigte für eine Stunde die Arbeit nieder. Von Schroeder wurde vom Bielefelder Spruchgericht zu drei Monaten Gefängnis und einer geringen Geldstrafe verurteilt.

1. Dezember: Die letzten beiden Bäume auf dem Jahnplatz werden gefällt. Die durch Bombensplitter beschädigten Ahorne sind zu einer Gefahr für den Verkehr geworden.

Mit 983 Kalorien durch den Jahrhundertwinter

Die Kälte machte den Menschen in dem scheinbar endlosen Winter des Jahres 1947 sehr zu schaffen. Zehn Grad minus waren es am Tage und in der Nacht fiel das Thermometer häufig auf unter zwanzig Grad. Zum Schutz vor der Kälte wurden öffentliche Wärmehallen eingerichtet. Da die Kohlenlieferungen für Bielefeld weit unter dem tatsächlichen Bedarf lagen, ordnete der Stadtrat an, „den Energieverbrauch von Vergnügungsstätten und Gastwirtschaften erheblich einzuschränken". Ins Kino oder zu anderen Unterhaltungsveranstaltungen mussten die Gäste daher neben dem Eintrittsgeld noch zwei oder drei Briketts für die Saalheizung mitbringen. Schließlich wurden die Filmhäuser und das Stadttheater sogar einige Wochen ganz geschlossen.

Auch für die Wohnungen fehlte die Heizkohle. Man behalf sich mit Holz, das in den Heeper Fichten oder im Teutoburger Wald gesammelt oder aus dem Trümmerschutt gestohlen wurde. Oft blieb der Kohlenklau die einzige Möglichkeit, Brennmaterial zu bekommen. Alt und Jung riskierte nicht nur eine strenge Bestrafung, sondern auch Leib und Leben, wenn sie des Nachts auf dem Verschiebebahnhof Brackwede oder auch tagsüber an der Unterführung Wertherstraße, wo die für den Osten bestimmten Züge auf das Durchfahrtssignal warteten, auf die Waggons sprangen und Kohlen herunterwarfen. Allein im Februar 1947 büßten acht Bielefelder dabei ihr Leben ein.

Doch nicht nur die Kälte bedrückte die Menschen. Im Februar wurden die täglichen Lebensmittelrationen auf 983 Kalorien herabgesetzt. Ein Erwachsener erhielt nun pro Woche 1100 Gramm Brot, 250 Gramm Nährmittel, 200 Gramm Fett, 400 Gramm Fleisch und 125 Gramm Salzheringe. Im März kam es wegen der katastrophalen Ernährungssituation sogar zu Arbeitsniederlegungen. Beim Bäcker standen die Menschen Schlange für ein fade schmeckendes Maisbrot und beim Schlachter für ein Stückchen „Gummiwurst". Auf dem Wochenmarkt versuchten die Frauen Knochen zu ergattern, damit auf der Suppe wenigstens einige Fettaugen zu sehen waren. Schulspeisungen stillten den ärgsten Hunger der Kinder und auch Care-Pakete halfen manchem über die Not.

Weil für kaum jemanden die zugeteilten Lebensmittel ausreichten, war das „Kompensieren" das Gebot der Stunde. Zum Hamstern fuhren die Städter per Rad oder Kleinbahn aufs Land und tauschten oft ihre letzten Schätze gegen etwas Essbares. Sie boten Kleidungs- und Wäschestücke an, um Butter, Speck, Eier, Wurst oder Kartoffeln zu erhalten. Auch auf dem Schwarzmarkt in der Stadt, in der Viktoriastraße und am Bahnhof, verwandelten sich Schmuck, Uhren und Fotoapparate in Lebensmittel oder einen wärmenden Wintermantel. Wer nichts zu tauschen hatte, musste bar bezahlten: Das Pfund Kaffee zu 600 RM, Butter zu 240 bis 300 RM, Fleisch zu 60 bis 100 RM und Zucker zu 70 RM. Ein Ei kostete 12 RM. Aber die Schwarzmarktpreise unterlagen großen Schwankungen. Als einzig krisenfestes Zahlungsmittel galt die „Zigarettenwährung".

Prof. Dr. Bernhard Bavink (1879–1947)

Als Professor Bavink am 27. Juni 1947 starb, trauerten seine ehemaligen Schülerinnen um einen Mann, den sie als ausgezeichneten Pädagogen kennengelernt hatten. Bereits am 22. November 1947 wurde dem hochgeachteten Naturwissenschaftler zu Ehren die Auguste-Viktoria-Schule in Bavink-Schule umbenannt. Anfang der 1990er Jahre entbrannte um seine rassenhygienischen Studien eine heftige Diskussion, was erneut zur Umbenennung der Schule führte.

1948

14. Januar: Einrichtung eines Ehrenfriedhofs am Buschkamp für die in der Umgebung von Bielefeld gefallenen Soldaten.

9. März: Wiedereröffnung der städtischen Wannen- und Brausebäder.

12. Juni: Die Sparrenburg wird zum ersten Mal nach Kriegsende für Besichtigungen freigegeben.

7. September: Im Mertenshaus am Jahnplatz wird „Die Brücke" eröffnet. Sie ist eines von über 40 Informationszentren in der britischen Zone, mit denen die Besatzungsmacht ihr Ansehen bei der deutschen Bevölkerung verbessern will. Die Bibliothek erfreut sich großer Beliebtheit. Auch Vortrags- und Diskussionsveranstaltungen werden gut besucht.

15. September: Enthüllung eines Ehrenmals für die Opfer des Faschismus auf dem Sennefriedhof.

12. November: In Bielefeld herrscht Feiertagsruhe. Um gegen die rasante Preisentwicklung zu protestieren, haben die Gewerkschaften der Bi-Zone zum Generalstreik aufgerufen.

Hellmut Selje (1922–1995)

Seine Karriere begann mit „Frau Holle". Im Jahre 1948 eröffnete Hellmut Selje, gelernter Dekorateur, mit diesem Stück die „Bielefelder Puppenspiele". Anfangs trat er im Bunker Ulmenwall auf, später fanden die Puppenspiele im Anker-Gebäude ein Domizil. Häufig besuchte Selje mit seiner kleinen Bühne die Schulen oder tourte durch andere Städte. Er zeigte nicht nur Märchen, sondern betrieb Verkehrserziehung und warb für die richtige Zahnpflege. Selje und seine Puppen haben Generationen von Kindern strahlende Augen beschert.

Geldumtausch in der Oetkerhalle. Nicht ohne Skepsis nahmen die Bielefelder die D-Mark entgegen

Die Währungsreform am Tage X

Lange war klar, dass es einen Währungsschnitt geben musste. Die Reichsmark hatte abgewirtschaftet, denn einer enormen Geldmenge stand nur noch ein geringes Warenangebot gegenüber. Der Schwarzmarkt blühte, und viele Gebrauchsartikel und Lebensmittel waren auf legalem Wege nicht mehr zu bekommen.

Die Vorbereitung des „Tages X" erfolgte in aller Heimlichkeit. Die neuen Geldscheine wurden in den USA gedruckt, nach Frankfurt a. M. geschafft und von dort in den Westzonen verteilt. Unter strengster Bewachung trafen die Noten am 14. Juni in Bielefeld ein. Vier Tage später erfuhr auch die Bevölkerung von der bevorstehenden Währungsreform. Obwohl das Angebot denkbar dürftig war, versuchten viele, die bald wertlosen Reichsmark noch umzusetzen. Gegenstände, selbst von zweifelhaftem Nutzwert, wurden in Massen gekauft.

Das neue Geld, von den Amerikanern „Deutsche Mark" genannt, wurde am Sonntag, dem 20. Juni, ausgezahlt. Jeder Haushaltsvorstand holte es für seine Familie an einer festgelegten Zahlstelle ab. Zunächst erhielt jeder 40 DM „Kopfgeld", für die allerdings 60 Reichsmark abgeliefert werden mussten. Wer das Geld nicht hatte, konnte sich von der Pensionskasse oder dem Wohlfahrtsamt einen Vorschuss geben lassen. Insgesamt 5,5 Millionen DM waren am Abend des denkwürdigen Tages an die Bielefelder verteilt.

In einer zweiten Aktion wurden im September pro Person weitere 20 DM ausgezahlt. Auch Guthaben wurden umgerechnet, doch die Sparer hatten gegenüber den Besitzern von Sachwerten das Nachsehen. Von 100 gesparten Reichsmark blieben nur noch 6,50 DM übrig.

Wohl niemand hatte mit einer derartigen Wirkung des Währungsschnitts gerechnet. Über Nacht füllten sich die Läden, denn trotz Androhung härtester Strafen hatten viele Händler ihre Waren zurückgehalten oder unter dubiosen Vorwänden ihre Geschäfte geschlossen. Nun schien es, als seien von einem zum anderen Tag Unmengen von Obst und Gemüse reif geworden. Ungewollt waren die Warenhortungen offenbar nicht, denn die Reform konnte nur Erfolg haben, wenn die Menschen für das neue Geld auch entsprechende Gegenwerte erwerben konnten. War für Löhne, Gehälter und Renten ein Umrechnungsverhältnis von einer RM zu einer DM vorgeschrieben, so führte die ebenfalls erfolgte Aufhebung der Preisbindung zu ungeahnten Entwicklungen. Die Käufer waren es nicht mehr gewohnt, die Angebote zu vergleichen und griffen ungezügelt zu. Die Händler verleitete das dazu, ihre Preise immer weiter zu erhöhen. Der DGB rief zum Käuferstreik auf, der in der legendären „Bielefelder Eierschlacht" endete. Auf dem Wochenmarkt bewarfen aufgebrachte Hausfrauen einen Händler mit seinen überteuerten Eiern. Die meisten Händler verließen daraufhin den Markt, andere setzten ihre Preise herunter. Ein vorläufiger Sieg für die Verbraucher!

Bei vielen Menschen ist die Währungsreform als Start in das Wirtschaftswunder in Erinnerung geblieben. Vergessen wird dabei, dass zunächst die Arbeitslosigkeit und die Fürsorgeausgaben stiegen. Es dauerte noch Monate, bis der Preisdruck nachließ und die verlockenden Angebote auch bezahlbar wurden.

Der Altstädter Kirchplatz im Jahre 1952. In Sichtweite des Rathauses entstand dort das Landeskirchenamt, die oberste Verwaltungsbehörde der Evangelischen Kirche von Westfalen

Quasi eine „Bischofsstadt"

Bielefeld als Sitz der Evangelischen Kirchenleitung von Westfalen

Es war ein festliches und für die Evangelische Kirche von Westfalen bedeutsames Ereignis, als am 7. Januar 1949 die Einführung der neuen Kirchenleitung stattfand. An deren Spitze hatte die Landessynode bereits im November 1948 den Mennighüffer Pfarrer Ernst Wilm gewählt. Diesem kam nach einer Neuordnung der Kirchenverfassung als Vorsitzender der Westfälischen Landessynode, der Kirchenleitung und des Landeskirchenamtes eine Bedeutung zu, die durchaus der eines Bischofs entsprach.

Mit Rücksicht auf sein Alter hatte Karl Koch, eine der führenden Persönlichkeiten des kirchlichen Widerstandes, das Amt des Präses nach über zwanzig Jahren niedergelegt. Als letzte Amtshandlung nahm er die Verpflichtung der neuen Kirchenleitung vor. Anschließend predigte sein Nachfolger in der noch nicht wiederhergestellten Neustädter Marienkirche über die Nöte und Hoffnungen der Zeit: Allein das Licht der christlichen Botschaft vermöge es, so Wilm, das Dunkel der Gegenwart aufzuhellen und einer ratlosen Menschheit zu helfen.

Der feierlichen Einführung in der Marienkirche folgte ein Festabend im Altstädter Gemeindehaus. Hier überbrachten hohe Vertreter der Militärregierung, der staatlichen Behörden, der katholischen Kirche, der benachbarten evangelischen Landeskirchen und der theologischen Wissenschaft der neuen Kirchenleitung ihre Grüße und Glückwünsche. Durch die Erfahrung des gemeinsamen Widerstandes den Protestanten nähergerückt, wünschte Domkapitular Rintelen im Namen des Erzbischofs von Paderborn und aller Katholiken Westfalens der neuen Kirchenleitung, deren Präses mit katholischen Glaubensbrüdern unter dem Nationalsozialismus gekämpft und gelitten habe, Gottes Segen. Anschließend dankte er dem scheidenden Koch für seine Verdienste um ein gutes Einvernehmen der beiden christlichen Konfessionen.

Im Jahre 1949 fand die Neuordnung der landeskirchlichen Verwaltung ihren Abschluss. Kurz nach Kriegsende hatte die Kirchenleitung entschieden, ihren Sitz von Münster in das weniger zerstörte Bielefeld zu verlegen. Die treibende Kraft für diese Entscheidung war Präses Koch, Pfarrer in Bad Oeynhausen und Superintendent des Kirchenkreises Vlotho. Er hatte nach dem Krieg in Bielefeld sein Büro eingerichtet, das zur Keimzelle der neuen landeskirchlichen Verwaltung wurde. Gegen die katholische Bischofsstadt Münster und für Bielefeld sprachen das traditionell protestantische Gepräge von Minden-Ravensberg und die Infrastruktur, die die v. Bodelschwinghschen Anstalten boten. Seit 1946 tagte hier einmal jährlich das oberste Leitungsorgan der westfälischen Kirche, die Provinzialsynode, Vorgänger der Landessynode.

Vorläufig bezog das Landeskirchenamt im Sommer 1949 einen im Schnellverfahren erstellten Verwaltungsbau an der Gütersloher Straße. Da sich die dortigen Räumlichkeiten bald als unzureichend erwiesen, beschloss die Landessynode die Errichtung eines neuen Gebäudes. Die Stadt, erfreut zum Sitz der obersten Verwaltungsbehörde der Evangelischen Kirche von Westfalen und somit quasi ein „Bischofssitz" geworden zu sein, unterstützte dieses Vorhaben und half, ein zentralgelegenes Grundstück am Altstädter Kirchplatz zu erwerben. Dort entstand das repräsentative Landeskirchenamt, das am 26. April 1956 eingeweiht wurde.

1949

8. April: Eines der bedeutendsten Werke der städtischen Sammlung, die verlorengeglaubte Plastik „Najade" von Georg Kolbe, wird aus den Trümmern des kriegszerstörten Kunsthauses geborgen.

10. April: Die jüdische Gemeinde weiht unter Anwesenheit des Regierungspräsidenten Drake auf ihrem Friedhof einen Gedenkstein für 388 während der NS-Herrschaft umgekommene Gemeindemitglieder ein.

30. September: Mit der hauswirtschaftlichen Ausstellung auf dem Kesselbrink, die den treffenden Namen „Die Einkaufstasche" trägt, dokumentieren Bielefelder Firmen ihre Leistungsfähigkeit.

2. Oktober: Zum Erntedankgottesdienst öffnet die im Krieg stark beschädigte Neustädter Marienkirche wieder ihre Pforten.

22. Oktober: Nach Aufhebung der Lizenzpflicht erscheint die traditionsreiche „Westfälische Zeitung" wieder. Die Alliierten hatten der Zeitung wegen ihrer gefälligen Haltung zum NS-Regime eine Zulassung bisher verweigert.

Frieda Nadig (1897–1970)

Eine der vier „Mütter" des 1949 verabschiedeten Grundgesetzes war Frieda Nadig, die sich im Parlamentarischen Rat besonders für die Gleichstellung der Frauen einsetzte. Die aus Herford stammende Verkäuferin trat nach einer Weiterbildung zur Fürsorgerin 1922 in den Dienst des Bielefelder Jugendamtes ein. 1933 wurde die Sozialdemokratin und Abgeordnete des Westfälischen Provinziallandtages wegen politischer Unzuverlässigkeit fristlos entlassen. Nach dem Krieg baute sie die Arbeiterwohlfahrt wieder auf und war bis 1961 Mitglied des Deutschen Bundestages.

1950

14. Januar: Zum 125-jährigen Jubiläum bezieht die Stadtsparkasse ihr wiederaufgebautes Haus an der Herforder Straße.

30. Januar: Der Gestapo-Beamte Kaufmann wird vor dem Bielefelder Schwurgericht zu 1 1/2 Jahren Zuchthaus verurteilt. Rund 30 000 Menschen protestieren gegen das Skandalurteil und fordern „Weg mit den Nazi-Richtern".

1. Juli: Auftakt zum Schützenfest. Nach elf Jahren veranstaltet die Schützengesellschaft erstmalig wieder ihr traditionelles Fest. Da die Benutzung von Feuerwaffen verboten ist, wird der Adler per Armbrust heruntergeholt.

22. August: Einweihung des British Centre „Brücke" im früheren Rathaus. Eine Woche später beginnt der Spielbetrieb im „Theater am Alten Markt".

7. September: Mitglieder aller Bielefelder Jugendorganisationen schließen sich im Jugendkulturring zusammen.

17. Oktober: Auf dem Gelände zwischen Welle und Am Bach legen Grabungen die südliche Stadtmauer der Altstadt frei.

Hedwig Dornbusch (1887–1967)

Die Rot-Kreuz-Schwester, Lehrerin und zeitweilige Geschäftsführerin der Wäschefabrik Dornbusch machte sich in Bielefeld durch zahlreiche karitative Initiativen verdient. Auf das Engagement von Hedwig Dornbusch geht die Gründung des Martha-Stapenhorst-Altenheims zurück. 1950 baute sie außerdem eine Mütterschule auf, die noch heute den Namen der engagierten Frau trägt. In verschiedenen gemeinnützigen Organisationen hatte Hedwig Dornbusch führende Ämter inne, wie etwa den Vorsitz im „Bund der Frauenvereine Bielefeld-Stadt und -Land" und die Leitung des Deutschen Roten Kreuzes Bielefeld, dem sie über 50 Jahre angehörte.

Ein Teil der Trümmer diente dem Wiederaufbau. Steine wurden zerkleinert und zu neuen gepresst

Die Stadt im Wiederaufbau

Bielefeld wird aufgeräumt

In einer kleinen Werbeschrift, fünf Jahre nach dem Ende des katastrophalen Zweiten Weltkriegs vom städtischen Presse- und Verkehrsamt herausgegeben, resümmierte Stadtarchivar Dr. Gustav Engel: „Der Luftkrieg hat der Stadt schwere Wunden geschlagen. Die Stadt darf sich aber rühmen, zu den bestaufgeräumtesten Städten Westdeutschlands zu zählen. Der Wiederaufbau ist mit allem Nachdruck in Angriff genommen. Bielefelder Kaufmannsgeist und Bielefelder Arbeitswille werden vor den Aufgaben der Zukunft, mögen sie auch schwer sein, nicht verzagen."

In der Tat hatten die alliierten Fliegerbomben in Bielefeld 15 688 der 39 735 Wohnungen zerstört oder unbewohnbar gemacht. 730 Betriebe hatten Schaden genommen, die Alt- und die Neustädter Kirche waren ausgebrannt, zehn Schulgebäude unbenutzbar und die Versorgungsleitungen an vielen Stellen unterbrochen. Die 414 Schadstellen im Kanalnetz bedeuteten wie auch die Trümmerberge, auf denen sich die Ratten tummelten, eine große Gesundheitsgefahr. Zunächst mussten die Straßen vom Schutt befreit und die Versorgungsleitungen sowie die Abwasserkanäle wieder hergestellt werden. Erst dann konnten die Ruinen beseitigt werden. Alle männlichen Einwohner wurden zu Räumdiensten verpflichtet.

Nach der Währungsreform übernahmen Bauunternehmer die Enttrümmerung, die sie durch den Einsatz von Großgeräten massiv vorantrieben. Nachdem dringend benötigte Baustoffe wie Eisen und Ziegelsteine aus den Massen geborgen worden waren, nutzte man die Trümmer, um damit Sieke und Bombentrichter auf den Äckern zu verfüllen.

Den größeren Rest brachten Feldbahnen zur drei Kilometer entfernten Stadtziegelei an der Lerchenstraße. Hier wurden die Tongruben zugeschüttet, und es entstand ein künstlicher Berg, der im Volksmund bald den Namen „Monte Scherbelino" bekam. Im Herbst 1950, als noch immer nicht alle Trümmer aus der Stadt herausgefahren waren, hatte er bereits eine Höhe von 20 Metern erreicht.

Gleichzeitig mit der Räumung der Stadt stellte sich die dringende Frage, in welcher Weise ein Wiederaufbau erfolgen sollte. Zur Alternative standen die Orientierung an der gewachsenen, nun aber zerstörten Bebauung oder eine völlige Neugestaltung der Innenstadt. Eindeutig fiel diese Entscheidung nie aus. So stellte man rings um den Alten Markt einige besonders wertvolle Fassaden wieder her und behielt die Grundstücksaufteilung im Wesentlichen bei. In anderen Bereichen nutzte man die Kriegszerstörungen zu einer grundlegenden Grundstücksbereinigung. Die Neuaufteilung sollte die vielen kleinen Parzellen beseitigen und die Voraussetzungen für den Bau großzügiger Wohn- und Geschäftshäuser schaffen. Im Stadtplanungsamt war man optimistisch: „Grundlegende Eingriffe in die Substanz des Stadtorganismus sind nötig, die vom Einzelnen und der Gesamtheit Opfer verlangen. Erst spätere Geschlechter werden die Bedeutung der jetzt getroffenen Entscheidungen voll erkennen und uns Dank wissen."

Der Gasometer, ein Wahrzeichen der Nachkriegszeit

Schandfleck oder Symbol? Diese Frage erregte die Gemüter, seit sich der wuchtige Turm ins Bild der Stadt drängte. Der 74 Meter hohe Scheibengasbehälter auf dem Gelände der Stadtwerke galt in der ganzen Region als höchster seiner Art. Ein Wahrzeichen, über dessen ästhetischen Wert jedoch unterschiedliche Meinungen herrschten. Seine Vorgänger in dieser Funktion, die beiden markanten Schornsteine „Max und Moritz“, Zeugnisse eines aufstrebenden Industriezeitalters, waren Anfang 1950 der Spitzhacke zum Opfer gefallen.

Von November 1950 bis August 1951 dauerte der Aufbau des zwanzigeckigen Zylinders, der immerhin einen Radius von 120 Metern besaß. 500000 Nieten benötigte man, um die 1600 Blechplatten von 6 Meter Länge, 81 Zentimeter Höhe und 4, 4 Millimeter Stärke miteinander zu verbinden. 60 Männer waren mit dem Aufbau beschäftigt, die meisten angelernte Kräfte aus Bielefeld und der Umgebung. Lediglich neun Fachkräfte stellte die Maschinenfabrik MAN, die den Behälter gefertigt hatte. Verwirklicht werden konnte das Projekt, das 1,2 Millionen DM kostete, nur durch eine Förderung aus dem Marschallplan.

Der 74 Meter hohe Scheibenglasbehälter kurz vor seiner Fertigstellung

Im November 1951 strömten die ersten 65000 Kubikmeter Gas in den Behälter. Öl, das an den Innenwänden herabrieselte, verhinderte das Entweichen des flüchtigen Stoffes. Die Lagerung musste unter großem Druck geschehen. Dieser wurde durch eine riesige, mit einer Teeröldichtung versehenen Scheibe erzeugt, die quasi auf dem Gas schwebte. Die 165 Tonnen schwere Platte war beweglich und passte sich der jeweiligen Füllmenge an.

Der Gasometer hatte die Aufgabe, die Versorgung der Bielefelder Verbraucher kontinuierlich sicherzustellen. Anfänglich nahm er das in der Kokerei der Stadtwerke erzeugte Gas auf. Seit Aufgabe der Eigenproduktion im Jahre 1963 diente er der Erdgasspeicherung. Ende der 1990er Jahre wurde der Gasometer überflüssig, neue Lagertechniken sorgten für seine Ablösung.

Ähnlich lange wie die Errichtung dauerte auch die im Herbst 1999 begonnene Demontage des rund 800 Tonnen schweren Kolosses. Kein Zweifel: Der Gasometer war das Symbol des Wiederaufbaus. Mit seinem Verschwinden hat das Gesicht der Stadt ein augenfälliges Merkmal verloren.

1951

18. Januar: Auf Initiative des Oberbürgermeisters Ladebeck gründet sich die Gesellschaft der Theater- und Konzertfreunde.

19. März: Erzbischof Lorenz Jaeger legt in Schildesche den Grundstein zum Bau eines Klosters für den aus Breslau stammenden Ursulinenkonvent. Bereits im Dezember ist der erste Trakt fertiggestellt.

20. April: Gründung des Evangelischen Johanneswerks. Unter dem Dachverband schließen sich sieben kirchliche Vereine und Stiftungen mit rund 30 Einrichtungen zusammen.

5. August: Brackwede feiert sein 800-jähriges Bestehen. Auch Ministerpräsident Arnold und Regierungspräsident Drake schenken bei der Eröffnungsveranstaltung dem Festvortrag des Archivars Dr. Gustav Engel ihre Aufmerksamkeit.

16. September: Einweihung des jüdischen Betraums an der Stapenhorststraße.

17. Oktober: Das Wetterhäuschen am Oberntorwall, eine Stiftung der Firma Oetker, wird übergeben.

30. November: Das Astoria-Filmtheater öffnet seine Pforten.

Karl Pawlowski (1898–1964)

Der in Bochum aufgewachsene Karl Pawlowski kam 1926 als Leiter des Ortsverbandes für Innere Mission nach Bielefeld. In einer Zeit immenser gesellschaftlicher Probleme baute er sein Amt zur zentralen Stelle für kirchliche Sozialarbeit aus. 1945 übernahm er die Geschäftsführung des „Evangelischen Hilfswerks Westfalen“, das in der Flüchtlingsbetreuung besonders aktiv war. Als Gründer und Leiter des „Evangelischen Johanneswerks“ trieb er seit 1951 die Modernisierung der Diakonie voran. Auch das „Sennetreffen“, bei dem bis heute evangelische Christen zusammenkommen, geht auf Pawlowski zurück.

1952

9. April: Bei Ausgrabungen an der Kreuzstraße werden Fundamente des mittelalterlichen Nebelstors und der Stadtmauer freigelegt.

10. Mai: Das Jugendwohnheim am Nordpark mit Platz für 92 heimatlose Lehrlinge und Jungarbeiter ist bezugsfertig. Der Mangel an Facharbeitern und der erhebliche Frauenüberschuss in der Stadt waren Argumente für den Bau.

12. Juli: In der Oetkerhalle wird die Ausstellung „Bielefeld im Ravensberger Raum", eine Präsentation über die zukünftige Stadtgestaltung, eröffnet.

17. Juli: Während der Drei-Kaiser-Turm auf der Hünenburg abgetragen wird, entsteht daneben ein 55 Meter hoher Fernmeldeturm.

14. Oktober: Nachdem Carl Severing am 23. Juli verstorben war, legt seine Tochter Emmy Menzel den Grundstein für die nach ihm benannten Berufsschulen.

18. Dezember: Zwei Jahre nach Baubeginn übergibt der Oberbürgermeister die verbreiterte Kreuzstraße dem Verkehr. Viele Gebäude, die den Krieg überstanden hatten, mussten dafür weichen.

Dr. Hermann Kohlhase (geb. 1906)

Als bei den Kommunalwahlen 1952 der „Bürgerblock" die Sozialdemokraten überflügelte, übernahm der Liberale Dr. jur. Kohlhase das Amt des Oberbürgermeisters, das er zwei Jahre lang innehatte. Der gebürtige Bielefelder zog 1954 in den Nordrhein-Westfälischen Landtag ein. Er war von 1956 bis 1958 Minister für Wirtschaft und Verkehr und von 1966 bis 1970 Wohnungsbauminister.

Die Kreuzstraße nach Beginn der Ausbaumaßnahmen. Die Bombenruinen sind bereits abgebrochen

„Die Unvollendete"

oder: Es war ein Kreuz mit der Kreuzstraße

„Wenn man von der Gütersloher Straße in die Kreuzstraße einbiegt, merkt man noch wenig von Veränderungen, nur eine riesige Tafel meldet: Stadt Bielefeld, Tiefbauamt, Baustelle Kreuzstraße, Bauausführung: Arbeitsgemeinschaft Bielefelder Straßenbauer. Und das hurtig um die Ecke bei der Post und Wirtschaft Mühlenweg biegende Auto sieht sich plötzlich vor einem rot-weißen Absperriegel und mit Erstaunen fliegt der Blick über ein gänzlich verändertes Straßenbild", so hieß es schon im Oktober 1950, wenige Wochen nachdem der Stadtrat den Fluchtlinienplan abgesegnet hatte, der formal die Voraussetzungen für den Ausbau der Kreuzstraße schuf.

Die Räumbagger gingen rasch ans Werk. Die geplante Verbreiterung sollte im Wesentlichen auf der Südseite des alten Straßenverlaufs erfolgen. Dazu mussten die Bauleute nicht nur einen Teil des Hanges abtragen, hier sollten auch alle noch bewohnbaren Häuser niedergerissen werden. Im Ganzen wichen etwa zehn zum Teil historisch wertvolle Fachwerkgebäude der neuen Verkehrsführung, die Bombenruinen nicht mitgerechnet. Nicht alle Eigentümer waren mit dem Abbruch einverstanden, so dass der Stadtrat sogar Enteignungsverfahren einleitete. Der Weiterbau verzögerte sich, und bald schon erkor der Volksmund den Namen „Die Unvollendete". Es kam auch die Rede von „einer zuwenig gefallenen Bombe" auf. Einige beklagten den Verlust der ehrwürdigen Bauten wie dem Haus des Sattelmeisters Moormann. Die Erkenntnis von Polizei und Verkehrsplanern, dass die Anforderungen des wachsenden Verkehrs wichtiger seien, als historische Rücksichtnahmen, fand in der Bevölkerung jedoch breite Zustimmung.

Ein Jahr nach Baubeginn hatte sich die Kreuzstraße vollends in eine Großbaustelle verwandelt. Die Durchfahrt war nun ganz gesperrt. Fußgänger, die sich in das Labyrinth der Erdgräben, Steinhaufen und Arbeitskolonnen wagten, mussten Kletterpartien in Kauf nehmen. Tiefbauarbeiter verlegten die Kabelstränge der Versorgungsleitungen, Laternen und Gullis wurden in die künftige Fluchtlinie gebracht. Während Presslufthämmer die alte Asphaltdecke auffraßen, schichteten Bauleute an der Sparrenbergseite eine massive Packlage als neues Straßenfundament auf.

Noch immer stellten sich drei Gebäude der neuen Verkehrsachse in den Weg: ein Fachwerkhaus neben dem ehemaligen „Kanonenrohr", der Gasthof „Grüne Tante" und das alte Postgebäude. Bis Juni 1952 wehrte sich Letzteres gegen seinen Abriss: „Ging man in diesen Tagen einmal die Kreuzstraße entlang, die zu einem großen Teil schon fertig gepflastert ist, bot dieses Haus, das mitten über der Kreuzstraße aufragte, ein merkwürdiges Bild, und man fragte sich unwillkürlich, wann denn der alte Fachwerkbau, dessen Todesurteil ja schon seit langer Zeit gefällt ist, vom Erdboden verschwinden müsse. Manchem tat es dann um den schönen Fachwerkgiebel leid."

Schließlich waren 33 000 Kubikmeter Boden abgefahren und rund 16 000 Quadratmeter neu gepflastert. Die Straße wies nun eine Breite von rund 19 Metern auf. Durch die Mitte sollte die Straßenbahn geführt werden, beiderseits des Fahrdamms hatte man je einen Fuß- und Radfahrweg geschaffen.

Im Dezember 1952, wenige Tage vor Weihnachten, übergab Oberbürgermeister Dr. Kohlhase die teuerste, die modernste und breiteste Straße Bielefelds dem Verkehr. Unter melodischen Hammerschlägen setzte ein Lehrling die letzten Pflastersteine. Ein Handwerker sprach launige Verse, der Stadtbaurat hob die Leistung der Beteiligten hervor und der Oberbürgermeister wies auf die Bedeutung hin, die die neue Kreuzstraße für die Verbesserung der Verkehrsverhältnisse habe. Mit der Freigabe dieser Verkehrsachse sei der erste Abschnitt eines großzügigen Ausbaus des Straßennetzes fertiggestellt.

Ob die Verbreiterung der Kreuzstraße und damit die so radikale Zerschneidung der historisch gewachsenen Neustadt überhaupt notwenig war, hinterfragte niemand. Der Straßenbahn, dem eigentlichen Auslöser der Baumaßnahme, reichte jedenfalls die vorhandene Trasse über die Alfred-Bozi-Straße auch in den folgenden Jahrzehnten noch aus.

Steherrennen auf der Radrennbahn. Bis in die Sechziger Jahre gehörten sie zu den sportlichen Großereignissen, die Bielefeld zu bieten hatte

„Bahn frei!“ an den Heeper Fichten

Erfolgreicher Start für die Radrennbahn

Als am 14. Juni 1953 die „modernste Radrennbahn in Europa“ ihre Pforten öffnete, strömten 13 000 Sportbegeisterte zur Einweihung. „Wohl keinen gab es“, laut Westfälischer Zeitung, „der in diesem Moment nicht spürte, dass dieser Tag für die Stadt der Fahrräder, für den Bielefelder Sport, ja für ganz Ostwestfalen etwas Besonderes bedeutete, dass er Erfüllung war ungezählter Wünsche, die durch Jahrzehnte hindurch getragen wurden.“

Die im Jahre 1931 an der Pottenau eingeweihte Aschenbahn war nach dem Krieg nicht mehr benutzbar gewesen. Radrennen fanden zwar noch auf dem Sportplatz an der Königsbrügge statt, doch die Fahrbedingungen waren schlecht. Überdies reichten die dortigen Ränge für Besucher kaum aus. So suchte man nach einer Möglichkeit, eine moderne Bahn zu schaffen. Dass es eine solche in der Fahrradstadt Bielefeld geben sollte, stand außer Zweifel. Immerhin hatte es schon 1885 auf Bolbrinkers Wiesen in Gadderbaum einen ersten Rennplatz für die damals noch angesagten Hochräder gegeben, und noch immer zog der Radsport die Bielefelder in seinen Bann.

Treibende Kraft war der RC Zugvogel, der immer wieder zum Bau einer neuen Anlage drängte. Ein Gelände an der Wilhelm-Bertelsmann-Straße schied aus Gründen der Stadtgestaltung aus, nachdem man mit der Schüttung des Damms bereits begonnen hatte. Nun griff der Rat auf einen Vorkriegsplan zurück und beschloss „die Errichtung der Radrennbahn auf dem städtischen Gelände in den Heeper Fichten im Hinblick auf das dort später geplante Stadion“. Für das Gelände an der Grenze zu Heepen war schon Ende der Dreißiger Jahre eine Großsportanlage geplant worden. Beabsichtigt war damals der Bau einer Kampfbahn für 38 000 Besucher, einer Radrennbahn, mehrerer Tennisplätze, eines Boxrings und eines Kleinkaliberstandes. Das Projekt wurde bis zum Kriegende verschoben, dann aber in seiner monumentalen Form nicht wieder aufgegriffen.

Im Oktober 1950 begannen an den Heeper Fichten die Bauarbeiten. Mit 45 000 Kubikmetern Schutt aus der Trümmerbeseitigung und dem Bodenaushub des Wiederaufbaus entstand der Damm für die 333 $^{1}/_{3}$ Meter lange Bahn und die Tribünen für über 10 000 Besucher. Im neuen Spannbetonverfahren wurde eine vollkommen fugenlose Bahn geschaffen. Diese Bauweise machte das Oval zu einer der schnellsten Rennbahnen des Kontinents. Die Kosten von 650 000 DM erhoffte man durch den Sportbetrieb in wenigen Jahren wieder einzubringen.

Ehe sich die Startfahne am 14. Juni 1953 zum ersten Mal senkte, bestätigte „Mister Olympia“ Willi Daume, Präsident des deutschen Sportbundes, welch herrliche Sportstätte hier geschaffen worden sei. Dann jagten die ersten Fahrer über die Piste, auf der in den folgenden Jahren Deutsche Meisterschaften und internationale Wettkämpfe ausgetragen wurden.

Steherrennen waren bis Anfang der Sechziger Jahre eine große Attraktion. Später verlor der Radsport viel von seiner Massenanziehungskraft. Rendite hatte man aus der Bahn ohnehin nicht ziehen können, sodass die Überlegung aufkam, die Arena zu verbreitern und zu einem Großstadion für Arminia auszubauen. Dies erwies sich allerdings als technisch undurchführbar.

1953

26. März: Die ersten 55 Menschen eines neuen Flüchtlingsstroms treffen in Bielefeld ein.

13. Mai: Ein holländisches Düsenflugzeug stürzt über Bielefeld ab. Zwei Häuser am Ehlentruper Weg gehen in Flammen auf. Siebzehn Familien verlieren ihre Wohnung, zehn Menschen werden verletzt, der Pilot kommt um.

21. Mai: Der neugeschaffene Park an der Mühlenstraße, im Volksmund „Huberpark“ genannt, wird der Öffentlichkeit übergeben.

22. Juni: Ein Unwetter geht über Bielefeld nieder. Ein 10-jähriges Mädchen wird von einem Blitz getroffen und stirbt.

20. Oktober: Unter großer Anteilnahme der Bevölkerung findet vor dem Rathaus die Einweihung des Denkmals für die Kriegsgefangenen statt. Der letzte Heimkehrer entzündet die Flamme auf dem Mahnmal.

21. November: Das von dem Bielefelder Bildhauer Karl-Heinz Rhode-Jüchtern geschaffene Ehrenmal für Vertriebene an der Ziegelstraße wird enthüllt. Um die Physiognomie der dargestellten Figuren entbrennt eine bewegte Diskussion.

Ernst Rein (1858–1953)

Der gelernte Schlosser Ernst Rein, Sohn eines Webmeisters aus Chemnitz, war ein begnadeter Konstrukteur. 1900 gründete er zusammen mit Theodor Droop eine Firma für „Sondermaschinen für die Schwerindustrie“. Die Zahl der Arbeiter stieg innerhalb weniger Jahre auf 600 an. Ernst Rein starb am 25. September 1953. Die Stadt benannte 1969 das neue Hallenbad am Brodhagen nach dem Industriellen.

1954

5. Februar: Das neue Kreishaus an der August-Bebel-Straße wird eingeweiht.

13. Februar: Die Bielefelder Kreisbahnen stellen ihren Personenverkehr ein. Nur Güter werden weiterhin transportiert.

15. Mai: Die Stadt Bielefeld übernimmt die Patenschaft für den ehemaligen Kreis Gumbinnen in Ostpreußen.

15. Juni: 18 Familien ziehen in das siebenstöckige Hochhaus an der Spindelstraße. Es ist das erste Wohnhaus der Stadt, das mit einem Lift ausgestattet ist.

8. September: Mit dem Bau der Fernheizung wird begonnen. Wärmequellen für die Warmwasserheizung werden die Turbinen des E-Werks.

9. September: Die Schülerinnen der Bavink-Schule beziehen den Neubau am Waldhof.

30. September: Genau zehn Jahre nach ihrer Zerstörung wird die Altstädter Kirche eingeweiht. Sie ist in stark veränderter Form wieder aufgebaut worden.

8. Dezember: Eröffnung des Ratscafés. Erst im Juni war für das Haus aus Glas und Beton der Grundstein gelegt worden.

Gertrud Bäumer (1873–1954)

Die in Hohenlimburg geborene Schriftstellerin und Frauenrechtlerin setzte sich besonders als Vorsitzende des Bundes deutscher Frauenvereine für Gleichberechtigungsfragen ein. Sie war für die Demokratische Partei Mitglied des Reichstages, Ministerialrätin im Innenministerium und Delegierte beim Völkerbund. Als politisch unzuverlässig befunden, wurde sie 1933 ihrer Ämter enthoben. Bis zur Flucht 1945 lebte sie in Schlesien. In Bethel, wohin sie wenige Monate vor ihrem Tode gekommen war, fand Gertrud Bäumer ihre letzte Ruhestätte.

Völkerverständigung unter Jugendlichen. Junge Ausländer lernen Bielefeld und seine Umgebung kennen

Ein tödlicher Unfall überschattet den Beginn einer langen Freundschaft

Die Städtepartnerschaft mit Rochdale

Als im Mai 1953 eine zweiköpfige Abordnung aus dem mittelenglischen Rochdale nach Bielefeld kam, wirkte dies nicht gerade wie der Beginn einer langanhaltenden Freundschaft. Mr. H. L. Robinson, Kultur- und Erziehungsdezernent, und Mr. Aldermann C. Crowder, Vorsitzender des Erziehungsausschusses der britischen Textilstadt, hielten sich eine Woche in Bielefeld auf. Sie absolvierten ein dicht gedrängtes Besichtigungsprogramm und berieten mit Vertretern von Verwaltung und Gewerkschaften über kulturelle Zusammenarbeit und den Austausch von Jugendgruppen. Die bei solchen Gelegenheiten übliche Übergabe von Partnerschaftsurkunden fand weder damals, noch zu einem späteren Zeitpunkt statt. Auch beschloss der Stadtrat nie formell, Beziehungen zu der englischen Kommune aufzunehmen. Dennoch fanden seit Frühsommer 1954 regelmäßig Begegnungen zwischen Menschen aus Rochdale und Bielefeld statt.

Die erste Gruppe britischer Schüler und Lehrer kam Pfingsten 1954 in die ostwestfälische Metropole. Nach ihrem zwölftägigen Aufenthalt stellten die Gäste fest: „Wir haben uns außerordentlich wohlgefühlt." Weiter erklärten sie: „Wir kehren nach Rochdale zurück und werden den freundschaftlichen Geist Bielefelds mit nach Hause nehmen."

Bereits im August 1954 weilte wieder Besuch aus England in der Stadt. Die auf Einladung des Deutschen Gewerkschaftsbundes nach Bielefeld gekommenen Wohlfahrtspfleger, Gewerkschaftsfunktionäre, Oberschüler, Hausfrauen, Jugendleiter, Lehrer, jungen Arbeiter und Angestellten wurden bei Familien untergebracht. Gegenseitiges Kennenlernen durch freundschaftliche Treffen, so versicherte man sich gegenseitig, sei der beste Weg zur Völkerverständigung. Zum Zeichen des guten Einvernehmens der beiden Kommunen hatte die Gruppe ihr Stadtwappen mitgebracht, das nun im Bielefelder Rathaus einen würdigen Platz erhalten sollte.

Eine umfangreiche Sightseeingtour stand auf dem Plan. So hatte am 13. August die Firma Dr. Oetker zur Betriebsbesichtigung eingeladen. Auf dem Rückweg von dort wurde die Leiterin der Gruppe, die 52-jährige Elisabeth Hawksworth, bei einem Verkehrsunfall auf der Koblenzer Straße schwer verletzt. Beim Betreten der Fahrbahn erfasste sie ein Lieferwagen, dem ein Verkehrspolizist freie Fahrt gegeben hatte, und schleuderte sie zu Boden. Wenig später erlag die Jugendfürsorgerin im Krankenhaus einem Schädelbasisbruch.

Zum Gedächtnis der Verstorbenen wurde in Rochdale eine Stiftung begründet, an der sich der Bielefelder Rat mit einem Beitrag von 1 000 DM beteiligte. Das tragische Unglück tat der jungen Partnerschaft aber keinen Abbruch. Vielmehr sprach man von einer Vertiefung der Beziehungen. Und so sollten regelmäßige Besuche und Gegenbesuche auch auf privater Ebene in den folgenden Jahrzehnten dazu beitragen, Einblicke in die Kultur des jeweils anderen Landes zu vermitteln und das gegenseitige Verständnis zu fördern.

Romy Schneider und ihre Mutter Magda beim Empfang in Bielefeld. Von der charmanten Schauspielerin waren alle gerührt

Stars und Sternchen am Bielefelder Kinohimmel

Stürmischer Empfang für die „kleine Königin" Romy Schneider

Schon drei Wochen lang begeisterte der Film „Mädchenjahre einer Königin" das Bielefelder Publikum, als am 21. Januar die gerade einmal 16-jährige Hauptdarstellerin selbst der Stadt einen Besuch abstattete. Gemeinsam mit ihrer Mutter Magda Schneider wohnte die charmante Romy einer Vorführung im Palast-Theater an der Niedernstraße bei, sodass die beglückten Zuschauer das „süße Äußere" der Hauptdarstellerin aus nächster Nähe besehen konnten. Anschließend ging es zu „Jonathan", wo Romy Schneider der Presse ein Interview gab und Autogramme an die zahllosen jugendlichen Fans verteilte. Die so ganz ohne Starallüren auftretende Schauspielerin eroberte im Nu die Herzen, nicht nur die ihrer Altersgenossinnen.

Geschichten wie die „Mädchenjahre einer Königin", wo eine historische Situation – die Jugendzeit der Queen Viktoria – den Rahmen einer nett gemachten Liebesgeschichte abgab, waren typisch für die Nachkriegsjahre: Leichte Kost für das alltagsmüde Publikum. Die Lichtspielhäuser zeigten vor allem deutsche Heimatfilme, unpolitisch und von oft magerer Qualität. Dennoch entwickelte sich in diesen Jahren eine Kinokultur, wie sie es zuvor und auch später nie wieder gegeben hat. Die Menschen strömten in die Vorstellungen, sehnten sie sich doch nach einer heilen Welt, die von der Realität der Trümmerlandschaften ablenkte und die die eigene Not vergessen ließ. Spielfilme wie „Schwarzwaldmädel", „Grün ist die Heide" oder „Sissi", der erfolgreichste Streifen der Fünfziger Jahre, erfüllten die Wünsche der Zuschauer. Ausländische Produkte, etwa amerikanische Western oder Komödien, waren kaum gefragt.

Leinwandstars, die persönlich auftraten, steigerten die Attraktivität der Lichtspielhäuser noch. Sie kamen zu den Premieren oder – wie im Falle von Magda und Romy Schneider – zu einer besonderen Werbevorstellung. Im Zuge dieses Starrummels sah Bielefeld manche Berühmtheit des deutschen Nachkriegsfilms. Bereits 1948 machte Lale Andersen hier Station. 1950 kam Heinz Rühmann, 1951 waren es Hans Albers, Rudolf Prack, Marika Rökk und Grete Weiser. Hildegard Knef und Liselotte Pulver gaben sich 1952 die Ehre. Im Jahr darauf statteten Ingrid van Bergen, Heinz Erhardt, Hardy Krüger, Hans Söhnker und Zarah Leander der Stadt einen Besuch ab. Ein ganz besonderer Höhepunkt war sicherlich die Stippvisite Gary Coopers im Mai 1953.

1955, in diesem Jahr kamen außer Sissis Ehemann Kaiser Franz-Josef alias Karlheinz Böhm noch Cornelia Froboess und Peter Krauss nach Bielefeld, gilt als die Hochzeit der Kinokultur. Seit der Währungsreform, in deren Folge es zunächst starke Einbrüche gegeben hatte, war die Zahl der Zuschauer wieder kontinuierlich angestiegen. Die finanzkräftigen Kinobetreiber hatten die großen, kriegszerstörten Kinosäle wieder aufgebaut und auch neue Lichtspielhäuser errichtet. Existierten 1948 nur sechs Kinos in der Stadt, so waren es 1955 immerhin 16, so viele wie später nie wieder. Das „Atrium" an der Niedernstraße, ein Haus für gehobene Ansprüche, das „Studio", ein kleiner Vorführsaal im Gebäude der „Skala" an der Herforder Straße, und das „Woki" im Leinenmeisterhaus, das erste Non-stop-Kino, öffneten in diesem Jahr ihre Pforten. Insgesamt boten die Lichtspielhäuser nun Platz für 10000 Gäste. Jeder Bielefelder ging statistisch gesehen knapp zweimal im Monat ins Filmtheater. In der zweiten Hälfte der Fünfziger Jahre machte sich dann der Verfall der Kinokultur bemerkbar. Die Besucher blieben daheim. Zur beliebtesten Freizeitbeschäftigung – nicht nur der Bielefelder – entwickelte sich das Fernsehen, im eigenen trauten Wohnzimmer.

1955

9. Januar: Eröffnung des Spielkartenmuseums auf der Sparrenburg.

4. Februar: An der Oldentruper Straße wird Deutschlands modernste Molkerei übergeben. Hier liefern fortan 2300 Bauern die Milch von 10000 Kühen an.

13. Juni: Gründung des Kuratoriums Unteilbares Deutschland, Stützpunkt Bielefeld.

21. September: Da mit Erwerb des Kippschen Hofes nun genügend Baugelände zur Verfügung stehe, lehnt der Rat der Stadt eine weitere Mitwirkung an dem Bau der Sennestadt ab.

5. Oktober: Die Spinnerei Vorwärts stellt den Betrieb ein. Arbeitskräfte und Maschinen werden zur Ravensberger Spinnerei verlagert. Die Firma Dr. Oetker übernimmt die Liegenschaften.

13. Oktober: Presslufthammer machen sich am Gesims des Mertenshauses zu schaffen. Es wird der Vergrößerung des Jahnplatzes geopfert.

24. Dezember: Die ersten vier Großraumwagen der Straßenbahn nehmen auf der Linie 1 ihren Dienst auf.

Günther Pankoke (1925–1999)

Der Radrennstar der ersten Nachkriegsjahre, nach seinem Namen und wohl auch nach seiner bevorzugten Wettkampfverpflegung „Pickert" genannt, begann die Sportkarriere mit einem Jugendrennen im Jahre 1946. Seine Siege in den deutschen 100-km-Mannschaftsrennen von 1949 und 1953 machten ihn überregional bekannt. Der Höhepunkt seiner Laufbahn war die „Tour de France" 1955, an der er als erster Deutscher nach dem Zweiten Weltkrieg teilnehmen durfte: Zwar stürzte Pankoke dramatisch, fuhr aber auf einem Ersatzrad blutend weiter und wurde mit einem beachtlichen 37. Platz zum Helden des Publikums. Als Trainer des „Alcina-Teams" blieb Pankoke dem Radsport nach seiner aktiven Zeit verbunden.

1956

20. Februar: An die Stelle der Fußstreife tritt der motorisierte Wachdienst. Aus diesem Grund hat die Polizei vier Volkswagen angeschafft.

1. April: Einführung der „staubfreien Müllabfuhr". An die Haushalte werden „Systemmülleimer" mit fest montierten Deckeln verteilt.

21. April: Ein lang gehegter Wunsch geht in Erfüllung: Am Kesselbrink eröffnet das städtische Hallenbad.

5. Juli: Brackwede, von vielen als „größtes Dorf Europas" bezeichnet, erhält Stadtrechte.

7. Juli: Einweihung des in den neugestalteten Nordpark umgesetzten Osthoffschen Gartenhauses.

19. September: Bielefeld wird wieder Garnisonstandort. Die ersten Bundeswehrsoldaten ziehen in die ehemaligen Wehrmachtsgebäude an der Ravensberger Straße ein.

7. November: Der neugewählte Rat bestätigt Oberbürgermeister Ladebeck einstimmig in seinem Amt. Zwei Tage später wird auch Landrat Specht wiedergewählt.

Franz Specht
(1891–1964)

Der selbständige Bäckermeister Franz Specht wurde 1945 erster Nachkriegsbürgermeister von Hoberge-Uerentrup, dann Amtsbürgermeister von Dornberg. 1947 wählte ihn der Kreistag zum Landrat. Für den Landkreis Bielefeld war er bis 1961 nicht nur Repräsentant, sondern zugleich „nimmermüder Motor", lobte die Freie Presse. Ohne seine „westfälische Beharrlichkeit" und seinen „Arbeitseifer wäre die Sennestadt niemals Wirklichkeit geworden", würdigte Regierungspräsident Dr. Galle die Verdienste des „Vaters der Sennestadt".

Hunderte nahmen im Juli 1956 an dem offiziellen Festakt zum Beginn der Bauarbeiten teil

Eine Stadt auf Sand gebaut

Von Senne II zur Sennestadt

„Sennestadt! Ist es der zukünftige Name des Gebildes, das in der Gemeinde Senne II erstellt wird? Mit Bestimmtheit kann es heute keiner sagen. Die Zeit wird entscheiden. Vorläufig ist die Bezeichnung nichts anderes als eine Arbeitsbezeichnung. Warten wir also." Für Landrat Franz Specht war noch 1959 die Namensgebung von geringer Bedeutung. Im Vordergrund stand der Bau von Wohnraum. Der offizielle Festakt zum Beginn der Bauarbeiten fand am 21. Juli 1956 statt. Zunächst mussten Wasserleitungen, Kanalisation und kreuzungsfreie Straßen gebaut sowie für die Stromversorgung gesorgt werden. Dann wurden die ersten Häuser am Heineweg errichtet, die 1958 bezogen werden konnten. 1959 sollten 1 400 Wohnungen fertiggestellt und mit dem Bau von weiteren 1 000 Wohnungen begonnen werden. Was seit der Mitte der Fünfziger Jahre südlich des Teutoburger Waldes geschaffen wurde, war ein ambitioniertes Städtebauprojekt, das weltweit Aufsehen erregte.

Vor dem Ruhm stand die Wohnungsnot der Nachkriegsjahre, von der nicht nur die Stadt und der Landkreis Bielefeld betroffen waren. Viele Wohnungen waren zerstört oder in einem schlechten Zustand. Den vorhandenen Wohnraum mussten sich fremde Menschen teilen, unabhängig davon, ob sie es wollten oder nicht. Die hoffnungslose Situation verschärfte sich angesichts der vielen Vertriebenen und Flüchtlinge, die ihre Heimat östlich von Oder und Neiße verlassen mussten. 1952 kam in der Stadt Bielefeld jeder fünfte Einwohner aus den ehemaligen Ostgebieten, vor allem aus Schlesien. Im Landkreis sah es nicht anders aus.

Die angespannte Wohnraumfrage, aber auch die günstigen Prognosen für Bielefeld als Wirtschaftsstandort in Ostwestfalen nahm die Landesregierung 1952 zum Anlass, im Landkreis einen Schwerpunkt des Wohnungsbaus zu entwickeln. Die unbebauten Flächen von zwei Gemeinden standen zur Diskussion: Ummeln und Senne II. Das Pendel schlug für die Sand- und Heidelandschaft am Südhang des Teutoburger Waldes aus. Zur Ausführung des Projekts bildeten die Stadt und der Landkreis die Kommunale Arbeitsgemeinschaft. Den 1954 ausgeschriebenen Planungswettbewerb gewann der Hamburger Architekt Dr. Hans Bernhard Reichow.

Unterschiedliche Interessen der Stadt und des Landkreises an der neuen Siedlung führten bald zum Konflikt in der Kommunalen Arbeitsgemeinschaft. Während die Stadt eine reine Wohnsiedlung favorisierte, sprach sich der Landkreis auch für die Ansiedlung von Handel, Industrie und Gewerbe aus, um ein angemessenes Steueraufkommen zu erzielen. Da die Stadt eine Abwanderung von Industrie und Gewerbe nicht ausschließen konnte, kamen die erhofften Steuermehreinnahmen des Landkreises Verlusten auf städtischem Gebiet gleich. Die Krise spitzte sich im September 1955 zu, als der Stadtrat gegen eine weitere Beteiligung an der Sennestadt votierte und den Antrag stellte, das Projekt aus dem Aufgabenbereich der Kommunalen Arbeitsgemeinschaft zu nehmen. Am 13. Februar 1956 stimmte der Kreistag diesem Antrag zu und gründete drei Tage später die Sennestadt GmbH, an der außer dem Landkreis auch die Gemeinde Senne II und der Landschaftsverband als Gesellschafter angehörten. Am 1. April 1957 kündigte die Stadt ihre Mitarbeit in der Kommunalen Arbeitsgemeinschaft auf.

Zu diesem Zeitpunkt wurde in der künftigen Sennestadt bereits gebaut. Nach den ersten Wohnungen wurden bald die katholische St. Thomas-Morus- und die evangelische Jesus-Christus-Kirche errichtet. 1962 nahm das evangelische Gymnasium, die spätere Hans-Ehrenberg-Schule, seinen Unterricht auf. Erst am 15. Juli 1965 erhielt Senne II offiziell den Namen „Sennestadt" und zudem die Stadtrechte. Die Unabhängigkeit sollte aber nicht lange dauern. 1973 wurde Sennestadt im Zuge der kommunalen Gebietsreform ein Stadtteil von Bielefeld. Da halfen auch keine Klagen.

Schon bevor Oberbürgermeister Ladebeck den Jahnplatztunnel eröffnete, hatten die Bielefelder ihn in Besitz genommen

Fußgänger unter die Erde!

Die Einweihung des Jahnplatztunnels

Seinen Charakter als baumbestandenes Kleinstadtidyll hatte der Jahnplatz Anfang der Fünfziger Jahre längst verloren. Dem durch Kriegszerstörungen arg mitgenommenen Platz kam stattdessen nur noch die Funktion zu, den aus allen Richtungen strömenden Verkehr aufzunehmen und neu zu verteilen. 23 000 Fahrzeuge brausten hier 1953 täglich über den Asphalt, und man prognostizierte für die kommenden Jahrzehnte noch erhebliche Steigerungen. In kurzen Zeitabständen kreuzende Straßenbahnen und stündlich etwa 2 000 Fußgänger, die zwischen der Altstadt und der Bahnhofstraße pendelten, stellten für den motorisierten Individualverkehr eine immense Behinderung dar.

Die Kommunalpolitiker sahen sich vor die Aufgabe gestellt, die Stadt autogerecht umzubauen. Um zu ermitteln, wie dies geschehen könnte, beauftragten sie einen externen Gutachter. Der Ulmer Verkehrsexperte Feuchtinger schlug vor, dass die Fußgänger zukünftig den Jahnplatz mittels eines großzügig gestalteten und einladend wirkenden Tunnels unterqueren sollten. Der Bielefelder Rat stimmte dem Vorschlag zu, denn es entsprach durchaus den Vorstellungen moderner Planung, Verkehrsströme unterschiedlicher Art weitgehend zu entflechten. Zwar gab es den Einwand, dass nun 80 Prozent der Bevölkerung zu mühseligem Treppensteigen verurteilt sei, eine alternative Lösung, die Autos unter die Erde zu verbannen, wurde jedoch aus Kostengründen fallengelassen.

Vorbedingungen für die Realisierung des Konzepts waren der Abriss des stattlichen Mertenshauses und die Zurücknahme von Baufluchtlinien an den zuführenden Straßen. Damit wollte man Raum für einen ungestörten Fluss des Auto- und Bahnverkehrs schaffen.

„In Deutschland ohne Vorbild", lobte die Presse zur Eröffnung des Jahnplatztunnels am 19. Juli 1957. Tausende Bielefelder waren gekommen, um sich das Wunder der „Fußgängerspinne" anzusehen. Alle Absperrungen missachtend, stürmte die Menge in den Untergrund und nahm die insgesamt 110 Meter langen Durchgänge in Besitz.

Der Jahnplatztunnel war eine der ersten Straßenunterquerungen in der Bundesrepublik. Er galt weithin als städtebaulich vorbildlich und erregte sogar internationales Aufsehen. Nach nur anderthalb Jahren Bauzeit war das Werk vollendet. Ohne jeden Zweifel: Die Bielefelder waren stolz auf ihren neuen Tunnel. Die Politiker hofften, dass nun alle Verkehrsprobleme der Vergangenheit angehörten. Doch schon nach wenigen Jahren litt der bis zur Unkenntlichkeit veränderte Jahnplatz wieder am Verkehrskollaps.

1957

28. März: Eröffnung des Kaufhauses C & A Brenninkmeyer. Noch im selben Jahr folgen die Kaufhäuser Warmeling und Kepa.

6. April: Im Hallenbad am Kesselbrink werden die Deutschen Hallenmeisterschaften im Schwimmen ausgetragen.

4. September: Bundeskanzler Konrad Adenauer spricht auf einer Wahlkundgebung vor 20 000 Menschen.

5. Oktober: Passend zum Festtag ihres Namenspatrons ist die St. Meinolf-Kirche im Bielefelder Osten, wo viele katholische Vertriebene leben, fertiggestellt. Sie wird von Erzbischof Jaeger geweiht.

11. Oktober: Grundsteinlegung für die ersten 1 650 Wohnungen der Sennestadt.

12. November: Das Bismarckdenkmal zieht vom Schillerplatz zum Gymnasium um. Der „Eiserne Kanzler" blickt nun ins gepflegte Grün vom Museumsgarten.

7. Dezember: Der Wiederaufbau des Hauses des Handwerks ist vollendet.

Prof. Karl Muggly (1884–1957)

Der in München geborene Karl Muggly erhielt an der Kunstgewerbeschule in Dresden seine Ausbildung. 1908 wurde er an die Bielefelder Handwerker- und Kunstgewerbeschule berufen, an der er bis 1949 als Professor für Malerei unterrichtete. Muggly war auch selbst künstlerisch tätig. Unter anderem schuf er Glasfenster für das Rathaus und die Kapelle auf dem Sennefriedhof. Seine Wandmalerei im Café Europa fiel dem nationalsozialistischen Kunstgeschmack zum Opfer. Muggly galt unter seinen Schülern als wortkarger, in sich ruhender Mann.

1958

19. März: Wegen eines 24-stündigen Warnstreiks der ÖTV bleiben Schulen und das Hallenbad geschlossen, stehen Fahrzeuge der Verkehrsbetriebe still und fällt das Theater aus.

18. April: 25 000 Menschen demonstrieren auf dem Schillerplatz gegen die Atombewaffnung.

28. Juni: Die ersten „Sennestädter" feiern im Beisein von Landes- und Bundesvertretern ihren Einzug.

6. August: Die letzten vier Häuser auf dem Oberntorwall zwischen Notpfortenstraße und Jahnplatz werden abgerissen.

1. Oktober: Für den Ausbau des Ulmenwalls fallen zahlreiche Linden, die der künftigen Verkehrsführung im Wege stehen.

11. November: Der erste Bauabschnitt der Feuerwache am Stadtholz wird in Betrieb genommen. Damit erhält die Berufsfeuerwehr eine verkehrstechnisch optimal gelegene Zentrale.

16. November: Ein Rohrbruch unter der Autobahn führt zu Wasserknappheit. Löschfahrzeuge übernehmen die Versorgung der höher gelegenen Stadtteile.

Hans Ehrenberg (1883–1958)

Von der Erkenntnis geleitet, an der Hochschule die drängenden Fragen der Gegenwart nicht lösen zu können, gab der als Jude geborene Philosoph und Nationalökonom Dr. Dr. Hans Ehrenberg seinen Lehrstuhl in Heidelberg auf. Nach einem Theologiestudium wirkte er von 1925 bis zu seiner Amtsenthebung im Jahre 1937 als Gemeindepfarrer in Bochum. Bevor der zur Bekennenden Kirche zählende Geistliche 1939 nach England emigrieren konnte, wurde er mehrere Monate im KZ Sachsenhausen gefangengehalten. 1947 kam er nach Bielefeld und übernahm für die Evangelische Kirche von Westfalen das Pfarramt für volksmissionarische Aufgaben.

Das geplante Schulgebäude an der Wilhelm-Bertelsmann-Straße im Modell

Mit einem Aprilscherz fing es an

Eine Ingenieurschule für Bielefeld

„Kernreaktor an der Engerschen Straße errichtet", meldete die Westfälische Zeitung am 1. April 1958. Nur für die „friedliche Nutzung der Atomenergie" habe das Land und die Stadt in Zusammenarbeit mit dem Leiter der neuen Ingenieurschule und einem Kuratorium aus Persönlichkeiten der heimischen Wirtschaft in Schildesche eine Versuchsanstalt installiert. „Grund zu Besorgnissen im Hinblick auf Atomschäden für die Bevölkerung" bestehe nicht.

Mit diesem Scherz begrüßte die Presse die Ingenieurschule, deren feierliche Eröffnung just am 1. April stattfand. Der wirtschaftliche Aufschwung hatte einen zunehmenden Mangel an qualifizierten Fachkräften deutlich werden lassen. Da es im ostwestfälischen Raum trotz des großen Bedarfs keine technische Lehranstalt gab, hatten sich insbesondere Kreise der Industrie für die Errichtung der Fachschule eingesetzt.

105 Studenten fanden im ersten Semester der „Staatlichen Ingenieurschule für Maschinenwesen" Aufnahme. Sie hatten die Wahl zwischen den Fachrichtungen Konstruktions- und Fertigungstechnik im Maschinenbau sowie der Elektrotechnik. Von den Universitäten wollte man sich deutlich abgrenzen. So war kein Spezialistentum gefragt, sondern es sollte ein breites Wissensspektrum vermittelt werden. Die Schule hatte es sich zur Aufgabe gemacht, Fachkräfte auszubilden, deren Tätigkeitsbereich von der Ideenfindung bis zur Realisierung der Produkte reichte. Frühzeitig sollten die Studierenden deshalb mit der Praxis vertraut gemacht werden. Außerdem hatte man vor, die neue Schule zu einem „technischen Kulturzentrum für die Ingenieurschaft" auszubauen, um auch den älteren Fachkräften Möglichkeiten zur Fortbildung zu bieten.

Die Studierenden zeigten sich dankbar: Ihr Sprecher versicherte bei der Eröffnungsveranstaltung, dass sie „durch guten Willen und Leistungen" zeigen wollten, „dass die Aufwendungen von Land und Stadt für die Ingenieurschule nicht vergeblich gewesen seien."

Anfangs wanderten die Studierenden zwischen den Lehrorten hin und her. Erst im Jahre 1965 erhielt die Ingenieurschule auf dem verkehrstechnisch günstig gelegenen Gelände der ehemaligen Stadtgärtnerei an der Wilhelm-Bertelsmann-Straße ein eigenes Gebäude. Vier Jahre später verabschiedete der Landtag das Fachhochschulgesetz, das den Ingenieur- und Wirtschaftsschulen einen festen Platz im Hochschulbereich zuwies. Als 1971 die Fachhochschule Bielefeld gegründet wurde, ging die Ingenieurschule darin auf.

Ein Kernreaktor für die neue Ingenieurschule. Zum Glück nur ein Aprilscherz.

Die Feuerwehr füllte den Brunnen eines Bauernhofes mit Trinkwasser auf. Wegen der anhaltenden Trockenheit war er versiegt

Brutofenklima in ganz Deutschland

Wasserknappheit und Waldbrände auch in Bielefeld

Es gab kein Entrinnen! Unerbittlich prallte die Sonne vom Himmel und jagte die Quecksilbersäule in die Höhe. Die Freibäder meldeten Rekordbesuche. Allein die Schwimmbäder an der Wiesenstraße und in Schildesche zählten in den ersten drei Monaten der Badesaison über 300 000 Gäste, wesentlich mehr als im gesamten Vorjahr. Die Schwimmmeister leisteten Überstunden und zusätzliches Personal musste eingestellt werden, damit der Betrieb ohne größere Zwischenfälle durchgeführt werden konnte. Bei einer Wassertemperatur von 25° C brachte aber auch ein Sprung ins lauwarme Nass nicht wirklich eine Abkühlung.

Seit April hatte es kaum noch geregnet. Eine Hitzewelle nach der anderen brach über Deutschland hinein. Im Juli wurden die Temperaturen unerträglich. Die Betriebe teilten kostenlose Getränke an ihre Beschäftigten aus, um das Weiterarbeiten überhaupt noch möglich zu machen. Dennoch kam es aufgrund von Hitzschlägen zu einigen Unfällen. Das Autofahren bei knapp 40° C im Schatten wurde zur Qual. Städtische Arbeiter streuten Splitt und Sand auf den schmilzenden Teerbelag. Die Straßen wären sonst nicht mehr zu befahren gewesen. In den Grünanlagen richtete die sengende Sonne erhebliche Schäden an. Viele junge Bäume überstanden die Dürre nicht.

An den Wochenenden flüchteten die Menschen vor der subtropischen Hitze hinaus aus der Stadt. In den Wäldern wimmelte es von Erholungssuchenden. Doch nicht immer wussten die Ausflügler sich in der freien Natur richtig zu verhalten. An einem Juliwochenende gab es im Landkreis allein fünf Waldbrände, die meisten von ihnen durch Fahrlässigkeit ausgelöst: Weil ein glimmendes Streichholz achtlos weggeworfen worden war, brannte auf dem Sennefriedhof eine 60 Quadratmeter große Heidefläche. Fast zur gleichen Zeit brach kaum einen Kilometer davon entfernt in einer Schonung bei Café Busch auf der Fläche von 400 Quadratmetern ein Feuer aus. Der größte Schaden entstand in Senne II. Ein Mann hatte einen kleinen Haufen Holz angezündet. Als ein Wind aufkam, konnte er sein Feuerchen nicht mehr unter Kontrolle halten. Es sprang auf in der Nähe liegendes Bauholz über und setzte auch noch eine 1 000 Quadratmeter große Waldfläche in Brand.

Wenig Freude machte die Hitze den Landwirten. Sie hielten besorgt nach Regenwolken Ausschau. So eine Dürre habe er noch nicht erlebt, berichtete ein 73-jähriger Bauer. „Gewiss, trockene Jahre hat es immer gegeben, aber stets hat es dann und wann geregnet, sei es im Frühjahr oder im Sommer!" Viel zu früh reifte das Getreide und blieb klein und unansehnlich. Auch die Hackfrüchte konnten sich in dem harten und trockenen Boden nicht entwickeln. Für die Wintermonate mussten die Bauern mit argem Futtermangel rechnen. Schon jetzt führte das Versiegen von kleinen Bächen zu Schwierigkeiten bei der Trinkwasserversorgung des Weideviehs.

Auch für die Menschen wurde das Wasser knapp. Die Verwaltung ermahnte die Bevölkerung zu größter Sparsamkeit. Der Wasserstand in den Brunnen sank dramatisch. In einigen Gemeinden versiegten die Brunnen ganz. Hier musste die Feuerwehr die Häuser per Tankwagen mit Frischwasser beliefern. Ein Aufatmen, als es nach wochenlanger Dürre Ende Juli endlich wieder anfing zu regnen. Doch wirkliche Erlösung brachten diese Sommerschauer nicht. Auch der Herbst sollte noch außergewöhnlich sonnig und trocken bleiben.

1959

18. April: Professor Paul Griesser, Lehrer für Möbelbau und Innenarchitektur, erhält den Kulturpreis der Stadt.

20. Mai: Ratsbeschluss über Beteiligung der Stadtwerke am Bau eines Gemeinschaftskraftwerks an der Weser.

16. Juni: Eröffnung der Landwirtschaftlichen Ausstellung an der Radrennbahn. 62 000 Besucher bestaunen Vieh und Landmaschinen.

30. August: Schlüsselübergabe beim Johannes-Krankenhaus. Nun stehen pro 1 000 Einwohnern 8,5 Betten zur Verfügung.

2. September: Rudolf Oetker sagt der Stadt den Aufbau eines Museums zu. Einstimmig akzeptieren die Ratsmitglieder den Wunsch des Stifters, dem Projekt den Namen Richard Kaselowsky zu geben.

19. November: Auftakt zur dreitägigen Verkehrsaktion „Der freundliche Wink". Der Automobilclub Westfalen, die Shell AG und die Polizei werben gemeinsam um mehr Rücksicht zwischen Fußgängern und Autofahrern.

Emilie Mertgen (1880–1959)

Die Pädagogin Emilie Mertgen übernahm 1906 die private Vorschule ihres Vaters am Siekerwall, die sie bis zur Schließung im Jahre 1930 leitete. Aufgrund ihres sozialen Engagements wurde sie 1925 zur nebenamtlichen Bezirksjugendpflegerin berufen. In der Senne richtete sie gemeinsam mit Jugendlichen einen Kotten her, der sich in den Zwanziger Jahren zu einem Treffpunkt für junge Menschen aller sozialen Schichten entwickelte. Die von der Wandervogelbewegung beeinflusste „Emmy" Mertgen konnte noch erleben, wie nach dem Krieg die Gruppen wieder zu ihr in das 1933 privatisierte „Greten Venn" pilgerten.

1960

21. Januar: Der Oberförster erschießt im Tierpark Olderdissen den Afghanrüden eines Schauspielers. Bis in den Herbst erhitzt der Fall die Gemüter und beschäftigt die Gerichte.

6. April: Eröffnung des neugebauten Max-Planck-Gymnasiums. Damit endet auch der jahrelange „Schichtunterricht".

7. Mai: Der Stadtrat wendet sich gegen den Plan der Bundesbahn, anstelle der im Krieg zerstörten Talbrücke über den Johannisbach einen 20 Meter hohen Damm aufzuschütten.

1. Juli: Einweihung der Pädagogischen Akademie an der Lampingstraße. Schon zu diesem Zeitpunkt ist das für gut 500 Studenten geplante Gebäude zu klein.

5. August: Großbrand mitten in der Stadt. Im „Deutschen Haus", Ecke Obernstraße und Waldhof, richtet ein Feuer beträchtlichen Schaden an.

20. Dezember: Nachdem Standorte wie der Alte Markt verworfen worden sind, findet das Leineweberdenkmal in den Anlagen bei der Altstädter Kirche einen neuen Platz.

Hanns Bisegger (1905–1985)

Der in Düsseldorf geborene Hanns Bisegger zog 1946, nachdem er in Berlin seinen gesamten Besitz verloren hatte, nach Bielefeld. Hier baute er die „Jobis Bekleidungsindustrie GmbH" auf. Der Entwurf der Garderobe für die Olympiamannschaften brachte das florierende Unternehmen immer wieder in die Presse. Bisegger selbst war Mitbegründer der größten deutschen Modemesse IGEDO. 1960 ernannte die mittelamerikanische Republik Guatemala den geachteten Fabrikanten zu ihrem Wahlkonsul. Schon zu Lebzeiten rief Bisegger eine Stiftung ins Leben, deren Ertrag der Musikpflege der Stadt zugute kommt.

Griechische Arbeiter in einer Gemeinschaftsunterkunft der Firma Dürkopp

Im Zeichen der Vollbeschäftigung

Ausländische Arbeitskräfte kommen nach Bielefeld

„Baracke, Erholungsheim, Saal oder sonstiges Gebäude in oder Nähe Bielefelds zur langfristigen Unterbringung vom etwa 50 spanischen Facharbeitern für sofort von bekanntem Bielefelder Industrieunternehmen gesucht", so eine Annonce vom Sommer 1960. Der Mangel an Arbeitskräften bereitete der Wirtschaft zunehmend Kopfzerbrechen. Die Arbeitslosenzahl tendierte gegen Null. Gab es im Januar noch 1 837 Arbeitssuchende im Arbeitsamtsbezirk Bielefeld, so waren es im November nur noch 685. Durch das Angebot von Halbtagsjobs und die Vergabe von Heimarbeit waren auch die stillen Reserven ausgeschöpft. Die Industrie- und Handelskammer urteilte über die nun einsetzende Phase der Hochkonjunktur: „Das wohl augenfälligste Konjunkturbarometer ist der Arbeitsmarkt. Der seit dem Sommer vorigen Jahres einsetzende Arbeitskräftemangel hat sich im 1. Halbjahr 1960 weiter verstärkt. In allen Wirtschaftsbereichen ist eine Übernachfrage nach Arbeitskräften festzustellen; die auch statistisch nur noch verschwindend geringe Restarbeitslosigkeit wird von dem Angebot an offenen Stellen um ein Vielfaches übertroffen."

Durch die Anwerbung von ausländischen Kräften sollten die Engpässe überwunden werden. Laufend gingen beim Arbeitsamt Anträge auf die Vermittlung von Ausländern ein. Zunächst aber mussten die Betriebe nachweisen, dass sie genügend Wohnheimplätze zur Verfügung stellen konnten. Keine leichte Aufgabe zu dieser Zeit. Auch zahlten sie eine Gebühr für die Vermittlung und übernahmen die Reisekosten.

Als erste wurde Mitte Mai eine Gruppe von 20 Italienern der Bahnmeisterei zugewiesen. „Zwischen den Gleisen des Herforder Bahngeländes müht sich eine Gruppe von Männern mit Hacken, Hämmern und Schraubwinden, die Schienen von den angefaulten Eichenbohlen zu lösen. Verwegen sehen sie aus mit ihren braungebrannten Gesichtern und dem schwarzgelockten Haar, auf das sich einer von ihnen ein weißes Tuch als Sonnenschutz geknotet hat", so die Freie Presse. Auf die Frage, wie es ihnen in Bielefeld gefalle, antworteten die Sizilianer einhellig: „Ottimo", „bestens".

Dürkopp, eines der größten Unternehmen der Stadt, versuchte die Lücken im Produktionsablauf zunächst mit griechischen Arbeitskräften zu schließen. Sie wurden in Athen von einer Kommission der Bundesanstalt für Arbeitsvermittlung ausgewählt und ärztlich untersucht. Mit einem Zwölfmonatsvertrag in der Tasche kamen sie nach Bielefeld. Untergebracht wurden die Griechen in einer ehemaligen Wäschefabrik an der Breiten Straße. Erst später verschafften sich viele ausländische Arbeitskräfte Privatunterkünfte und holten ihre Familien nach.

Nicht immer konnten die „Gastarbeiter" mit ihren Arbeits- und Lebensbedingungen zufrieden sein. Unter italienischen Beschäftigten der Gießerei Tweer kam es im November 1960 zu einem eintägigen Streik. Sie erklärten, dass sie das Lohnsystem nicht verstünden, die Unterkunft unzureichend und der Anfahrtsweg zur Arbeitsstelle in Kracks zu weit sei. Die Verpflegung aus der Gemeinschaftsküche behage ihnen überhaupt nicht, auch wenn diese vom deutschen Hausmeisterehepaar als „reichlich und gut" gepriesen würde. Mit ihrem Aufstand erreichten die Italiener, dass die Unterkunft in die Nähe der Firma verlegt und die Miete ermäßigt wurde. Auch ihre Forderung, selbst für ihre Verpflegung zu sorgen, konnten sie durchsetzen.

Von Jahr zu Jahr nahm die Zahl der Ausländer in Bielefeld zu. Waren es Ende 1960 noch 3 030 – die meisten aus Italien, Griechenland und Spanien – so erhöhte sich der Stand bis zum Anwerbungsstopp im Jahre 1973 auf 24 000 Menschen fremder Nationalität.

Jeder will angenehm fahren!!!

Rauchverbot in Straßenbahnen

Sollen Raucher mit einer Schokoladenzigarette versöhnt werden? Oder müssen Nichtraucher zukünftig mit einer Gasmaske Straßenbahn fahren? Diese Fragen stellte im Oktober 1961 Egon Körbi, der aktuelle Themen in den Tageszeitungen treffsicher karikierte. Mit spitzer Feder nahm er eine Befragung der Verkehrsbetriebe aufs Korn, die von den Fahrgästen wissen wollten, wie sie zum Rauchen in Bussen und Bahnen stehen.

Es mag verwundern, aber der Gesundheitsschutz spielte bei dieser Befragung nur in zweiter Hinsicht eine Rolle. Für die Verkehrsbetriebe waren vor allem die Kosten bedeutsam, die das Reinigen der Raucher-Wagen verursachte. So wanderten nicht alle Zigarettenstummel in die Aschenbecher, sondern wurden auf dem Boden ausgetreten und mussten dann mühsam aus den Rosten entfernt werden. Der gelbliche Nikotinbelag, der sich sichtbar an Decken und Fenstern absetzte, verursachte aber auch bei den Wagenwäschern Reizungen und Entzündungen der Haut. Auf der anderen Seite hatten sich Fahrgäste über den kalten Rauch in den morgendlichen Straßenbahnen beschwert. Zudem passierte es in den Stoßzeiten immer wieder, dass durch Zigaretten unbemerkt Löcher in Mäntel und Kleider, Anzüge und Schirme gebrannt wurden.

„Jeder will angenehm fahren!!!", war auf den Plakaten zu lesen, mit denen die Verkehrsbetriebe für die Befragung warben. Am 12. Oktober verteilten die Schaffner über 60 000 Fragezettel. Rund 27 000 wurden wieder zurückgegeben.

Das Ergebnis war eindeutig und überraschend zugleich: 22 033 Fahrgäste sprachen sich gegen das Rauchen aus. Eine Frau wollte zwar Zigaretten und Zigarren verbieten, hatte aber nichts gegen eine Pfeife einzuwenden, weil sie „so nett duftet". Ein anderer Zeitgenosse forderte einen Kaffeewagen für Frauen, wenn sich das Rauchen der zumeist männlichen Fahrgäste nicht verbieten lasse. 28 Schichtarbeiter und überzeugte Raucher, die sich allabendlich auf ihre Zigarette in der Straßenbahn freuten, wollten sich nicht kampflos geschlagen geben und gründeten einen „Aktionsausschuss gegen die Willkür nikotinarmer Straßenbahnfahrer".

Alles Lamentieren und Protestieren half nichts, die Tage des ungetrübten Rauchgenusses in den Straßenbahnen waren gezählt. Die Verkehrsbetriebe beantragten beim Regierungspräsidenten eine Änderung der Beförderungsbedingungen, um so das Rauchen in den Straßenbahnen verbieten zu können. Noch bevor die Antwort aus Detmold eintraf, wurden die Aschenbecher abgeschraubt. In den Bahnen war jetzt auf kleinen Schildern zu lesen: „Eine klare Mehrheit der Fahrgäste hat sich gegen das Rauchen in den Wagen ausgesprochen. Bitte haben Sie Verständnis dafür, dass wir Sie nun höflichst bitten, das Rauchen in den Wagen zu unterlassen." Dass noch wochenlang das rote Schild „Raucher" in vielen Straßenbahnanhängern prangte, war für die rauchende Minderheit ein schwacher Trost. „Es lebe der Kaugummi", kommentierte die Westfälische Zeitung den Beginn der rauchfreien Zeit.

1961

10. Januar: Der Großmarkt an der Oldentruper Straße wird eröffnet.

10. April: In den von Bodelschwinghschen Anstalten treffen die ersten Wehrdienstverweigerer ein. Sie werden in Bethel ein Jahr lang als Hilfskrankenpfleger ihren Dienst ableisten.

18. April: Der Bunker am Ulmenwall wird wiedereröffnet. Die Spannbreite des Veranstaltungsortes reicht vom Puppentheater bis zum Klubkeller mit Jazzmusik.

1. Juni: Der Altstädter Nicolaikirche, die im Zweiten Weltkrieg schwer zerstört worden ist, fehlt nach wie vor die Kirchturmspitze. Ein Spendenaufruf ist jetzt erlassen worden, um den Kirchturm endlich wieder aufbauen zu können.

6. August: Für die Paul-Gerhard-Kirche am Ostpark wird der Grundstein gelegt.

24. September: Oberbürgermeister Dr. Nierhoff weiht das der Kreisgemeinschaft Gumbinnen von der Patenstadt Bielefeld gestiftete Elchstandbild im Bürgerpark ein. Es wurde von dem Bildhauer Hans Ruwolk geschaffen.

6. Dezember: Wegen des vierspurigen Ausbaus der Alfred-Bozi-Straße wird das historische „Torschreiberhaus" abgerissen.

17. Dezember: Die Mathäuskirche am Brodhagen wird eingeweiht.

Dr. Viktoria Steinbiß (1892–1971)

Die gebürtige Bielefelderin und promovierte Ärztin leitete von 1932 bis 1936 das Labor im Städtischen Krankenhaus. Seit 1946 gehörte die CDU-Politikerin dem nordrhein-westfälischen Landtag, von 1949 bis 1961 dem Bundestag an. Hier widmete sich die Vertraute Konrad Adenauers vor allem der Gesundheitspolitik. Für ihre Verdienste um den Wiederaufbau des deutschen Gesundheitswesens nach dem Zweiten Weltkrieg wurde ihr 1961 auf dem 64. Deutschen Ärztetag die Paracelsus-Medaille verliehen.

1962

12. Januar: Die Bauarbeiten an der im Krieg beschädigten und provisorisch wiederaufgebauten Eisenbahnbrücke an der Talbrückenstraße in Schildesche werden aufgenommen.

10. März: An der Kreuzstraße wird das neue „Haus der offenen Tür" des CVJM eröffnet.

22. März: Mit dem Beginn der Polio-Schluckimpfung in Bielefeld soll der Kinderlähmung der Kampf angesagt werden.

5. Mai: An der Diesterwegstraße wird die Staatliche Höhere Wirtschaftsfachschule durch Kultusminister Schütz eröffnet.

27. August: Im Zuge des Ausbaus der Alfred-Bozi-Straße kommt bei Ausschachtungsarbeiten für den Fußgängertunnel ein Bastionsrondell der Stadtbefestigung aus dem 16. Jahrhundert zu Tage.

27. Oktober: Die neuen Glocken für die Altstädter Nicolaikirche werden feierlich eingeholt.

15. Dezember: Einweihung der Gertrud-Bäumer-Schule, einer Realschule für Mädchen.

Die Liegende

„Das Mädchen heißt ‚Liegende' und hat viel zu große Füße", schrieb die Freie Presse über die Bronzefigur von Prof. Schepp, die am 4. Oktober vor dem Hallenbad am Kesselbrink enthüllt wurde. Sie war wochenlang das Gesprächsthema Nummer eins. Für die einen war sie zu abstrakt, für andere nicht modern genug. Obwohl viel fotografiert, sei sie nicht fotogen, meinte ein Fotograf. Letztlich war das „Schmuckstück" eine Bereicherung für die Stadt, die selbst nach dem Abriss des Hallenbades Bielefeld erhalten geblieben ist. Heute „liegt" sie vor dem Ishara-Bad.

Die ‚Nike' schwebt vom Sockel

Das Kriegerdenkmal wird abgebrochen

Für die Arbeiter war es keine leichte Aufgabe, das Kriegerdenkmal „behutsam" abzutragen

Die Nachricht aus dem Rathaus kam für viele einer Hiobsbotschaft gleich: Der Bauausschuss hatte am 12. März 1962 beschlossen, das Kriegerdenkmal am Oberntorwall „abzutragen". Aus Sicherheitsgründen, verkündete Baudirektor Kleinert. Da die Siegesgöttin achtzehn Zentimeter außer Lot geraten sei, bestände akute Einsturzgefahr. Vor allem dann, wenn beim anstehenden Ausbau der Alfred-Bozi-Straße mit unvermeidlichen Erschütterungen zu rechnen sei. Das Denkmal solle „so sorgfältig wie möglich" abgebrochen werden, erklärte Oberbürgermeister Dr. Nierhoff, um es später einmal „irgendwo" wieder aufbauen zu können. Das Westfalen-Blatt hegte starke Zweifel: Die „Erfahrungen, die die Bielefelder hinsichtlich der Erhaltung ihrer alten Denkmäler bisher gemacht haben, lassen mancherlei Befürchtungen erklärlich erscheinen." Die Tageszeitung erinnerte an die Einweihung des Kriegerdenkmals am 24. November 1878: Der damalige Ratsherr Bertelsmann habe in Vertretung des Oberbürgermeisters versprochen, dass die „Bürger Hüter des Denkmals" seien. „Dieses Versprechen", appellierte der Redakteur, „sollte auch den heutigen Bürgern Verpflichtung sein!"

Das 12,50 Meter hohe Monument, ein Werk des Kölner Bildhauers Albermann, war 1878 zum Gedenken der Gefallenen der Kriege von 1864, 1866 und 1871/72 errichtet worden. Es bestand aus einer korinthischen Säule, auf der die Siegesgöttin ‚Nike' thronte. Der Sockel war von allegorischen Figuren umgeben. Für die Errichtung des Denkmals wurden 20 000 Goldmark veranschlagt, wovon die städtische Bürgerschaft den Großteil trug. Während rund 16 000 Goldmark durch Spenden und Sammlungen zusammenkamen, legte die Stadt den noch fehlenden Betrag dazu.

Das Kriegerdenkmal war nicht nur der Ort, an dem Kränze niedergelegt, Reservistenvereine der gefallenen Soldaten gedachten oder politische Parteien ihre Kundgebungen abhielten. Es war auch ein Treffpunkt für Rendezvous, eine vertraute Station beim Flanieren auf dem Oberntorwall, ein Stück Bielefeld, das man nicht missen wollte.

Der bevorstehende Abriss traf die Menschen, die mit dem Denkmal die unterschiedlichsten Erinnerungen verbanden, schwer. Am 4. April war es dann soweit: „Nach 84-jährigem Dienst als Siegesgöttin", war in der Westfälischen Zeitung zu lesen, erlitt die ‚Nike' „ihre totale Niederlage": An einem Kran hängend, schwebte sie vom Sockel. Ihr Exil sollte für viele Jahre der städtische Bauhof werden.

Vergessen haben die Bielefelder das Wahrzeichen nicht. Auch nachwachsenden Generationen, die keine Vorstellung davon haben, ist es vertraut: Als ein Standort am Oberntorwall, zu dem regelmäßig Taxis gerufen werden, wobei das Wort „Kriegerdenkmal" stets auf der dritten Silbe betont wird. Seit der Eröffnung des Historischen Museums 1994 können sich wieder alle ein Bild von der ‚Nike' machen. Von Museumsmitarbeitern auf einem städtischen Bauhof wiederentdeckt, lädt sie dort heute zu neuen Rendezvous ein. Die „ollen Germanen", die einst zu ihren Füßen hockten, sind jedoch verschollen.

So stellten sich die Planer die Start- und Landebahn vor. Die Wohngebiete mussten zwangsläufig in Mitleidenschaft gezogen werden

Eine Verbindung mit der großen, weiten Welt

„Nagelsholz" soll der Nahverkehrsflughafen von Ostwestfalen-Lippe werden

„Der Luftverkehr von heute und morgen, insbesondere die damit verbundene Frage der Anlage geeigneter Flughäfen, hat in Nordrhein-Westfalen wie kaum ein anderes Problem der Landespolitik schon seit Jahren lokale Fehden ausgelöst und die Gemüter vieler Menschen in Erregung gebracht", war im November 1962 in der Freien Presse zu lesen. Seit 1960 wurde auch im Großraum Bielefeld der Plan verfolgt, einen Nahverkehrsflughafen zu bauen. Bis 1963, so hieß es, sollte er in Lockhausen bei Bad Salzuflen entstehen. Doch dazu kam es nicht. Befürchtungen des Staatsbades, die Kurgäste könnten wegen des drohenden Motorenlärms ausbleiben und Anwohnerproteste stellten die baureifen Pläne immer wieder in Frage.

Im Februar 1963 wurde dem Kreistag des Landkreises Herford „überraschend" ein Plan unterbreitet, wonach das nördlich von Jöllenbeck, auf Bielefelder und Herforder Kreisgebiet gelegene „Nagelsholz" für die Anlegung eines Nahverkehrsflugplatzes in die engere Wahl gekommen sei. Für die Bielefelder Presse kam diese Nachricht aber keineswegs überraschend, war ihr diese Alternative doch seit dem Informationsgespräch von Landesverkehrsminister Kienbaum im Bielefelder Rathaus bekannt, das wenige Wochen zuvor stattgefunden hatte. Die Journalisten hatten sich jedoch verpflichtet, vorerst nicht darüber zu berichten.

Die Industrie- und Handelskammer zu Bielefeld sprach sich einhellig für einen Flughafen „Ostwestfalen" aus und kündigte an, der geplanten Flughafen GmbH beizutreten. Die Chance, den Flughafen zu bauen, dürfe jetzt auf keinen Fall verpasst werden, mahnte IHK-Geschäftsführer Dr. Fritz Voß, da sonst die Region, die bereits an sechster Stelle unter den Wirtschaftsräumen der Bundesrepublik stehe, „für alle Zeit vom Luftfrachtverkehr ausgeschlossen" bliebe. Die Luftfracht aber erschließe neue Märkte, titelte das Westfalen-Blatt, wovon die heimische Wirtschaft nur profitieren könne.

Die Jöllenbecker Gemeindevertreter machten sich indess Sorgen. Im Bereich der angedachten Einflugschneise wurde 1963 die Dreekerheideschule gebaut. Ein permanent vom Fluglärm gestörter Unterricht schien undenkbar. In der Nachbargemeinde Häger sah der Bebauungsplan ein neues Siedlungsgebiet vor, das mit einem Flughafen natürlich nicht vereinbar war. Für den Landwirtschaftlichen Kreisverein war die Region zu dicht besiedelt. Er schlug deshalb vor, den Flugplatz nördlich des Wiehengebirges im Raum Petershagen-Uchte zu bauen.

Während Oberbürgermeister Hinnendahl für Bielefeld erklärte, dass die Stadt mit allen Kräften die Flughafenpläne unterstützen werde, schlug das anfangs geäußerte Unbehagen im Umfeld des Nagelsholzes in offenen Protest um, der nicht nur 1963, sondern bis weit in die Siebziger Jahre die Diskussionen in den kommunalen Parlamenten Ostwestfalens und im nordrhein-westfälischen Landtag begleitete. Der anfangs geäußerten Hoffnung, bereits 1964 mit den ersten Baumaßnahmen beginnen zu können, war schnell der Boden entzogen. Das endgültige Aus kam aber erst 1980. Am 12. März teilte Landeswirtschaftsministerin Liselotte Funke mit, dass die Planungen für den Bau des Regionalflughafens Nagelsholz eingestellt werden.

1963

14. Januar: Die Aula des Bavink-Gymnasiums wird eingeweiht. Aus diesem Anlass wird eine Büste von Bernhard Bavink aufgestellt.

2. Mai: Auf dem Alten Markt wird das Merkur-Denkmal von Herbert Volwahsen enthüllt.

24. August: Für den Oberbürgermeister wird eine neue Amtskette angefertigt. Sie ist von Otto Hahn jr. gestaltet und angefertigt worden und enthält Wappen der Paten- und Partnerstädte und -kreise.

30. September: Das Portal der Altstädter Nicolaikirche mit einer neuen Bronzetür des Künstlers Gerhard Marcks wird seiner Bestimmung übergeben.

12. Oktober: Artur Ladebeck, von 1946 bis 1952 und von 1954 bis 1961 Oberbürgermeister von Bielefeld, ist gestorben.

16. November: Die Kesselbrink-Tiefgarage wird per Verfügung freigegeben, nachdem zum wiederholten Male etwa 150 Kraftfahrer wegen Überfüllung des ersten Bauabschnitts abgewiesen werden mussten. Die offizielle Einweihung sollte erst Ende November erfolgen.

28. November: Das erste „Garagen-Hochhaus" Bielefelds wird an der Ritterstraße eröffnet. Es bietet 423 Fahrzeugen Platz.

Herbert Hinnendahl (1914–1993)

Am 9. Januar 1963 wurde Herbert Hinnendahl vom Rat der Stadt einstimmig zum Oberbürgermeister gewählt. Während seiner bis 1975 dauernden Amtszeit erhielt Bielefeld Kunsthalle und Universität, wurde der Landkreis im Zuge der kommunalen Gebietsreform in das Stadtgebiet eingebunden. 1975 verlieh ihm die Stadt die Ehrenbürgerwürde. Nach seinem Tod wurde eine Straße nach dem verdienstvollen Oberbürgermeister benannt.

1964

28. Januar: Nach der Wiederherstellung des Eisenbahnviaduktes in Schildesche überquert der erste Zug die Talbrücke. Ab Juni läuft auch der Personenverkehr wieder.

26. Februar: Die Stadt übernimmt die alleinige Trägerschaft über das Staatlich-städtische Gymnasium am Nebelswall, das von nun an „Ratsgymnasium" heißt.

24. Juli: Jeder Fußgänger soll beim Überqueren eines Zebrastreifens ein gelbes Fähnchen in die Hand nehmen. Da fast alle geklaut werden, gibt man das Experiment rasch wieder auf.

31. Oktober: Die beliebte Gastwirtschaft „Donnerburg", in der Generationen von Ausflüglern ihren Kaffee und Pickert genossen, schließt ihre Pforten.

23. November: Vor dem Schwurgericht beginnt der Prozess gegen den SS-Oberscharführer Heinrich Klaustermeyer, der im Warschauer Ghetto für den Tod vieler Juden verantwortlich war.

5. Dezember: Durch Erweiterung des Selbstwähldienstes können nun alle Ortsnetze der Bundesrepublik ohne Vermittlung des „Fräuleins vom Amt" angerufen werden.

Edith Viehmeister (1920–1995)

Tief bewegt war Edith Viehmeister, als sie der Gemeinderat Lämershagen 1964 zur ersten Bürgermeisterin im Landkreis wählte. Die in Berlin geborene Sozialdemokratin, Mutter von drei Kindern, gehörte bereits seit 1952 dem Rat der kleinen Gemeinde an. Kommunalpolitisch aktiv war Edith Viehmeister auch in der Amtsvertretung Heepen und nach der Gebietsneuordnung in der Bezirksvertretung Stieghorst sowie im Stadtrat. Ihre kommunalpolitische Karriere gipfelte im Amt der Bürgermeisterin für die Stadt Bielefeld, das sie von 1984 bis 1989 inne hatte.

Die Bäckerinnung ließ sich für die Stadtväter einen besonderen Kuchen einfallen

Ein Werbefachmann tüftelte die Ausstellung zum Stadtjubiläum aus

„... den gesunden Bürgersinn wecken"

Bielefeld feiert sein 750-jähriges Bestehen

Verschläft Bielefeld die 750-Jahrfeier, fragte im März 1963 provozierend die Freie Presse und erinnerte daran, dass die Stadt schon einmal ihr Jubiläum verpasst habe. So sei die 700-Jahrfeier nicht 1914, sondern erst 1921 begangen worden. Ehrlicherweise teilte die Zeitung ihren Lesern mit, dass es die Zeitgenossen damals nicht besser gewusst hatten. Da keine Urkunde vorläge, die das genaue Gründungsdatum belege, habe sich die Forschung noch zu Beginn des 20. Jahrhunderts für 1221 ausgesprochen, sei aber heute sicher, dass die Stadt 1214 gegründet worden sei. Es müsse, so die Freie Presse, daher bald über ein Jubiläumsprogramm entschieden werden.

Doch erst im November 1963 sprach sich der Rat dafür aus, das Stadtjubiläum in „würdiger, zeitgemäßer Form zu feiern". Ein Sonderfonds von 100 000 Mark wurde zur Finanzierung einer Festwoche bereitgestellt. Verkehrsdirektor Josef Fuchs betonte, dass Bielefeld nicht beabsichtige, wie das 2000-jährige Mainz ein ganzes Jahr zu „jubilieren". Vielmehr wolle man „auf eine bewährte Mittellinie" einschwenken. Das Festpogramm verspreche eine „vertretbare Repräsentation nach außen" und werde zudem „den gesunden Bürgersinn wecken".

Mit einer Sondersitzung des Rates begannen am 10. Juni 1964 die Feierlichkeiten. Der Historiker und pensionierte Stadtarchivar Dr. Gustav Engel würdigte in seinem Festvortrag die Bielefelder Geschichte. Oberbürgermeister Hinnendahl wies auf die Leistungen der Stadt in jüngster Vergangenheit hin und beschrieb künftige Aufgaben, bei deren Lösung „Rat, Verwaltung und Bürgerschaft alles daransetzen werden, sich der Vorfahren würdig zu erweisen". „Einmal in Jubiläumsgeberlaune", schrieb anderntags die Westfälische Zeitung, beschloss der Rat die Errichtung eines Naturkundlichen Museums an der Stapenhorststraße, den Umbau des Waldhofs zum Historischen Museum und den Neubau eines Hallenbades am Brodhagen.

Im Mittelpunkt der Festwoche, die vom 13. bis zum 21. Juni dauerte, stand eine Jubiläumsausstellung an der Radrennbahn. 23 000 Quadratmeter Präsentationsfläche, die Hälfte davon überdacht, lockte die Besucher in Scharen an. In einem ersten Teil beleuchteten Modelle, Zeichnungen und Fotografien die Stadtgeschichte. Um aus der Vergangenheit in die Gegenwart zu gelangen, musste ein dekoratives Sparrenburgtor durchschritten werden. Hinter dem Tor setzte sich ein zweiter Teil humorvoll mit Rat und Verwaltung auseinander. „Wer das krumm nehmen sollte", warnte „ein prominenter Ratsherr mit Lachsäcken in den Augen", werde „nicht wieder aufgestellt".

Das Gros der Ausstellungsfläche nutzte die heimische Wirtschaft. Die Stadtwerke informierten mit einem Blick in die Bielefelder Unterwelt. Kleine und große Rohre für Gas, Wasser und Strom zeigten, wie es unter den Straßen aussieht. Firmen aus Industrie und Handwerk präsentierten stolz ihre Geschichte und die neuesten Produkte. Die Ausstellung wurde genauso zu einem Publikumserfolg wie eine Großveranstaltung auf der Radrennbahn mit Militärkapellen aus Holland, England, Schottland und Deutschland, zu der mehr als 10 000 Menschen kamen. Die Jubiläumswoche, die alle Erwartungen übertraf, endete mit dem „größten Feuerwerk aller Zeiten". Es wurde wohl erst im Millenniumsjahr übertroffen.

Der Busbahnhof bildete das Zentrum des neuen Kesselbrinks. Unter der gesamten Fläche befindet sich die einst größte Tiefgarage des Landes

Eine Verkehrsspinne ersten Ranges

Der Kesselbrink wird Parkplatz und Busbahnhof

Nordrhein-Westfalens Städtebauminister Franken kam am 24. April 1965 höchstpersönlich nach Bielefeld, um eine „wertvolle, mustergültige Tat auf dem Gebiet der Neuordnung des großstädtischen Verkehrs" zu würdigen. Rat und Verwaltung hätten „kommunalpolitische Schrittmacherleistungen" vollbracht, lobte der Minister. Bereits 1953 hätten sie sich „mit bewundernswertem Mut zum unvermeidlichen Risiko darangemacht, ihr Programm zur Bewältigung des fließenden und ruhenden Verkehrs Zug um Zug zu erfüllen". Das ministerielle Lob galt der grundlegenden Neugestaltung des Kesselbrinks, der an diesem Tag nach fünfjähriger Bauzeit eingeweiht wurde.

Was seit den ersten Planungen in den Fünfziger Jahren auf dem Kesselbrink gebaut wurde, sprengte in der Tat alles, was bisher in Bielefeld auf diesem Gebiet realisiert worden war. Die Westfälische Zeitung brachte es auf dem Punkt: „17 500 Kubikmeter Beton, 1 250 Tonnen Betonstahl, 20 000 Quadratmeter Isolierung, etliche tausend Meter Bauzaun, Kabel, Kanalrohre – die Aufstellung des Tiefbauamtes über Material- und Zeitaufwand für den Ausbau des Kesselbrinks zu der ersten Bielefelder und größten nordrhein-westfälischen kommunalen Tiefgarage ist beachtenswert! Im Laufe von mehr als fünf Jahren haben zur Verwirklichung des Mammutprojekts über 110 000 Kubikmeter Beton bewegt werden müssen, sind für mehr als 9 Millionen DM – davon 8 500 000 DM reine Baukosten – auf einer Grundfläche von 17 500 Quadratmetern unter- und überirdisch 1 100 Parkplätze für Personenautos, ferner 17 Omnibusbahnsteige angelegt worden." Der Redakteur muss beim Schreiben des Artikels an das Guinnes-Buch der Rekorde gedacht haben, seine Begeisterung für das gigantische Bauprojekt in der Stadtmitte Bielefelds schien keine Grenzen zu kennen.

Der Kesselbrink, vormals ein großzügig angelegter innerstädtischer Park, befand sich nach dem Zweiten Weltkrieg in einem verwahrlosten Zustand. Auf staubigem oder bei nassem Wetter, schlammigem Boden wurden Autos abgestellt und mehrmals im Jahr eine Kirmes veranstaltet. Die Stadtplaner im Rathaus sahen ihn bald als den einzigen großen, nicht verbauten Platz in der Innenstadt, der „sich in Zukunft zwangsläufig zu einer Verkehrsspinne ersten Ranges entwickeln" würde. Er sei prädestiniert, sowohl „zur Lösung des Problems des ruhenden Verkehrs in der Innenstadt beizutragen", als auch „den zahlreichen Omnibuslinien, die täglich Zehntausende von Pendlern in die Stadt hineinschleusen, als Kopfstation zu dienen".

Jahrelang war der neu gestaltete Kesselbrink ein verkehrspolitisches Vorzeigeprojekt der Stadt. Als in den achtziger Jahren die Tiefgaragen zu einem Sanierungsfall wurden und der Busbahnhof an Bedeutung verlor, geriet der Platz wieder in die Diskussion. Kritiker bemängelten, dass die großflächige Anlage und die umlaufenden Straßen ausufernd wirkten. Der Kesselbrink könne daher nicht als Platz wahrgenommen werden. Die beliebige Randbebauung verstärkte noch diesen Effekt. Viele Bürger bekannten sich zu dem Wunsch, die historische Gestalt des Kesselbrinks wiederzugewinnen. Ein Ideenwettbewerb, den die Stadt 1990 auslobte, blieb ohne Konsequenz. Zu Beginn des dritten Jahrtausends gehört der Kesselbrink noch immer zu den städtebaulichen Sorgenkindern, die dringend einer Neukonzeption bedürfen.

1965

1. Januar: Baumheide wird mit seinen 530 Einwohnern in die Stadt Bielefeld eingemeindet.

20. Januar: Im Zuge der Haushaltsdebatte kommt es im Rat zu einer mehrstündigen Diskussion über den politischen Charakter der „Blätter des Jugendkulturrings".

26. Mai: Erstmals nach 120 Jahren begibt sich eine englische Königin auf Staatsbesuch in Deutschland. Am Brackweder Bahnhof winkt die Queen aus ihrem Sonderzug der jubelnden Menge zu.

1. Juli: Bielefeld wird „Weißer Kreis". Die seit dem Krieg praktizierte Wohnraumbewirtschaftung einschließlich der Mietpreisbindung ist damit aufgehoben.

3. November: Nach 10-jähriger Bauzeit wird die Staatliche Ingenieurschule an der Wilhelm-Bertelsmann-Straße ihrer Bestimmung übergeben.

6. Dezember: Einweihung der ersten Werkshalle der Firma Gildemeister in Sennestadt. Die Fläche am Bielefelder Bahnhof bot keine weiteren Expansionsmöglichkeiten.

Wilhelm Heiner (1902–1965)

Der Kulturpreisträger von 1956/57, das „enfant terrible" unter den Bielefelder Künstlern, hat den neuen Sockel des Leineweberbrunnens gestaltet. Bekannt geworden sind die Bilder Wilhelm Heiners aus dem Orchester- und Theatermilieu sowie Bühnenbilder für Opern von Strauß und Verdi und nicht zuletzt Glasmalereien. Im Bielefelder Rathaus sind Porträts der Oberbürgermeister Huber, Prieß und Stapenhorst zu sehen, die von Wilhelm Heiner in den frühen Sechziger Jahren geschaffen wurden. 1965 starb er in seinem 63. Lebensjahr.

1966

12. Januar: Großbrand bei Kochs-Adler-Nähmaschinenwerken durch eine Kohlenstaubexplosion.

7. Mai: Mit großem Erfolg führt der Musikverein, vom Kinderchor und dem Städtischen Orchester unterstützt, erstmals in Bielefeld das „War-Requiem“ von Benjamin Britten auf.

6. Juni: Nach jahrelangem Hin und Her steht fest, dass der Bielefelder Voltmannshof der Standort für eine nordrhein-westfälische „Reform-Universität“ wird.

31. Juni: Stadt und Landkreis gründen gemeinsam mit der Industrie- und Handelskammer die Flugplatz Ostwestfalen-Lippe GmbH. Sie soll den Nahverkehrsflugplatz Nagelsholz auf den Weg bringen.

3. November: Festakt zum 150-jährigen Bestehen des Landkreises Bielefeld.

17. Dezember: Eröffnung des Historischen Museums im Waldhof. Prof. Engel vom Historischen Verein für die Grafschaft Ravensberg forderte die Zeitgenossen auf, künftig im stadtgeschichtlichen Sinne bewusster zu denken.

Prof. Dr. August Terbrüggen (1902–1966)

Von 1948 bis zu seinem Tod war August Terbrüggen Chefarzt des Pathologischen Instituts des Städtischen Krankenhauses. Er rief 1949 den Bielefelder ärztlichen Fortbildungskurs ins Leben, dessen langjährige Leitung er auch übernahm. Seit 1961 zeichnete er für den Aufbau und die Leitung der Lehranstalt für medizinisch-technische Assistentinnen verantwortlich. Für seine Bemühungen um den medizinischen Nachwuchs wurde ihm 1963 die Ernst-von Bergmann-Plakette verliehen. Am 7. Juli 1966 ist Professor Terbrüggen gestorben.

Die neueste Technik konnte in der Kreisberufsschule eingesetzt werden

„In dieser Schule unterrichtet zu werden, muss schon eine Freude sein!“

Die Kreisberufsschule an der Rosenhöhe

„Wir brauchen Menschen, die nicht beim Auftauchen eines neuen Problems fragen, haben wir das denn schon gehabt, sondern Lehrlinge, die sich dem Problem stellen und es zu lösen versuchen.“ Staatsminister Dr. Kohlhase wünschte sich von der neuen Kreisberufsschule, die im Beisein zahlreicher Ehrengäste am 27. Oktober 1966 eingeweiht wurde, dass sie junge, in der Ausbildung stehende Menschen zu diesem Handeln befähigte. „In dieser Schule unterrichtet zu werden, muss schon eine Freude sein“, schrieb anderntags die Westfälische Zeitung.

Die neue Kreisberufsschule war für gut 17 Millionen Mark in dreijähriger Bauzeit am Rosenberg in Senne I errichtet worden. Am Südhang des Teutoburger Waldes sollten in vier Schulgebäuden rund 3 000 Jugendliche unterrichtet werden. Eine Turnhalle gehörte genauso zu der Anlage wie zwei Hausmeisterwohnungen. Die Schule sei modern und zweckmäßig, lobten die Zeitgenossen und wiesen besonders darauf hin, dass in lichtfreien Räumen unterrichtet werden könne und die Stühle „nach orthopädischen Gesichtspunkten“ ausgesucht worden seien. Die Einrichtung der gewerblichen Abteilung entsprach dem neuesten Stand der Technik. In Demonstrations- und Übungsräumen wurden die Funktionen von Maschinen und Motoren didaktisch aufbereitet, konnte die Grundlage jeder Technik vermittelt werden.

In der Bildung von Jungen und Mädchen wurden 1966 noch zeittypische Unterschiede gemacht. „Die Mädchen der gewerblichen und kaufmännischen Berufsgruppen erhalten außer ihrem berufsbezogenen Unterricht auch eine Unterweisung in hauswirtschaftlichen Fächern, damit sie neben ihrem Beruf für die spätere Tätigkeit als Frau und Mutter vorbereitet werden.“ Auch die „jungen Mädchen“, die nach der Volksschule nicht sofort ins Berufsleben einsteigen wollten, sollten auf die „hauswirtschaftliche, sozialpflegerische und kulturelle Aufgabe der Frau in der Familie“ eingestimmt werden.

Der Neubau der Kreisberufsschule war notwendig geworden, nachdem die Stadt Bielefeld im Oktober 1959 eine Verordnung erlassen hatte, die den Schulbezirk für Berufsschulen mit den Grenzen der Stadt gleichsetzte. Während die Berufsschüler aus dem südlichen Landkreis nach wie vor in Brackwede zur Schule gingen, war jenen aus Dornberg, Jöllenbeck und Heepen rechtlich der Weg zu den Bielefelder Berufsschulen versperrt. Stadt und Landkreis schlossen zwar 1960 eine Vereinbarung ab, die eine Aufnahme von Berufsschülern aus dem Landkreis für eine Übergangszeit regelte, dennoch war schnelles Handeln angesagt. Die städtische Berufsschule Brackwede ging noch 1960 in die Trägerschaft des Landkreises über. Im Februar 1961 beschloss der Kreistag, im Raum Brackwede eine neue Berufsschule zu bauen und erwarb im Dezember des gleichen Jahren das Gelände am Rosenberg. Einen beschränkten Wettbewerb, der im Januar 1962 ausgeschrieben wurde, gewann der Bünder Architekt Hans Holzapfel, der auch mit der Ausarbeitung der Pläne beauftragt wurde.

Als die neue Kreisberufsschule im Oktober 1966 eingeweiht wurde, rühmte Landrätin Else Zimmermann, dass die Bauzeit die Planungszeit um zwei Monate unterschritten habe. Eine Woche vor dem großen Festakt zum 150-jährigen Jubiläum des Bielefelder Landkreises am 3. November 1966 war auch dies ein Grund zur Freude.

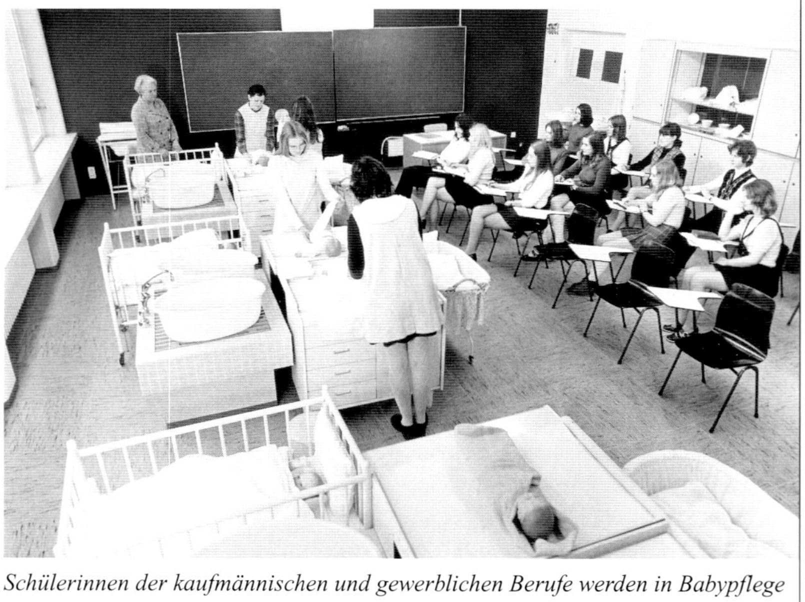

Schülerinnen der kaufmännischen und gewerblichen Berufe werden in Babypflege ausgebildet

Sennestadt im Jahr 1968: Im Mittelpunkt ist die markante St. Thomas Morus-Kirche an der Rheinallee zu sehen

„Baue, wohne und wirtschafte zeitgemäß“

Die erste Sennestädter Wirtschaftsschau wird eröffnet

Bürgermeister Hans Vogt war skeptisch, als er sich am 29. April 1967 um 14 Uhr auf der Sennestädter Maiwiese umsah. Gerade einmal hundert Menschen hatten sich dort versammelt, zum größten Teil „Offizielle“, die eingeladen worden waren. Aus den Lautsprechern ertönte die „Leichte Kavallerie“ von Franz von Suppé, und die Fontänen einer Wasserorgel sprudelten in die Höhe. Die erste Wirtschaftsschau, die unter dem Moto „Baue, wohne und wirtschafte zeitgemäß“ stand, wurde eröffnet.

„Wir haben nicht den Ehrgeiz, eine Messestadt zu werden“, erklärte Bürgermeister Vogt. Die Ausstellung passe aber gut in die junge Sennestadt, die erst seit zwei Jahren über Stadtrechte verfügte. „Wir haben als Stadt unserer Wirtschaft die Möglichkeit gegeben, ihre Erzeugnisse einmal vor einem breiteren Publikum zu zeigen.“ Für eine Woche verwandelte sich die Maiwiese in ein Messegelände, das, so wünschte es sich der aus Stuttgart kommende Ausstellungsleiter Kurt Beermann, 100 000 Menschen anziehen sollte. Danach sah es anfangs aber nicht aus. Am Eröffnungstag, es war ein Samstag, hielten die Hörfunk- und Fernsehberichte über die Fußball-Bundesliga mögliche Ausstellungsbesucher von der Maiwiese fern. Am frühen Abend kamen dann aber doch die Menschen scharenweise. Am zweiten Messetag bildeten sich auf der Bundesstraße 68 die ersten Staus. Kaum 24 Stunden nach der Eröffnung konnte bereits der zehntausendste Besucher begrüßt werden. Der Mann, der aus Lage angereist war, erhielt einen Gutschein über 150 Mark.

Was lockte die Menschen auf die Maiwiese? Die WISA, wie die Wirtschaftsschau bald genannt wurde, richtete sich an Verbraucher. Über schlüsselfertige Häuser und deren Finanzierung konnten sie sich informieren oder Anregungen gewinnen, einen Garten zu gestalten. Auch vom Urlaub im Wohnwagen oder Zelt und von neuen Autos durfte auf der Maiwiese geträumt werden: Verschiedene Händler priesen die neuesten Modelle an. Viele der 206 Aussteller sprachen die „Do-it-yourself-Bewegung“ an. „Ist es Spiel, Entspannung, Freizeitgestaltung, was der Mann, die Frau, die ‚alles selbst machen‘, in ihrer Betätigung suchen?“, fragte der Messeführer. Es sei vor allem „ein köstliches Gefühl, mit eigenen Händen etwas geschaffen zu haben, was nützlich ist.“

Andere Aussteller wandten sich an die Hausfrau. Praktische Küchenhilfen wurde angeboten, wie zum Beispiel ein Spezialschaber für Spargel und Kartoffeln, der von Links- und Rechtshändern bedient werden konnte, oder ein Dosenöffner, mit dem auch Fischdosen gefahrlos und leicht zu öffnen waren. Das Bundeslandwirtschaftsministerium informierte über ein leidiges Thema der Zeit: Übergewicht. „Iss mit Verstand“, hieß das Gebot der Stunde, das den Blick auf die Produkte und die Mengen schärfen sollte. „Grundregeln für einen guten Einkauf“ rundeten diesen Programmteil ab.

Und schließlich wurde auch für Unterhaltung gesorgt. Dazu gehörte ein „großer Frühschoppen bei Blasmusik und Bieranstich“ zum Vatertag, aber auch der Auftritt von Heino Conty, dem „stimmungsgewaltigen Baß-Bariton“ den die wachsende Gemeinde der Fernsehbesitzer aus der beliebten Unterhaltungsserie „Haifischbar“ kannte.

Die anfängliche Skepsis war bald verflogen. Das Konzept der WISA ging auf. Jahr für Jahr wird seitdem in Sennestadt die Wirtschaftsschau veranstaltet, die sich mit ihren Produkten an die Verbraucher richtet.

1967

10. Januar: Die Stadtwerke nehmen zur Entlastung von Schaffnern und Fahrern in Bussen und Straßenbahnen erstmals Automaten für Sammelfahrkarten in Betrieb. Am Ende des Jahres wird aus Gründen der Rationalisierung mit dem „eisernen Schaffner“ erstmals der Einmannbetrieb aufgenommen.

22. März: Für den Bau der „Kaufhalle“ an der Bahnhofstraße wird das Hotel Vierjahreszeiten abgebrochen. Fast unbeschadet hatte es den Zweiten Weltkrieg überstanden.

6. Juni: Schweigemarsch der Studenten der Staatlichen Ingenieurschule zum Tode des Berliner Studenten Benno Ohnesorg.

14. September: Auf der größten Baustelle Bielefelds, dem Fernmeldeamt am Kesselbrink, wird der Grundstein gelegt. Nachdem im März die letzten Vorgängerbauten abgebrochen worden waren, konnte im Mai mit den Ausschachtungsarbeiten begonnen werden.

3. Dezember: Am 1. Advent wird die Neustädter Marienkirche mehr als 23 Jahre nach ihrer teilweisen Zerstörung wiedereröffnet. Präses Wilm: „Diese Kirche möge uns allen zum Frieden dienen!“

Klaus Schwickert (geb. 1931)

Am 6. November 1967 wählte der Kreistag den Berufsberater Klaus Schwickert mit großer Mehrheit zum neuen Landrat. Der Landtagsabgeordnete und Vorsitzende der SPD-Kreistagsfraktion trat die Nachfolge von Else Zimmermann an, die aus gesundheitlichen Gründen ihren Rücktritt erklärt hatte. Klaus Schwickert, seit 1975 auch Oberbürgermeister von Bielefeld, war der letzte Landrat des bei der Gebietsneuordnung aufgelösten Landkreises. Lange setzte er sich energisch für die Selbständigkeit der Gemeinden ein. Als Teile des Landkreises dem Kreis Gütersloh zugeschlagen werden sollten, sprach er sich dann aber für die „große Bielefelder Lösung“ aus.

1968

3. Januar: Die Staatliche Bauleitung für die Universität Bielefeld nimmt ihre Arbeit auf.

17. Februar: Auf dem Alten Markt findet eine Demonstration gegen die Notstandsgesetze statt.

23. März: Die Albert-Schweitzer-Schule in Senne I wird eingeweiht.

21. Mai: In Anwesenheit von Ministerpräsident Kühn wird der Grundstein für die Universität Bielefeld gelegt.

26. Mai: Die Stadt erwirbt das 61 000 Quadratmeter große Gelände der Ravensberger Spinnerei. Auf dem Gelände soll ein Straßenkreuz entstehen.

24. September: Die Verhandlungen über die kommunale Gebietsreform werden aufgenommen.

9. Oktober: Das Kreiskrankenhaus Möllerstift in Brackwede wird dem Verein „Lebenshilfe für das geistig behinderte Kind" zur Verfügung gestellt.

2. November: Als erste Ordinarien werden die Professoren Hartmut von Hentig, Franz-Xaver Kaufmann und Niklas Luhmann an die Universität Bielefeld berufen.

Alex Funke
(geb. 1914)

Als Sohn eines Missionars in Togo geboren, musste Alex Funke in den dreißiger Jahren sein theologisches Examen geheim im Keller des Wuppertaler Gemeindehauses ablegen, um nicht von der Gestapo entdeckt zu werden. Nach dem Krieg arbeitete er als Studenten- und Gemeindepfarrer und war Leiter des Volksmissionarischen Amtes und Predigerseminars der Westfälischen Landeskirche. Am 22. März 1968 wurde Pastor Alex Funke zum Leiter der von Bodelschwinghschen Anstalten ernannt. Er blieb es bis 1979.

Die Kunsthalle zählt zu den herausragenden architektonischen Sehenswürdigkeiten der Stadt

Die Schatten der Vergangenheit ...

Die Eröffnung des „Richard-Kaselowsky-Hauses"

Es sollte das Ereignis des Jahres werden. 1968 erhielt Bielefeld eine Kunsthalle, um die wesentlich größere Städte das ostwestfälische Zentrum beneideten. Bereits 1959 hatte Oberbürgermeister Ladebeck dem Rat mitgeteilt, dass der Bielefelder Unternehmer Rudolf August Oetker der Stadt ein Museum schenken werde. Sollte das Haus ursprünglich neben dem städtischen Kunstbesitz und Räumen für Wechselausstellungen auch das Naturkunde- sowie ein geplantes Industriemuseum aufnehmen, so konzentrierte sich die Planung bald auf die Gründung eines reinen Kunsthauses. Während die Stadt lediglich das Grundstück zu stellen hatte, zeichnete der Stifter für die Baugestaltung und Wahl des Architekten verantwortlich. Der einstimmige Beschluss des Rates, ein neues Kunsthaus zu errichten und es nach dem Stiefvater Rudolf August Oetkers, der während des Zweiten Weltkriegs bei einem Bombenangriff ums Leben kam, „Richard-Kaselowsky-Haus" zu nennen, folgte im Januar 1965.

Oetker hatte mit Philip C. Johnson einen renommierten amerikanischen Architekten gefunden, dessen Pläne, von großem öffentlichen Interesse begleitet, bis 1968 umgesetzt waren. Bielefeld erhielt damit eine der herausragenden architektonischen Sehenswürdigkeiten der Stadt. Als im August die letzten Vorbereitungen für die glanzvolle Eröffnung getroffen wurden, stellte ein Flugblatt des politischen Clubs „Linke Baracke" die Frage, ob es keinen würdigeren Namen für die Kunsthalle gebe. Schließlich sei Kaselowsky Mitglied des „Freundeskreises Himmler" gewesen. Bei diesem Kreis handelte es sich in der NS-Zeit um einen Zusammenschluss von Vertretern aus Wirtschaft, Industrie und Großbanken sowie von Beamten der Reichsministerien und von höheren SS-Führern, der u. a. mit Spenden an die SS in Erscheinung getreten war.

Das Flugblatt schlug wie eine Bombe ein. Reaktionen blieben nicht aus. Oetker betonte mit Nachdruck, dass bei dem Wunsch, der Kunsthalle einen Namen zu geben, die menschliche Würdigung seines zweiten Vaters im Vordergrund stehe, dessen politisches Engagement dagegen keine Rolle spiele. Diese Haltung wurde auch vom Rat geteilt, der sich noch einmal ausdrücklich für die Namensgebung aussprach. Zur gleichen Zeit teilte Nordrhein-Westfalens Ministerpräsident Kühn mit, dass er an der Eröffnung nicht teilnehmen werde. Auch der Komponist Hans Werner Henze ging auf Distanz. Er hatte im Auftrag von Rudolf August Oetker ein Klavierkonzert geschrieben, dessen Uraufführung den festlichen Charakter der Einweihung unterstreichen sollte. Vor diesem Hintergrund sagte der Rat nach Rücksprache mit dem Stifter der Kunsthalle die Einweihungsfeierlichkeiten ab.

Die Krise hatte aber längst ihr Lokalkolorit verloren. Überregionale Tages- und Wochenzeitungen berichteten über die Bielefelder Ereignisse, selbst im Fernsehen wurde Oberbürgermeister Hinnendahl befragt. Mit viel Prominenz, aber ohne einen besonderen Festakt erfolgte am 27. September die Eröffnung. Vor dem Museum fanden, wie schon in den Wochen zuvor, Demonstrationen gegen die Namensgebung statt.

Die Bielefelder Kunsthalle wurde bald ein international anerkanntes Museum für die Kunst des 20. Jahrhunderts. Der Name blieb aber weiterhin strittig. Während der Rat 1985 den Beschluss von 1965 bestätigte, sprach er sich 1998 für die Streichung des Namens aus. Die Diskussion um das „Richard-Kaselowsky-Haus" hatte auch im 30. Jahr des Museums nichts von ihrer Schärfe eingebüßt.

Universitätsgelände Anfang der Siebziger Jahre. Die „Zähne"der künftigen Druckfabrik wachsen in die Höhe

Erlösung aus dem akademischen Aschenbrödel-Dasein

Eine Universität für die ostwestfälische Metropole

Am 17. November 1969 öffnete die Universität für die ersten etwa 270 Studierenden der Fächer Mathematik, Rechtswissenschaft und Soziologie ihre Pforten. Ohne großes Brimborium startete der Vorlesungsbetrieb. Vorläufig mussten die Veranstaltungen im Aufbau- und Verfügungszentrum, der heutigen Fachhochschule, stattfinden. Das eigentliche Universitätsgebäude steckte noch mitten in der Planung.

Jahrelang hatte das Wettrennen der Bewerberstädte Bielefeld, Detmold, Herford, Paderborn und Soest um die begehrte Bildungseinrichtung gedauert. Nachdem 1960 der Wissenschaftsrat einen eklatanten Mangel an Hochschulen festgestellt und die Gründung neuer Universitäten angeregt hatte, die möglichst in bildungspolitisch unterversorgten Gebieten liegen sollten, signalisierten Vertreter aus Politik und Wirtschaft Interesse an einer Hochschule. Doch zunächst passierte nichts. Erst nach einigen Jahren Pause wurde das Thema wieder hochgekocht: Die Lokalpresse forderte: „Ostwestfalen muss aus seinem akademischen Aschenbrödel-Dasein endlich erlöst werden." Stadt- und Landkreis machten sich gemeinsam auf die Suche nach möglichen Bauplätzen. Mehrere Standorte wurden in die engere Wahl gezogen: Theesen-Vilsendorf, Oldentrup-Brönninghausen und Bielefeld-Großdornberg. Einen vierten möglichen Standort hatte man gemeinsam mit Herford in Brake ausgeguckt.

Im November 1965 fiel im Düsseldorfer Kabinett die Standortentscheidung zugunsten des Großraums Bielefeld. Im folgenden Jahr wurde der Voltmannshof angekauft. Hier baute das Land nach dem Vorschlag der Architektengemeinschaft Köpke, Kulka, Töpper, Siepmann und Herzog in den Jahren 1971 bis 1976 ein Universitätsgebäude „der kurzen Wege". Alle 14 Fakultäten wurden in einem Komplex zusammengefasst und durch eine zentrale Halle verbunden, die ihrer Funktion als Kommunikations- und Begegnungszentrum sichtlich gerecht wird.

Bereits im März 1965 war der als fortschrittlich bekannte Soziologe Helmut Schelsky aus Münster mit der Planung einer ostwestfälischen Hochschule beauftragt worden. Die anvisierte Neugründung sollte eine kleine Reformuniversität werden, in der die Einheit von Forschung und Lehre wieder zusammengebracht und die Grenzen zwischen den Disziplinen durchlässiger werden. Insbesondere das Zentrum für interdisziplinäre Forschung (ZiF) bringt bis heute Wissenschaftler der unterschiedlichsten Fachgebiete zusammen.

War die Universität nach ersten Planungen für 3500 Studierende vorgesehen, so musste diese Zahl schon 1970 auf 5500 korrigiert werden. Im Jahre 2000 sind immerhin rund 20000 Personen eingeschrieben. Die ersten Prognosen über das Einzugsgebiet der neuen Hochschule bewahrheiteten sich: Die meisten Studierenden kommen heute aus der Region Ostwestfalen-Lippe.

1969

3. Januar: Dr. Hans Thimme wird als Präses der Evangelischen Kirche von Westfalen eingeführt.

30. Mai: Die erste Fußgängerstraße der Innenstadt, vom Alten Markt bis zum Jahnplatz, wird eröffnet.

19. April: Die Ravensberger Seidenweberei in Jöllenbeck, die seit längerem rote Zahlen schreibt, stellt ihre Produktion ein.

2. Juli: Der Rat der Stadt weigert sich, der NPD den Rathausbalkon als Rednertribüne für Wahlversammlungen zur Verfügung zu stellen. Der Schillerplatz darf nach einer Entscheidung des Verwaltungsgerichts jedoch nicht als Versammlungsort versagt werden.

10. September: Für den ersten „Spatenstich" zum Bau der unterirdischen Stadtbahn ist ein Bohrmeißel notwendig, der sich in Anwesenheit des Landesbauministers Dr. Kohlhase in das Pflaster der Herforder Straße hineinfrisst.

Prof. Dr. Helmut Schelsky (1912–1984)

Nachdem die Landesregierung sich für Bielefeld als Universitätsstandort entschieden hatte, entdeckte die CDU der Konkurrenzstadt Paderborn „braune Flecken" in der Vergangenheit des mit dem Aufbau der Hochschule beauftragten Soziologen Schelsky. Wegen einer ideologischen Schrift aus dem Jahr 1934, die Schelsky selbst als Jugendsünde abtat, trat er aus dem Gründungsausschuss der Universität aus. Zwar wurde er kurze Zeit später wieder in das Gremium aufgenommen und konnte auf diese Weise seine Reformpläne durchsetzen, auf eine mögliche Stelle als Gründungsrektor musste er jedoch verzichten. Im Oktober 1969 nahm er den Ruf der Bielefelder Universität als ordentlicher Professor an.

1970

13. Februar: Sechster Großbrand innerhalb eines Jahres bei den Benteler-Werken. Erst nach vier Stunden können die fast 100 Wehrmänner das Feuer unter Kontrolle bringen.

15. März: Bei einer Protestkundgebung gegen den Krieg in Vietnam auf dem Alten Markt spricht Max von der Grün als Hauptredner.

27. Juni: DSC Arminia steigt nach einem 2:0-Sieg über Tennis-Borussia Berlin in die Bundesliga auf. Die jubelnden Fans begrüßen ihre Elf mit einem Autokorso.

4. Juli: Buntes Programm zur Einweihung der Bahnhofstraße als Fußgängerzone. Dr. Ernst Leffers übergibt den Spindelbrunnen, dem die Bielefelder sogleich die Bezeichnung „Preisspirale" geben.

26. September: Mit einem Feuerwerk verabschieden sich die Schützen von ihrem alten Domizil auf dem Johannisberg. Nach dem Abriss der Ruine entsteht dort ein Hotel.

8. Oktober: Während der Vorführung des Films „Die Feuerzangenbowle" durchlägt eine herabstürzende Mauer die Decke des Palast-Theaters an der Niedernstraße. Die Zuschauer kommen mit einem Schrecken davon.

Wilhelm Wilms (1889–1970)

Der in Brackwede geborene Wilhelm Wilms wurde nach seinem Studium der Volkswirtschaftslehre, Philosophie und Geschichte Syndikus der Handelskammer Detmold. 1919 wechselte er als zweiter Syndikus nach Bielefeld. 1946 erfolgte seine Ernennung zum Hauptgeschäftsführer der hiesigen Handelskammer. Wilms engagierte sich ehrenamtlich für das Ravensberger Land, mit dem er sich stark verbunden fühlte. Er nahm Ämter im Vorstand des Verschönerungsvereins, der Bielefelder Turngemeinde sowie des Gebirgsvereins Teutoburger Wald wahr.

Als im August 1971 im Werk Schildesche ein Großfeuer die Musterkarten für die Jacquardwebstühle vernichtete, führte das zu erheblichen Umsatzrückgängen

Tradition allein reicht nicht mehr

Krisenmanagement in der Textilindustrie

„Fusion in der Bielefelder Leinenindustrie perfekt", so titelte die Neue Westfälische Anfang Juni 1970. Der Absatz des Produktes, das den Namen der Stadt auch international bekannt gemacht hatte, war dramatisch zurückgegangen. Nach einer Scheinblüte sah sich die Bastfaserindustrie spätestens seit dem Ausbruch der Wirtschaftskrise Mitte der 1960er mit drastischen Umsatzrückgängen konfrontiert. Auch die Webereien in Schildesche und an der Teutoburger Straße sowie die Ravensberger Spinnerei, die nach dem Zweiten Weltkrieg ihre Maschinenparks gründlich modernisiert hatten, gerieten nun in Bedrängnis. Durch einen Anstieg der Rohstoffpreise erhöhten sich auf der einen Seite die Produktionskosten, auf der anderen Seite wurde die Preisdifferenz zwischen Leinenartikeln und Baumwoll- und Kunstfaserprodukten immer größer. Als Massenware hatte Leinen keine Chance mehr.

In dieser Krisensituation versuchten sich die Textilunternehmen durch gegenseitige Aufkäufe und Firmenbeteiligungen zu stärken. So entschied sich die Leitung der Ravensberger Spinnerei, die innerhalb von zwei Jahren ein Defizit gemacht hatte, das der Höhe des gesamten Aktienkapitals entsprach, zu einer grundlegenden Reorganisation der Firma. Eine Liquidation oder Umstellung auf eine Immobiliengesellschaft, wie es die Kleinaktionäre gefordert hatten, schlossen die Mehrheitsaktionäre jedoch aus. Stattdessen erfolgte Anfang 1970 die Übernahme einer Flachsspinnerei in Hattorf/Harz, die bisher von der traditionsreichen Oerlinghausener Firma Carl Weber betrieben worden war.

Bald sollte der Konzentrationsprozess weitergehen. So riefen die Bielefelder Webereien AG, die Firma A.W. Kisker, die Ravensberger Spinnerei AG und die Carl Weber & Co. GmbH am 1. Juni 1970 die „Bielefelder Textilwerke GmbH" ins Leben, in der die Fertigung von Haushaltswäsche zusammengefasst werden sollte. Jede der beteiligten Firmen brachte Anteile ein: Die Bielefelder Webereien AG ihr Werk in Schildesche und ihre Näherei in Bielefeld, die Firma A.W. Kisker ihren Betrieb in Mennighüffen und ihre Näherei in Bielefeld, die Carl Weber & Co. GmbH in Oerlinghausen ihren gesamten Betrieb mit Weberei, Druckerei, Näherei und Bettwäschekonfektion. Zunächst wurden auch alle Mitarbeiter übernommen. Nur die Ravensberger Spinnerei AG, die die Garnlieferung für die „Bielefelder Textilwerke" sichern sollte, blieb selbständig, beteiligte sich aber finanziell zu zehn Prozent an der Neugründung. Fortan wurden in Oerlinghausen die Verwaltung und das Lager zusammengefasst. Die ehemalige Mechanische Weberei Ravensberg in Schildesche blieb die einzige von drei Webereien. Die Nähereien reduzierte man auf drei Betriebsstellen, das Werk Mennighüffen wurde ganz stillgelegt.

„Der Entschluss zur Aufgabe unserer Eigenständigkeit ist uns nicht leicht gefallen", war aus der Chefetagen eines beteiligten Unternehmens zu hören. „Wir haben ihn dennoch gefasst in dem Bestreben, unseren Abnehmern auch künftig die hochwertigen Qualitätserzeugnisse zu marktgerechten Preisen liefern zu können." Auf lange Sicht sollte dieser Wunsch nicht in Erfüllung gehen. Die Versuche, die großen Leinenhersteller zu retten, schlugen fehl. 1971 richtete ein Großfeuer in der Weberei in Schildesche beträchtlichen Schaden an. Im Oktober 1973 mussten die Bielefelder Textilwerke aufgeben.

Nicht besser erging es der auf Einlagestoffe spezialisierten Bielefelder Webereien AG an der Teutoburger Straße. Nach dem Verkauf der Aktienmehrheit an auswärtige Investoren und nach diversen Versuchen der Umstrukturierung wurde auch dieser Betrieb 1973 eingestellt. Viele Arbeitsplätze gingen verloren, in das alte Fabrikgebäude zog ein Supermarkt.

Dank umfangreicher Immobilienverkäufe überlebte allein die Ravensberger Spinnerei die Krise. 1972 nahm sie ihre modernen Fabrikationsanlage auf dem Gelände der alten Bleiche in Ummeln in Betrieb. Durch eine Neuausrichtung der Produktpalette konnte sie sich für lange Zeit den veränderten Marktbedingungen anpassen. Doch auch dieses Traditionsunternehmen der Bielefelder Leinenindustrie existiert heute nicht mehr. Am 5. Februar 1988 musste es Konkurs anmelden.

Da war die Welt noch in Ordnung: Arminias Trainer Egon Piechaczek, zweiter von links, im Gespräch mit dem ehemaligen Bundestrainer Sepp Herberger

Schiebung! Schiebung! Schiebung!

Arminia und der Bestechungsskandal

Als Arminia am 1. Mai 1971 den 1. FC Köln auf der Alm mit 1:0 schlug, sprach in Bielefeld keiner mehr vom Abstieg, „aber vom Geld", titelte das Westfalen-Blatt. Um im kommenden Jahr bestehen zu können, sollte eine Million Mark in neue Spieler investiert werden. Geld spielte in der Fußball-Bundesliga-Saison 1970/71 in der Tat eine große Rolle. Doch der Reihe nach.

Bis zum letzten Spieltag am 5. Juni wurde es für die Arminen doch noch einmal knapp. Man stand auf dem 16. Platz und musste gegen Hertha BSC im Berliner Olympiastadion antreten. Bielefeld gewann sensationell mit 1:0 und rettete sich damit auf den sicheren 14. Platz. Die Berliner Fans waren dagegen stocksauer. Mit „Schiebung"-Rufen begleiteten sie ihre Mannschaft in die Kabinen. Aber, so beruhigte die Neue Westfälische, wo rief man das nicht in den letzten Wochen bei den Spielen der Abstiegsgefährdeten?

Ganz andere Töne schlug der Trainer von Kickers Offenbach, Horst Gregorio Cannellas, an, dessen Mannschaft am letzten Spieltag abgestiegen war. Ihm lägen Beweise für Bestechung in der Bundesliga vor. So habe auch die Bielefelder Mannschaft ihren Sieg in Berlin erkauft. Hohe Siege, wie das 7:0 der Münchner Bayern gegen den 1. FC Köln, was Mönchen-Gladbachs Trainer Weisweiler „recht spanisch" vorkam, standen plötzlich in einem anderen Licht. Ehrbezeugungen, Dementis und die helle Empörung herrschten unter Spielern und Verantwortlichen der Vereine.

Die Zeitungen schrieben schon vom Bestechungsskandal, als Tausende von Arminen-Fans drei Tage nach dem glorreichen Spiel ihre Mannschaft auf dem Hauptbahnhof in Empfang nahmen. Unglaubliche Begeisterungsszenen spielten sich bis hart an die Bahnsteigkanten ab. Gerd Roggensack, der Schütze des Tores in Berlin, wurde von der Menge fast erdrückt. Zur gleichen Zeit warf Arminias Präsident Stute dem Offenbacher Trainer vor, „uns in geradezu infamer Weise verdächtigt" zu haben.

An diesem Tenor änderte sich wochenlang nichts. Als am 14. August Arminias zweites Bundesligajahr begann, beschäftigte der Skandal zwar die Gerichtsbarkeit des Deutschen Fußballbundes, auch tauchte Bielefeld regelmäßig in den Negativschlagzeilen auf, das Spielfeld schien davon aber unberührt zu bleiben. Das änderte sich am 24. Oktober, als Arminias Präsident die Erklärung abgab, nach der „Mitglieder des Vorstandes über Manipulationen bei verschiedenen Bundesligaspielen informiert" und darin verwickelt gewesen waren.

Fünf Monate später verurteilte das Sportgericht des DFB die Arminen wegen erwiesener Manipulation in fünf Fällen zum Zwangsabstieg in die oberste Amateurliga. Dieses Urteil hätte nicht nur den finanziellen Ruin des Vereins, sondern auch das Ende des bezahlten Fußballs in Bielefeld bedeutet. Die Arminen gingen in Berufung und legten gleichzeitig ein Sanierungskonzept vor, woraufhin der DFB sein Urteil revidierte: Jetzt drohte „nur noch" der Abstieg in die Regionalliga. Es sollte bis zur Saison 1978/79 dauern, dass die Arminen mit sportlichem Einsatz den Weg zurück in die 1. Bundesliga fanden.

Der Bestechungsskandal blieb noch lange in den Köpfen haften. Auch wenn fast die ganze Bundesliga davon betroffen war, wurde „Bielefeld" zum Synonym des Skandals, unter dem nicht nur Arminia, sondern die ganze Stadt zu leiden hatte.

1971

14. Januar: Bei einem Feuer im Hotel Central an der Wilhelmstraße kommen drei Menschen ums Leben.

20. April: Bühnenarbeiter des Stadttheaters verweigern die Zusammenarbeit mit Spielleiter Artur Gracian. Die Zeitungen sprechen von einem Theaterkrieg, bei dem Intendant Hans-Walther Deppisch ins Kreuzfeuer der Kritik gerät. Am 25. April löst der Rat vorzeitig den Intendantenvertrag auf.

22. Juli: Die Rathaus- und Niedernstraße sollen Fußgängerstraßen werden.

27. November: Dr. Fritz Koppe, Ehrenvorsitzender des Naturwissenschaflichen Vereins, erhält den Kulturpreis der Stadt Bielefeld.

29. November: Der Gebietsänderungsvertrag zwischen Bielefeld und den neun Gemeinden des Amtes Heepen wird unterzeichnet.

17. Dezember: Die Stiftung Volkswagenwerk sagt der Universität Bielefeld die Errichtung eines Instituts für Didaktik der Mathematik zu.

Bernhard Conz (1906–1999)

Von 1951 bis 1974 war Bernhard Conz als Generalmusikdirektor, infolge der Theaterkrise von 1971 bis 1973 auch als Intendant der kreative und ruhende Pol am Stadttheater. Am 18. September 1971 wurde er mit dem Bundesverdienstkreuz Erster Klasse ausgezeichnet. Bernhard Conz betrachtete diese Auszeichnung auch als Ehrung für die Bielefelder Philharmoniker.

1972

15. April: Der DFB revidiert sein Urteil gegen Arminia Bielefeld. Statt der Rückversetzung in die Verbandsliga muss der Verein jetzt in der Regionalliga West spielen.

6. Mai: Rund um den Alten Markt wird das erste Mal in Bielefeld ein Flohmarkt veranstaltet.

10. Juli: An der Universität wird die Fakultät für Physik gegründet.

28. Juli: Auf der Rußheide findet die Deutsche Leichtathletik-Jugendmeisterschaft statt.

24. August: In der Nähe des Tierparks Olderdissen wird ein Waldlehrpfad eröffnet.

7. September: Die Bielefelder Webereien AG (Biwag) geht in den Besitz der Kämmerei Döhren (Hannover) über.

17. Oktober: An der Universität wird die Fakultät für Linguistik und Literaturwissenschaft gegründet.

15. Dezember: Prof. Dr. Werner Maihofer von der juristischen Fakultät der Universität wird Sonderminister in der Bonner sozial-liberalen Koalition.

Dr. Heinrich Becker (1881–1972)

Der Pädagoge und Kunstexperte Heinrich Becker hat 1922 die erste städtische Kunstausstellung ins Leben gerufen und war bis 1933 ehrenamtlich als Kustos tätig. Nach der braunen Diktatur war es seiner Initiative zu verdanken, dass die städtische Kunstsammlung schnell wieder aufgebaut wurde. Bielefeld zeichnete ihn 1965 mit dem Kulturpreis der Stadt aus, der Bielefelder Kunstverein würdigte sein Engagement mit der Ernennung zum Ehrenvorsitzenden. Dr. Heinrich Becker starb am 26. September 1972, an seinem 91. Geburtstag.

Am 9. Januar 1955 wurde das Deutsche Spielkartenmuseum auf der Sparrenburg eingeweiht. Stolz präsentierte Richard Kaselowsky (Bildmitte) die Sammlung. Rechts ist Oberbürgermeister Artur Ladebeck zu sehen

„Eine weitere Verarmung der Bielefelder Kulturlandschaft muss verhindert werden"

Der Verkauf des Deutschen Spielkartenmuseums

Oberbürgermeister Herbert Hinnendahl war entsetzt! Das Spielkartenmuseum auf der Sparrenburg war an die Altenburg-Stralsunder Spielkartenfabrik in Stuttgart-Leinfelden verkauft worden, ohne dass mit ihm im Vorfeld darüber gesprochen worden war. Auch der Vorsitzende des Vereins „Deutsches Spielkarten-Museum", der städtische Kunsthausdirektor Dr. Joachim Wolfgang von Moltke, war „ahnungslos wie eine Taube", als ein Freund ihm von den Verkaufsabsichten erzählte. Es hat den Anschein, dass Bielefeld diesen kulturellen Schatz erst erkannte, als er für die Stadt verloren ging.

Den Grundstock des Schatzes legte die umfangreiche Sammlung des Hamburger Baurats Werner Jakstein. Als diese Sammlung von dem Unternehmer Richard Kaselowsky 1952 erworben wurde, umfasste sie rund 300 Spiele aus allen europäischen Ländern sowie aus Indien, Japan, Korea und China. Weitere Spiele wurden hinzugekauft und seit dem 9. Januar 1955 im neu gegründeten Deutschen Spielkartenmuseum auf der Sparrenburg ausgestellt.

Das Museum erfreute sich von Beginn an großer Beliebtheit und erwarb sich durch zahlreiche Sonderausstellungen im In- und Ausland, so auch auf der Weltausstellung in Brüssel, einen ausgezeichneten Ruf. Museumsdirektor Eberhard Pinder war dafür maßgeblich verantwortlich. Ihm gelang es auch, neue und seltene Stücke für die Sammlung aufzuspüren, die von Kaselowsky, der Firma Gundlach und der Bielefelder Spielkarten GmbH erworben wurden.

Als 1972 die Tage des Spielkartenmuseums in Bielefeld gezählt waren, umfasste dessen Bestand weit über 100 000 Blatt, Grafiken und kunsthandwerkliche Gegenstände. Allerdings konnte es nicht mehr die hohen Besucherzahlen aufweisen, wie im ersten Jahrzehnt seines Bestehens. Eine Ursache sah Kaselowsky in der Eröffnung der Kunsthalle im August 1968. Überdies konnte er sich des Eindrucks nicht erwehren, dass sich das Interesse der Stadt an dem Spielkartenmuseum in Grenzen hielt. Das Museum erhielt keine Zuschüsse, die Kosten für Miete, Strom und Personal wurden von dem Unternehmer getragen. Dagegen garantierte die Übernahme der renommierten Sammlung durch die Altenburg-Stralsunder Spielkartenfabrik, dass das Spielkartenmuseum langfristig weiter bestehen konnte. Allerdings in Stuttgart und nicht in Bielefeld.

Auf die Frage, ob der Verkauf zu verhindern gewesen wäre, antwortete Dr. von Moltke, dass es wie bei einem Kind sei: „Wenn jemand ihm das Spielzeug wegnimmt, fängt es an zu schreien." Als Lokalpatriot sei er „natürlich sehr traurig, dass Bielefeld die Spielkartensammlung" verliere. Da die Spielkartenfabrik aber auch über eine Sammlung verfüge, sei eine Zusammenlegung beider Sammlungen in Stuttgart-Leinfelden „durchaus sinnvoll". Er ziehe aber aus dem Verkauf die Lehre, „dass eine weitere Verarmung der Bielefelder Kulturlandschaft auf jeden Fall verhindert werden" müsse. Im Dezember 1972 schloss das Deutsche Spielkartenmuseum seine Pforten. Die Zeitschrift „Der Skatfreund" brachte es auf den Punkt: Bielefeld ist um eine Attraktion ärmer.

Das Kreishaus, seit 1973 Verwaltungsgebäude für die neue Großstadt

Der Osning ist keine Grenze mehr

Die „neue" Großstadt Bielefeld

Landrat Klaus Schwickert formulierte es nüchtern: „Zum Jahreswechsel 1972/73 wird durch das Gesetz zur Neuordnung der Gemeinden und Kreise im Raum Bielefeld eine Gebietskörperschaft aufgelöst, die 156 Jahre bestanden hat: der Kreis Bielefeld. Alle Gemeinden des Kreises Bielefeld außer der erst seit 1970 eingegliederten Gemeinde Schloss Holte-Stukenbrock sind ab 1.1.1973 Bestandteil der neuen Stadt Bielefeld. Dies ist die Realität." Über Nacht verdoppelte sich die Bevölkerungszahl der Stadt und das Gebiet wuchs auf das Fünffache an. Mit 320000 Einwohnern und einer Fläche von 259 Quadratkilometern zählte Bielefeld nunmehr zu den zwanzig größten Städten der Bundesrepublik.

Seit Kriegsende hatte im Stadtkreis durch den Zuzug von über 30000 Vertriebenen der Bedarf an Flächen für den Wohnungsbau enorm zugenommen und auch die expandierende Industrie benötigte mehr Raum. Längst war die Bebauung an die Grenzen der Kommune gestoßen, die zum letzten Mal 1930 eine beträchtliche Erweiterung erfahren hatte. Zwar nahmen die Landgemeinden die Gewerbebetriebe mit offenen Armen auf, doch fehlte ihnen das Geld, um für die notwendige Infrastruktur zu sorgen. Andererseits musste die Stadt um ihre Gewerbesteuereinnahmen bangen. Dass in der Silvesternacht das letzte Stündlein des Landkreises schlug, wurde daher von vielen Seiten begrüßt.

Kirchturmpolitik – jede Gemeinde hatte bis zur kommunalen Neugliederung für ihr Gebiet die Planungshoheit – behinderte überörtlich Strategien. Sie passte nicht mehr in eine Zeit, in der großräumiges Denken angesagt war. Zukunftsvisionen, etwa ein für uns heute kaum noch nachvollziehbarer Ausbau des Straßennetzes oder der Bau eines Regionalflughafens, hatten aber nur eine Chance auf Verwirklichung, wenn man die Projekte gemeinsam vorantrieb.

Frühzeitig erkannte das Amt Dornberg die Zeichen der Zeit. Bereits im Jahre 1969 schloss es mit der Stadt einen Gebietsänderungsvertrag ab. Auch Brackwede und Jöllenbeck handelten noch kurz vor der kommunalen Neugliederung Sonderregelungen für sich aus. Nur in Sennestadt wehten am 1. Januar die Fahnen auf Halbmast. Auch ein Gang zum Verfassungsgericht konnte die Selbständigkeit der jungen Großsiedlung, die erst 1965 das Stadtrecht erhalten hatte, nicht retten. Das Gericht stellte fest, dass die Erfordernisse Bielefelds als regionales Oberzentrum gegenüber den Interessen Sennestadts Vorrang hätten.

Für Oberstadtdirektor Kuhn waren die Vorteile der Gebietsreform eindeutig: „Die Entscheidungen über die Planung und Stadtentwicklung obliegen zukünftig nicht mehr 23 Gemeinderäten, sondern nur noch einem Rat." Die neugeschaffenen Bezirksvertretungen sollten lediglich eine beratende Funktion erhalten. Nur „der Rat der neuen Stadt kann die zur Verfügung stehenden Finanzmittel nach Prioritätsgesichtspunkten und Notwendigkeiten schwerpunktmäßig dort einsetzen, wo es im Interesse einer geordneten Stadtentwicklung erforderlich ist". Oberbürgermeister Hinnendahl hoffte, dass diese Zentralisierung der Entscheidungsbefugnisse sich auch in der Einstellung der Bevölkerung niederschlagen, das bald ein „Bewusstsein der Einheit", ein „Stadtbewusstsein" entstehen würde. Doch anders als von den Verwaltungsbeamten und Politikern geplant, entwickelte sich etwas, womit wohl kaum jemand gerechnet hatte: eine neue Identifikation mit dem eigenen Bezirk, mit der ehemals selbständigen Gemeinde. Anstatt die Entscheidungen aus dem fernen Rathaus über sich ergehen zu lassen, setzen sich die Bürger für die Belange ihres Stadtteils ein, kämpfen für Bewahrenswertes und beteiligen sich aktiv an Diskussionen um Veränderungen.

1973

12. Januar: Der Studentenprotest gegen die aufwändige Ausstattung des Zentrums für Interdisziplinäre Forschung an der Bielefelder Universität verhindert die geplante Eröffnung.

25. März: Erste Wahl für den Rat der neuen Stadt Bielefeld. Die SPD verfehlt die absolute Mehrheit und arbeitet künftig mit der FDP zusammen.

21. April: Etwa 160 Jugendliche besetzen am Ostersamstag das Brackweder Jugendheim, um eine Wiedereröffnung des Hauses zu erzwingen. Am 26. April wird es von der Polizei geräumt.

11. August: Hobbygeologen finden in Gadderbaum ein unvollständiges Saurierskelett. Mit ihrer tatkräftigen Hilfe werden die Versteinerungen ins Naturkundemuseum gebracht.

22. August: Um eine Teuerungszulage durchzusetzen, tritt die Belegschaft der Rheinstahl AG Brackwede in einen spontanen Streik. Ohne Erfolg wird er nach zehn Tagen abgebrochen.

24. September: Eine Bürgerinitiative protestiert gegen den Ratsbeschluss zum Abriss der Ravensberger Spinnerei. Der Landeskonservator, der nun tätig wird, erklärt das Hauptgebäude zum Baudenkmal.

25. November: Wegen bundesweitem Fahrverbot erster autofreier Sonntag auch in Bielefeld.

Prof. Thyra Hamann-Hartmann (geb. 1910)

Nach einem Studium an der Höheren Fachschule für Textil in Berlin und an der Krefelder Textilschule, wo sie sich mit den Gestaltungsgrundsätzen des Bauhauses vertraut machte, übernahm die in Hamburg aufgewachsene Thyra Hamann-Hartmann 1950 die Textilabteilung der Bielefelder Werkkunstschule. Als eine der führenden Textilkünstlerinnen der Nachkriegszeit erhielt sie zahlreiche öffentliche Aufträge und bedeutende Auszeichnungen. 1973 würdigte die Stadt die „Meisterin der textilen Flächenkunst" mit dem Kulturpreis.

1974

16. Januar: Der Hauptausschuss des Rates beschließt die Erhaltung der Ravensberger Spinnerei. Auf diesem Gelände war ursprünglich eine großzügige Straßenkreuzung geplant.

29. März: Die Stadt übernimmt die Patenschaft für die Besatzung des Zerstörers 5 der Bundesmarine.

17. April: In der Nähe des Brackweder Bahnhofs explodiert ein Kesselzug. Es kommt zu einer Brandkatastrophe mit beträchtlichen Schäden in weitem Umfeld. Ein Wohnhaus wird zerstört, vierzehn Familien sind vorübergehend obdachlos.

21. Juni: Bernhard Conz, seit 1951 Generalmusikdirektor in Bielefeld, wird vom Rat offiziell verabschiedet.

19. Juli: Heiner Bruns wird neuer Intendant der Städtischen Bühnen.

7. September: Dr. Joachim Wolfgang von Moltke, von 1962 bis 1974 Museumsdirektor, wird mit dem Kulturpreis der Stadt Bielefeld ausgezeichnet.

24. September: Die Skulptur „Großes Oval“ von Henry Moore wird im Museumsgarten aufgestellt.

30. Oktober: Die Ankerwerke entlassen zweihundert Mitarbeiter.

28. November: An der Universität konstituiert sich die Fakultät für Wirtschaftswissenschaften.

Dr. Else Buddeberg (1890–1974)

Die gebürtige Berlinerin Else Buddeberg studierte Rechtswissenschaften, politische Ökonomie und Philosophie in Bern und Berlin und promovierte in Jena zum Dr. jur. Als Literaturwissenschaftlerin von Rang sorgte sie in der Fachwelt mit einer Rilke-Biographie und Arbeiten über die Existenzphilosophie Martin Heideggers für Aufsehen. Ihr schriftstellerisches Werk würdigte die Stadt 1957 mit dem Bielefelder Kulturpreis, der in diesem Jahr zum ersten Mal verliehen wurde. Dr. Else Buddeberg starb am 25. April 1974.

Offene Unterrichtsräume unter einem Sheddach vereint zeichnen Laborschule und Oberstufenkolleg aus.

„Einmalig für die Bundesrepublik, neue Maßstäbe in Europa“

Laborschule und Oberstufenkolleg

Die Zeitungen waren voll des Lobes, als im Sommer 1974 auf dem Gelände der Universität die Laborschule und das Oberstufenkolleg erkennbare Konturen annahmen: Unter einem großen Sheddach waren die Forschungsprojekte der Universität zusammengefasst. Laborschule und Oberstufenkolleg seien „in doppelter Hinsicht einmalig für die Bundesrepublik“, führte die Neue Westfälische aus. Zum einen werde hier pädagogisches Neuland betreten und Lösungen wechselnder Probleme im Schulbereich vorbereitet. Soziales Lernen und neue Kriterien von Leistungsbewertungen sollten hier genauso auf der Tagesordnung stehen wie der fließende Übergang vom Kolleg in die Universität durch die Anrechnung von Grundstudiumsanteilen bis zur Zwischenprüfung. Zum anderen setze der „Schulbau völlig neue Maßstäbe, möglicherweise für ganz Europa“. Statt der gewohnten Klassenräume gebe es hier offene Unterrichtsfelder. Das Rückgrat des Gebäudes werde von einer „Schulstraße“ gebildet, von der „kammartig“ die Erschließungswege abgehen.

In den Bielefelder Schulprojekten spiegelt sich der Reformeifer der späten Sechziger Jahre, aber auch die Ernüchterung angesichts vorherrschender Wirtschaftskrise und leerer öffentlicher Kassen in den Siebziger Jahren wider. Als Hartmut von Hentig 1968 dem Ruf an die im Aufbau befindliche Bielefelder Universität folgte, wurden die von ihm konzipierten Versuchsschulen „Laborschule und Oberstufenkolleg“ in die Liste der Strukturmerkmale der Reformuniversität aufgenommen. Eine aus Vertretern des Gründungsausschusses der Universität und des nordrhein-westfälischen Kultusministeriums gebildete „Planungskommission Schulprojekte“ sah ursprünglich das Jahr 1972 als Gründungsjahr vor. Im November 1972 erfolgten jedoch erst die Erdarbeiten. Als der Landesfinanzminister aus Kostengründen die Nutzungsflächen um 1 500 qm reduzieren wollte, drohten von Hentig und die Aufbaukommission, die Schulprojekte aufzugeben. Dieser Einschnitt konnte noch abgewendet und der Neubau für 33, 8 Millionen Mark fertiggestellt werden. Nachdem der Unterricht am 9. September 1974 aufgenommen worden war, fand am 18. September die offizielle Schuleröffnung statt.

Ruhe kehrte damit allerdings nicht ein. Hartmut von Hentigs Grundidee, eine sinnvolle Verbindung zwischen Schule und Hochschule zu schaffen, war aus der Sicht des Kultusministeriums mit dem Numerus Clausus nicht zu vereinbaren. Monatelange Diskussionen über Prüfungsordnungen, letztlich auch über die Notwendigkeit der Versuchs- und Modellschulen, die von einzelnen Politikern in Frage gestellt wurde, schufen ein gespanntes Klima. Während das Ende der Reform und eine mögliche Schließung wie ein Damoklesschwert über den Schulen hingen, wurden unweit der Universität Kinder, Jugendliche und junge Erwachsene auf den „Ernst des Lebens“ vorbereitet. 1974 zählte die Laborschule 700 Bewerber, von denen 180 Aufnahme fanden, und das Oberstufenkolleg musste aus 800 Bewerbungen 220 auswählen. Seit der Eröffnung haben die Modellschulen jungen Menschen den Weg ins Studium und Berufsleben geebnet. Dieser Erfolg von Laborschule und Oberstufenkolleg als auch die Notwendigkeit, neue Formen des Lernens und Bewertens zu entwickeln, unterstreichen nach einem Vierteljahrhundert noch immer die Aktualität des „Bielefelder Modells“.

Drangvolle Enge herrscht jedes Jahr vor der Bühne auf dem Alten Markt

„Wo kommen bloß die vielen Menschen her?“

Leineweber-Markt: Das Volksfest der neuen Großstadt

Die Vorbereitungen für den ersten Leineweber-Markt liefen auf Hochtouren, als eine Nachricht aus Stockholm die Menschen schockierte: Terroristen hatten am Abend des 24. April 1975 die deutsche Botschaft in die Luft gesprengt, das Geiseldrama endete in einem Flammenmeer. Der Militärattaché der Botschaft war ermordet worden. War es moralisch zu vertreten, nur wenige Stunden nach diesem Anschlag ein großes Fest zu feiern? Bis tief in die Nacht saß Oberbürgermeister Hinnendahl mit der Verwaltungsspitze, Vertretern der Kaufmannschaft und den Fraktionsvorsitzenden der im Rathaus vertretenen Parteien zusammen. Sie kamen überein, eine endgültige Entscheidung erst unmittelbar vor der geplanten Eröffnung des Volksfestes zu treffen.

Am Morgen des 25. Aprils sprach sich der „Krisenstab“ für das Fest aus: Um 12 Uhr wurde der erste Leineweber-Markt eröffnet. „Die Fröhlichkeit wird natürlich etwas gedämpft sein“, gab der Oberbürgermeister nachdenklich kund, „aber wir lassen uns von einer Handvoll Terroristen doch nicht unseren Staat kaputtmachen!“ Von „gedämpfter Fröhlichkeit“ konnte bald keine Rede mehr sein. In den Fußgängerzonen von der Bahnhofstraße über den Jahnplatz bis zur Niedern- und Obernstraße drängte sich bereits am ersten Tag eine Menschenmenge. Eine Mini-Eisenbahn, die noch am Vormittag mit Kindern durch die Stadt gondelte, musste am Nachmittag ihre Fahrt einstellen. Ein Durchkommen war nicht mehr möglich.

Vom 25. bis 27. April bot der Leineweber-Markt unentgeltlich ein breites Musikprogramm von Kapellen und Jazz-Bands bis hin zu einem Auftritt von Gunter Gabriel, dessen Lied „Hey Boss, ich brauch' mehr Geld“ vielstimmig gesungen wurde. Das Bielefelder Puppentheater von Hellmut Selje sprach auf dem Alten Markt nicht nur Kinder an, die Lizenzspieler vom DSC Arminia schossen in der Bahnhofstraße auf eine Torwand, Schauspieler der Städtischen Bühnen brachten ihre Kunst auf die Straße und ein Auto-Salon lud zum Träumen ein. Dazu gab es Kirmes, Straßentanz, Diskothek unter freiem Himmel und reichlich Getränke- und Imbissstände, die für das leiblich Wohl sorgten. „Wo kommen bloß die vielen Menschen her?“, fragte sich mancher. Am Ende waren es Hunderttausende, die in der Innenstadt feierten.

Die Idee, ein regelmäßiges Stadtfest zu veranstalten, wurde 1974 geboren, als die Stadt im Beisein von Bundespräsident Heinemann das 25-jährige Bestehen des Grundgesetzes feierte. Obwohl es wie aus Kannen regnete, waren die Menschen zu Tausenden in die Stadt gekommen. Der Hauptausschuss des Rates beschloss, die Bürger an der Namensgebung des neuen Festes zu beteiligen. Rund 2000 Vorschläge gingen ein, und eine Jury sprach sich für die Bezeichnung „Leineweber-Markt“ aus. Das Stadtfest, so wünschten es Rat und Verwaltung, sollte „das Zusammengehörigkeitsgefühl der durch die kommunale Neuordnung zusammengeschlossenen Bürger der Großstadt Bielefeld stärken und gleichzeitig die Attraktivität der Ostwestfalen-Metropole für das ganze Umland erhöhen.“ Um im ehemaligen Landkreis keine Sorgen aufkommen zu lassen, sollte der Leineweber-Markt „jedoch keine Konkurrenz für die traditionellen Feste sein, die in den einzelnen Bielefelder Stadtteilen gefeiert werden“.

1975 schmerzte es noch viele Neubürger der Großstadt Bielefeld, nicht mehr Einwohner von selbständigen Städten und Gemeinden zu sein. Gleichwohl ob sie aus Sennestadt oder Brackwede, Heepen oder Jöllenbeck kamen, der Leineweber-Markt wurde von Beginn an von allen Bielefeldern gefeiert und zählt auch nach der Jahrtausendwende zu den wichtigsten Stadtfesten in Ostwestfalen-Lippe.

1975

2. Februar: Zum 70-jährigen Jubiläum von Arminia Bielefeld spielt der DSC gegen Real Madrid. 30000 begeisterte Zuschauer bevölkern die Alm.

12. Februar: In Jöllenbeck wird ein Traglufthallenbad eröffnet.

April/Mai: Massenkundgebungen während des Bundestagswahlkampfes. Am 17. April kommt der CSU-Vorsitzende Franz-Josef Strauß, am 1. Mai der SPD-Vorsitzende Willy Brandt nach Bielefeld. Auf dem Schillerplatz versammeln sich jeweils rund 25000 Menschen.

30. Mai: Herbert Hinnendahl, von 1963 bis 1975 Oberbürgermeister, wird Ehrenbürger der Stadt Bielefeld.

14. Juli: An einem Sportfest westfälischer Schulen nehmen im Stadion Brackwede 3500 Schülerinnen und Schüler teil.

20. Oktober: Das Auditorium maximum (kurz Audimax) der Universität öffnet erstmals seine Türen.

20. November: Der Rat beschließt, an den Städtischen Krankenanstalten Bielefeld-Rosenhöhe einen Rettungshubschrauber zu stationieren.

Paul W. Jagenburg (1889–1975)

Der studierte Nationalökonom, der vier Jahre in einem Konzentrationslager inhaftiert war, gehörte nach dem Zweiten Weltkrieg dem ersten Rat der Stadt Bielefeld an. Von 1946 bis 1954 war er Dezernent für das städtische Kulturwesen. Als geschäftsführendes Vorstandsmitglied der „Brücke“ widmete er sich der Völkerverständigung. Auf allen ihm anvertrauten Gebieten habe Paul W. Jagenburg „überragende Wiederaufbauarbeit“ geleistet, schrieb eine Tageszeitung. Hochbetagt ist er am 19. Oktober 1975 gestorben.

1976

3. Januar: Ein Orkan richtet Schäden in Millionenhöhe an.

16. Juni: Nachdem sich die letzte Hoffnung zur Rettung der Anker-Werke durch eine Auffanggesellschaft zerschlagen haben, wird der Belegschaft gekündigt.

21. Juni: 250 Einzelhändler und Handwerker demonstrieren gegen einen Verbrauchermarkt an der Teutoburger Straße.

3. Juli: „Christoph 13“, Rettungshubschrauber für Ostwestfalen-Lippe, nimmt seinen Dienst auf.

3. September: Der dritte und letzte Bauabschnitt der Universität wird übergeben.

6. Oktober: Fünf Experten sprechen sich in einem öffentlichen Hearing gegen das geplante Straßenkreuz auf dem Gelände der Ravensberger Spinnerei aus.

14. Dezember: Der Industriellensohn Richard Oetker wird entführt und schwer misshandelt. Nach der Zahlung eines Lösegeldes von 21 Millionen DM kommt er zwei Tage später wieder frei.

Betriebsversammlung bei Anker. Die endgültige Schließung konnte nicht mehr verhindert werden

Ende im Jubiläumsjahr

Jahrhundertkonkurs der traditionsreichen Anker-Werke

Für viele war es ein Schock, als am 27. April 1976 die Anker-Werke Konkurs anmelden mussten. In Bielefeld verloren auf einen Schlag über 2000 Menschen ihren Arbeitsplatz. Die Gründe für die größte Firmenpleite Bielefelds sind nicht bis ins Letzte zu klären. Waren es nur übertriebene Forderungen der Banken, die in Zeiten steigender Kosten aufgrund ungünstiger Wechselkurse und der Ölkrise zu einem Finanzierungsengpass führten? Lag es daran, dass Innovationen im elektronischen Bereich zu lange verschlafen worden waren und es daher zu großen Schwierigkeiten beim Wechsel von der Mechanik zur Elektronik kam?

Mit dem Konkurs schloss ein Traditionsunternehmen, das auf eine hundertjährige Geschichte zurückblicken konnte. 15 Jahre nachdem in Bielefeld die erste Nähmaschinenfabrik gegründet worden war, eröffnete 1876 der Mechaniker Carl Schmidt sein Unternehmen. Wenig später trat der Kaufmann Hugo Hengstenberg, nach dem das Unternehmen viele Jahre lang benannt war, als Teilhaber ein. Zunächst stellte der weniger als 100 Beschäftigte zählende Betrieb Nähmaschinen her, für die es in der aufstrebenden gewerbsmäßigen Wäschefertigung einen zunehmenden Bedarf gab. Auch Spezialmaschinen etwa für Schuhmacher und Sattler wurden produziert. Seit das Niederrad seinen unvergleichlichen Siegeszug angetreten hatte, baute die Firma auch Damen-, Herren- und Rennräder. Damit erreichte man, dass saisonale Schwankungen im Nähmaschinenbau besser abgefangen werden konnten. Zur Jahrhundertwende kam die Produktion von Registrierkassen hinzu, mit denen die Anker-Werke weltberühmt wurden. Erst seit 1906 trug die Firma diesen Namen, der ursprünglich nur die Bezeichnung für eine Fahrradmarke war. Als die Firma 1912 die Produktion von Buchungsmaschinen aufnahm, gehörte sie mit ihren 1000 Beschäftigten zu einem der größten Unternehmen der Stadt. In den folgenden Jahrzehnten konnte der Personalbestand noch gesteigert werden. Im Jahre 1936 arbeiteten 2000 Menschen bei den Anker-Werken.

Nach dem Zweiten Weltkrieg setzte im Registrierkassenbau ein gewaltiger Aufwärtstrend ein. Allein in Deutschland konnte Anker in diesem Bereich 35 Prozent der Marktanteile halten. Dagegen wurde die Fahrradherstellung einer Tochtergesellschaft übertragen und die Nähmaschinenfertigung mit einem anderen heimischen Unternehmen, der Phoenix Nähmaschinen AG, zur Anker-Phönix GmbH zusammengeschlossen. Allerdings musste diese 1967 die Produktion einstellen.

Über 3000 Menschen waren bis Anfang der 1970er Jahre bei den Anker-Werken in Bielefeld beschäftigt. Dazu kamen die Vertriebsorganisationen mit weiteren 4000 Mitarbeitern im In- und Ausland. 1974 sorgten erste Entlassungen für große Aufregung. Eine Landesbürgschaft von 50 Millionen DM konnte die Firma nur über das folgende Jahr retten, sodass die Anker-Werke genau 100 Jahre nach ihrer Gründung schließen mussten. Ein Jahr nach dem Konkurs wurde die Registrierkassen- und Buchungsautomatenfirma ADS Anker Data System gegründet, ein Unternehmen, das bis heute unter Verwendung des alten Markennamens erfolgreich elektronische Kassen herstellt und vertreibt.

Dr. Else Noack-Bozi
(1900–1976)

Die Tochter des bekannten Bielefelder Juristen Dr. Alfred Bozi war eine ungewöhnliche Frau. Sie lehrte bis 1933 an der Sozialen Frauenschule in Breslau, später an der Fachschule für Wohlfahrtspflege in Magdeburg. Weil sie die zunehmende Ideologisierung der Arbeit nicht mittragen konnte, kehrte sie 1951 nach Bielefeld zurück. Die anspruchslose Frau zog in das Gartenhaus neben der elterlichen Villa und betätigte sich aktiv in der Sozial- und Jugendarbeit. Mit einer ihr zugefallenen Erbschaft erwarb sie den Hof Meyer zu Heepen, auf dessen Gelände das von ihr gestiftete Altenzentrum Leithenhof gebaut wurde.

Die Stützmauer an der Hochstraße gehörte zu den aufwändigsten Arbeiten beim Bau des Ostwestfalendamms

„Allzeit gute Fahrt auf dem Ostwestfalendamm"

Ein Wendepunkt der Stadtsanierung

Petrus meinte es gut mit Bielefeld, als am 5. August 1977 das erste Teilstück des Ostwestfalendamms freigegeben wurde. Bei strahlendem Sonnenschein durchschnitt Ratsmitglied Rudolf Losch mit einer Heckenschere ein in den Stadtfarben gehaltenes rot-weißes Band, das an der provisorischen Zu- und Abfahrt an der Wertherstraße über die Fahrbahn gespannt war. Er gab den Verkehr auf der Umgehungsstraße frei, die vorerst bis zur früheren Gaststätte „Zwiebelkotten" reichte, wo eine provisorische Abfahrt zur Carl-Severing-Straße gebaut worden war. Eine Verlängerung zum geplanten Südring sowie zur Eckendorfer und Jöllenbecker Straße sah die Stadt für die nächsten Jahre vor. In seiner Ansprache bezeichnete der Ratsherr die langjährige Diskussion über den Ostwestfalendamm als das „Salz in der Suppe", die nun serviert werden könne. Allerdings „zum gepfefferten Preis von 63 Millionen Mark, zu denen Bund und Land über 50 Millionen beisteuerten", schrieb anderntags die Neue Westfälische.

Mit dem ersten Teilstück war der bautechnisch schwierigste Abschnitt des Ostwestfalendamms, an dem seit 1970 gebaut wurde, fertig gestellt worden. So mussten rund 300 000 Kubikmeter Boden und Fels abgetragen und eine 1 600 Meter lange Stützmauer mit einer Höhe von bis zu 18 Metern errichtet werden. Allein für die Mauer wurden rund 10 000 Kubikmeter Beton und 1 000 Daueranker mit einer Länge von bis zu 26 Metern und einer Einzeltragfähigkeit von bis zu 50 Tonnen benötigt.

Der Ostwestfalendamm war eine Antwort auf die in den Fünfziger Jahren beobachtete „Verkehrsnot" und den in den Sechziger Jahren befürchteten „Verkehrsinfarkt". Bereits 1956/57 hatten das Land und die Stadt eine erste Verkehrsuntersuchung für ein Schnellstraßensystem im Raum Bielefeld in Auftrag gegeben. Prof. Feuchtinger hatte darin die Notwendigkeit betont, die B 61 zu entlasten. Die Untersuchungen von Prof. Schaechterle und anderen Verkehrsexperten zeigten dann Möglichkeiten für leistungsfähige Verkehrsnetze auf, die ihren Niederschlag im Generalverkehrsplan von 1969 und seiner Fortschreibung von 1976/77 fanden.

Handelte es sich bei der Planung der innerstädtischen Schnellstraßen um Expertenentscheidungen, an denen sich auch die Ausschussmitglieder des Stadtrates beteiligten, so setzte in den Siebziger Jahren eine zunehmende Politisierung der Verkehrsplanung ein. Bürgerinitiativen wurden gegründet, die den Ausbau von Straßen nicht mehr hinnehmen wollten und gegen die Stadtsanierung in einer Zeit großer Wohnungsnot Stellung bezogen. So auch im Bielefelder Westen. Hier mussten für den Weiterbau des Ostwestfalendamms Häuser abgerissen, sollte alter Wohnraum durch neuen ersetzt und ein Parkhaus gebaut werden. Auch die Bielefelder Selbsthilfe (BiS), heute Trägerin eines Second-Hand-Kaufhauses, bewohnte an der Teichstraße ein Haus, das 1977 geräumt und abgerissen werden sollte. Sie zählte zu den aktiven Sanierungsgegnern, die Proteste und Demonstrationen mitorganisierte. Bis in die Neunziger Jahre hielt der Konflikt an, der letztlich auch ein Wendepunkt in der Stadtsanierung war. Der Ostwestfalendamm wurde gebaut, jedoch die aufwendige T-Lösung, die das Kamphofviertel zerstört hätte, fallengelassen. Viele Häuser wurden abgerissen, andere aber wieder instand gesetzt, obwohl der Abriss längst beschlossen war. Dazu zählt auch das Wohnhaus Siechenmarschstraße 40, das die BiS am 3. September 1977 besetzt hatte. Die Politisierung der Verkehrs- und Sanierungspolitik erschöpfte sich aber nicht nur im Protest. Sie führte auch 1980 zur Gründung der Bunten Liste Bielefeld.

1977

22. Januar: Der Förderkreis Ravensberger Spinnerei spricht sich erstmals dafür aus, in dem Fabrikschloss ein Bürgerzentrum einzurichten. Der Förderkreis will sich aktiv an der Gestaltung beteiligen.

23. Februar: Nach grundlegenden Umbauarbeiten wird auf dem Gelände der ehemaligen Mechanischen Weberei ein Supermarkt eröffnet. Nur die historische Fassade der traditionsreichen Fabrik bleibt erhalten.

21. Mai: Der letzte von einer Dampflok geführte Zug der Bundesbahn fährt in den Hauptbahnhof ein.

25. August: Die City-Passage zwischen Bahnhofstraße, Stresemannstraße und Zimmerstraße wird eröffnet.

28. Oktober: Die neuen Fabrikhallen der Kochs Adler Nähmaschinenfabrik werden in Oldentrup eingeweiht. Der Standort an der Große-Kurfürsten-Straße und Arndtstraße wird aufgegeben und für den Bau des Ostwestfalendamms abgerissen.

Dezember: In der Altstadt findet der erste Bielefelder Weihnachtsmarkt statt.

August Hilbert (1876–1977)

Der gebürtige Bielefelder August Hilbert lernte um 1890 bei Dürkopp den Beruf eines Fahrradbauers. Es bedurfte „schon ein wenig Mut", und es gehörte „eine beinahe artistische Geschicklichkeit" dazu, auf einem Hochrad zu fahren, erzählte er stolz anlässlich seines 100. Geburtstags. 1896 gründete er den Arbeiter-Radfahrer-Bund, der 1907 als eine Art „Wahlflotte" den Reichstagswahlkampf von Carl Severing unterstützte. 1903 machte er sich mit einem Fahrradgeschäft an der Jöllenbecker Straße selbständig. Bis zu seinem 80. Lebensjahr stand er in der Werkstatt und im Laden. August Hilbert starb am 9. März 1977 in seinem 101. Lebensjahr.

1978

26. Februar: Der erste Bielefelder „Ball in der Oper" wird im Stadttheater bis in die frühen Morgenstunden gefeiert. Die Anzahl der Gäste entspricht den vorhandenen Theaterstühlen: 777.

1. März: Beim Volksbegehren entscheiden sich 23,7 % der Bielefelder Bürger gegen die Einführung der Kooperativen Schule.

2. April: Die Straßenbahnstrecke der Linie 2 wird verlängert. Jetzt sind auch Baumheide und Milse mit der Bahn erreichbar.

28. Mai: Der DSC Arminia Bielefeld ist wieder in die 1. Bundesliga aufgestiegen.

9. Juni: In der Altstadt wird unter freiem Himmel „Stadtmusik" von Harald Weiss aufgeführt.

27. Juli: Bielefeld und Herford unterzeichnen einen Gesellschaftsvertrag für die Müllverbrennungsanlage.

5. November: In dem ehemaligen Fabrikgebäude der Ankerwerke an der Ravensberger Straße wird das neue Puppenspieltheater eingeweiht.

Werner Pöschel (geb. 1927)

„Petit Frère", also kleiner Bruder, ist der Künstlername des Diakon Werner Pöschel, der von 1956 bis zu seinem Ruhestand im Dienst der von Bodelschwinghschen Anstalten stand. Seit 1969 veranstaltete er regelmäßig Ausstellungen im Haus Lydda (Bethel) mit Bildern, die von Patienten geschaffen worden waren. Sein eigenes künstlerisches Werk umfasst Zeichnungen, Collagen und Assamblagen. Petit Frère, so schreibt Gisela Burkamp, „sammelt Geschichte, Vergangenheit ein, die sich durch sein schöpferisches belebendes Eingreifen und die Gegenwart der Dinge eine Zukunft bewahrt." Am 11. Juni 1978 erhielt er den Kulturpreis der Stadt Bielefeld.

Auch die Stadtwerke mussten, wie hier auf dem Jahnplatz, Räumwagen einsetzen

Katastrophal, was sich auf Bielefelds Straßen abspielt!

Am Tag, als der Eisregen kam

Den 8. Dezember 1978 werden die Bielefelder nicht so schnell vergessen. Seit Tagen bewegten sich die Temperaturen um den Gefrierpunkt, und nachts herrschte mäßiger bis strenger Dauerfrost. Der Boden war gefroren. Da kündigte sich von Süden eine Veränderung der Wetterlage an. Auf dem Feldberg im Schwarzwald wurden plus zwei Grad gemessen, während im südbayrischen Oberstdorf bei minus 23 Grad die Wasserleitungen einfroren. Die Nachricht des Tages war am Freitag, dem 8. Dezember, im Wetterbericht zu lesen: „Vom Westen her im Tagesverlauf rasche Bewölkungsverdichtung und nachfolgender Regen, der auf dem gefrorenen Boden vorübergehend zu Glatteisbildung führen wird." Der ADAC riet den Autofahrern, den Wagen stehen zu lassen oder außerhalb der Städte zu parken.

Den ganzen Freitag stand in den Betrieben und Geschäften nur eine Frage im Raum: Wird es so schlimm werden, wie es die Wetterdienste angekündigt haben? Um 15 Uhr begann es leicht zu regnen. Was dann passierte, beschrieb das Westfalen-Blatt kurz und bündig: „Katastrophal, was sich in den Krankenhäusern abspielte! Katastrophal, wie schnell der Regen auf den Fahrbahnen vereiste! Katastrophal, was sich auf Bielefelds Straßen abspielte!"

Die Streufahrzeuge hatten kaum ihre Einsatzgebiete erreicht, da klingelten bei Feuerwehr und Polizei bereits pausenlos die Telefone. Menschen konnten sich nicht mehr auf den Füßen halten und brachen sich Arme oder Beine. Autos waren kaum noch lenkbar, rutschten ineinander, verursachten Blechschäden und kilometerlange Staus. Die Räumkolonnen leisteten Sisyphusarbeit: Eine gestreute Straße war nach wenigen Minuten wieder spiegelblank.

In den Ambulanzen der Krankenhäuser herrschte Hochbetrieb: Fast im Akkord und mit personeller Unterstützung aus anderen Stationen wurde geröntgt, gegipst und verbunden. Die Kranken- und Notarztwagen waren pausenlos im Einsatz, fuhren, wie alle Autos, nur im Schritttempo und mussten stets aufpassen, nicht selbst in Unfälle verwickelt zu werden.

Während sich in der Innenstadt die Situation am frühen Abend entspannte, standen im Großraum Bielefeld die Autos noch stundenlang im Stau. Im benachbarten Halle resignierte schließlich eine Polizeistreife. Sie meldete sich über Funk ab und ließ ihr Fahrzeug am Wegesrand stehen.

Wer an diesem Freitag nicht in seinem Auto saß oder zu Fuß unterwegs war, der konnte den Eisregen als Naturereignis bewundern. Äste und Zweige von Bäumen und Büschen vereisten und ließen die Natur in einem kristallenen Glanz erscheinen. Viele machten Fotos, die stolz Freunden und Bekannten gezeigt wurden, die das Spektakel nicht miterlebt hatten. Und noch lange wurde von dem kristallklaren Knistern gesprochen, das man im Abendwind hörte.

Sie wollten 1979 ins Bielefelder Rathaus: Die Kandidatinnen und Kandidaten der Bunten Liste

„Die Bürger zieh'n ins Rathaus ein ..."

Die Bunte Liste Bielefeld ist erstmals im Rat vertreten

Atemlose Stille herrschte im Rathaus, als Oberstadtdirektor Dr. Eberhard Munzert am Abend des 30. September 1979 das vorläufige amtliche Endergebnis der Kommunalwahlen bekanntgab. Die geringe Wahlbeteiligung von 69,7 %, die 1975 noch bei 86,4 % gelegen hatte, zeigte an, dass die bisher im Rathaus vertretenen Parteien ihre Wähler nicht im erwünschten Maße mobilisieren konnten. Beim Verlesen der Stimmen und prozentualen Anteile von SPD, CDU und FDP zeigte das Publikum kaum Reaktionen. Das änderte sich schlagartig bei dem Ergebnis der „Bunten Liste Bielefeld", die 5,6 % der Stimmen gewann und vier Sitze im neuen Rat erhielt. Jubel brandete auf. Mitglieder der neuen Partei zogen tanzend und klatschend in den großen Sitzungssaal ein. Und sie sangen: „Was machen denn die Bürger in unserer schönen Stadt? Die Bürger zieh'n ins Rathaus ein und mischen sich da selber ein."

Ein möglicher Erfolg der Bunten Liste, die 1979 als „Initiative für Demokratie und Umweltschutz" gegründet worden war, hatte sich bereits im Sommer bei den Europawahlen angekündigt. Bei ebenfalls geringer Wahlbeteiligung gewann die neue Partei „Die Grünen" insgesamt 4,2 % der Stimmen, in einzelnen innerstädtischen Wahlbezirken aber bis zu 7,6 %, in Gadderbaum sogar 8,3 %. Das Ergebnis spielten die Tageszeitungen noch runter. Angesichts der Fünf-Prozent-Klausel mögen die Wähler der Grünen „sich mittlerweile Gedanken darüber machen, ob es sich denn gelohnt hat", kommentierte die Neue Westfälische. Und das Westfalen-Blatt wies auf eine fehlende einheitliche politische Zielsetzung der neuen Partei hin: „Der Zusammenschluss von Teilen dieser ‚Grünen' mit der Initiative ‚Bunte Liste' macht das Durcheinander politischer Standorte so komplett, dass niemand mehr weiß, was und wen er eigentlich wählt."

Die Bunte Liste sei „eine Bewegung, eine Vereinigung politisch aktiver Menschen", klärte einer ihrer Sprecher auf. Diese Menschen seien „zu der Erfahrung gelangt, dass sie die Ziele, die sie für wichtig halten, nicht innerhalb der etablierten Parteien durchsetzen können." Die in den Siebziger Jahren vorherrschende Wohnungsnot, Stadtsanierung und Ostwestfalendamm, der geforderte Ausstieg aus der Atomkraft und nicht zuletzt ein zunehmendes ökologisches Engagement waren Geburtshelfer der Bewegung, deren Bedeutung die Parteien in der heißen Wahlkampfphase zunehmend erkannten. Eine Woche vor der Wahl brachte es ein Politologe der Bielefelder Universität auf den Punkt: „Ob ‚Bunte' oder ‚Grüne' – sie zehren am Stimmenanteil aller etablierten Parteien."

Das Wahlergebnis konnte keinen mehr überraschen. Überlegt und besonnen waren dann auch die ersten Reaktionen. „Die Bunte Liste steht als Markenzeichen für die Protesthaltung zahlreicher Bürger", analysierte ein SPD-Ratsmitglied. Herbert Koitka, CDU-Ratsherr und von 1973 bis 1975 Bürgermeister von Bielefeld, zeigte Ursachen auf: „Die etablierten Parteien haben viele Verbindungen zu den jungen Leuten verloren. Ich bin der Meinung, dass vor allem die alten Rathausparteien wieder mit der Jugend ins Gespräch kommen müssen."

Die Kommunalwahl von 1979 war von überregionaler Bedeutung. Sie zeigte auf, dass die Parteienlandschaft in Bewegung geriet. Für die „Bunte Liste" war sie der erste Schritt, sich als Partei zu etablieren.

1979

9. Februar: Der Hauptausschuss des Stadtrats beschließt, die Stadthalle auf das ehemalige Gildemeister-Gelände am Hauptbahnhof zu bauen.

1. April: Johannes Busch, Pfarrer im Brüderhaus Nazareth, wird zum neuen Leiter der von Bodelschwinghschen Anstalten gewählt.

30. April: Für die beste Programmgestaltung wird dem Kino „Kamera" an der Feilenstraße zum zehnten Mal eine Bundesmedaille verliehen.

18. Juni: Das seit dem 17. Mai besetzte Haus Siechenmarschstraße 35 wird durch die Polizei geräumt und sofort abgerissen.

13. Juli: Das Ausflugslokal Waterbör am Südhang des Teutoburger Waldes in Brackwede wird durch einen Brand zerstört.

26. November: An der Teutoburger Straße werden die Bauarbeiten für das neue Krankenhaus Bielefeld-Mitte aufgenommen.

Eduard Herterich (1905–1994)

Sein künstlerisches Werk bereicherte das kulturelle Leben Bielefelds in wesentlichem Maße, betonte Oberbürgermeister Schwickert, als Eduard Herterich am 19. August 1979 den Kulturpreis der Stadt erhielt. Zu seinen bevorzugten Motiven gehörten die Naturlandschaften des Teutoburger Waldes und der Senne. Herterich lernte sein Handwerk an der Kunstgewerbeschule, wo er Schüler von Paul Kottenkamp und Karl Muggly war. Von 1956 bis 1970 unterrichtete er an den Volkshochschulen in der Stadt und im Landkreis.

1980

21. Februar: Das Sozialwerk der Loge Freiherr vom Stein e. V. wird einen Teil der ehemaligen Ostmannfabrik an der Märkischen Straße zu einem Studentenwohnheim umbauen.

22. Februar: Vertragsunterzeichnung für die Verkehrsgemeinschaft Ostwestfalen-Lippe im Bielefelder Rathaus.

13. März: Die Landesregierung spricht sich gegen den Bau eines Regionalflughafens Nagelsholz aus.

21. März: Der „plötzliche Abriss" der seit Jahren leer stehenden Hünenburg löst bei Kommunalpolitikern Überraschung, Bestürzung und Empörung aus.

1. April: An der Gadderbaumer Straße eröffnen die von Bodelschwinghschen Anstalten eine Psychiatrische Ambulanz.

16. Mai: Für das neue Rathaus am Niederwall wird der Grundstein gelegt.

5. August: In Bielefeld startet die Deutschland-Rundfahrt der Radprofis. Das Rennen beginnt und endet an der Schweriner Straße.

3. November: In einer Festsitzung im Rathaus werden die Partnerschaftsurkunden von Bielefeld und der israelischen Stadt Nahariya ausgetauscht.

Heinz Schmitt (1920–1980)

Der engagierte Gewerkschafter Heinz Schmitt war von 1969 bis zur Eingemeindung Bürgermeister von Brackwede. Seine gewerkschaftliche Laufbahn begann als Vertrauensmann und Betriebsratsvorsitzender der Firma Ruhrstahl. 1956 wurde er Fachsekretär der IG Metall und seit 1975 deren Kreisvorsitzender. Für die SPD saß er von 1948 bis 1979 im Gemeinderat, später im Stadtrat von Brackwede. 1979 krönte er seine politische Karriere mit der Direktwahl in das Europa-Parlament. Am 30. Oktober 1980 ist er gestorben. „Heinz Schmitt war ein Anwalt der Schwächsten", hieß es in einem Nachruf.

Im August 1984 wurde der „Kaiserhof" abgerissen. Heute steht auf diesem Gelände die Stadthalle

„Von gediegener Atmosphäre des Kaiserhofs ist nichts mehr übrig"

Das unrühmliche Ende eines Bielefelder Hotels

„Wenn Sie hier als Gast absteigen wollen, machen Sie sofort in der Eingangshalle kehrt, das ist klar", verkündete im August 1980 der Pächter eines Hotels, das an der Düppelstraße vis-à-vis des Hauptbahnhofs gelegen eine „schöne Aussicht" versprach. Gemeint war das Hotel Bellevue, der ehemals hochgeschätzte Kaiserhof. Der Glanz besserer Zeiten war längst verblasst, das Haus zum Abriss vorgesehen. Die Stadthalle sollte in einigen Jahren auf dem Gelände zwischen der Herforder und Düppelstraße ihren Standort finden. Doch davon sprach 1980 keiner. Zu groß war die Verärgerung über das „Bellevue".

Dabei schienen die Vorzeichen vielversprechend zu sein. Im Juni verpachtete die Landesentwicklungsgesellschaft (LEG) die Liegenschaft für zweieinhalb Jahre an Karl Ellerbrake, ein „agiler Jung-Gastronom", der bereits das City Hotel, den Lippischen Hof und den „Club je t'aime" betrieb. Er gab an, 100 Zimmer vermieten zu wollen und 30 Zimmer als Hotel garni zu führen. Wenige Wochen später war davon kaum noch die Rede. Die Zimmer waren mehrfach belegt und an ausländische Arbeitnehmer und Asylbewerber vermietet. 125 bis 300 Mark pro Person kostete im „Bellevue" ein „möbliertes Zimmer mit Bettwäsche und Reinigung".

„Abgesehen davon", berichtete die Neue Westfälische, „dass die Küche des Hauses nicht in Betrieb ist und anstelle des ‚Zimmers mit Frühstück oder Vollpension' die eigene Herdplatte auf dem Zimmer für nahrhafte Kost sorgen muss, erinnert auch die Einrichtung der Räume an eine Behelfsunterkunft. Teilweise stehen drei Betten in Zimmern, die zuvor mit zwei Betten und einem Zustellbett für Kinder ausgestattet waren, die Räume sind unaufgeräumt, und in einem liegt der Bauschutt eines gerade überstandenen Wasserrohrbruches." Die Etagentoiletten seien schlimmer, als sie aussehen. „Aber Geruch lässt sich nicht fotografieren", war unter einer Abbildung zu lesen.

Ellerbrake wollte die ganze Aufregung nicht verstehen. Im Gegenteil: Er sehe sein Engagement als „soziale Tat". Auf die ausländischen Bewohner des „Bellevues" verweisend, konterte er verachtend, die Stadt könne doch froh sein, dass er „die ganz faulen Äpfel in einen Korb tue". Außerdem habe er mit seinem Geschäftsprinzip nie hinterm Berg gehalten: „Billig, gut und voll muss es sein – wie bei Aldi!" Die LEG fühlte sich von ihrem Pächter hintergangen, Politiker sprachen vom Vertragsbruch und forderten die fristlose Kündigung. Diese wurde dem Hotelier am 2. September überreicht. Den Kündigungsgrund, die Liegenschaft „hotelunüblich" genutzt zu haben, wollte Ellerbrake aber nicht gelten lassen und übergab die ganze Angelegenheit einem Rechtsanwalt.

Als das Landgericht im November die Kündigung bestätigte, legte der Hotelier Berufung ein. Ein langwieriger Rechtsstreit drohte. Unterdessen hatte eine Bürgerinitiative Strafantrag wegen „eklatantem Mietwucher in mindestens hundert Fällen" gestellt. Nach ihren Berechnungen wurden im „Bellevue" monatliche „Extremmieten" von bis zu 52 Mark pro Quadratmeter verlangt.

Im Dezember war der Spuk endlich vorbei. Stadt, LEG und Ellerbrake einigten sich mit einem Vergleich. Es war ein „goldener Abschied" für den Hotelier. Dennoch war man in der Stadt erleichtert. Die LEG übernahm die Verwaltung des ramponierten „Bellevues".

Sandro Chias „Passione per l'arte" steht seit 1985 auf dem Rathausplatz

„Money! Money! Money!"

Der städtische Haushaltsentwurf überschreitet die Milliardengrenze

Wenn die allseits bekannten Otto Normalverbraucher und Lieschen Müller gefragt werden, was denn eine Stadt wie Bielefeld koste, wieviel Geld in einem städtischen Haushalt bereitgestellt werden müsse, dann liegen sie mit ihren Antworten meistens falsch. Eine Summe von 100 Millionen Mark, wohlgemerkt eine eins mit acht Nullen, erscheint so groß, dass man sich kaum traut, einen größeren Betrag zu nennen. Mit diesem Geld hätte die Bielefelder Stadtverwaltung 1982 keine zwei Monate arbeiten können.

Am 21. September 1981 brachte der Kämmerer Klaus Meyer einen Haushaltsentwurf in den Rat ein, der erstmals in der Geschichte Bielefelds die Milliardengrenze überschritt. Dem Kämmerer war bewusst, dass eine zehnstellige Zahl auch für den Rat eine Schallgrenze bedeutete. Deshalb unterstrich er seinen Willen zu sparen: Es müsse „nicht immer das Beste vom Besten sein". Die Stadt könne „ihre vielen Aufgaben einwandfrei auch dann lösen, wenn sie sie eine Nummer kleiner erfüllt." Dem Rat gab er mit auf den Weg, über Streichungen bei den freiwilligen Leistungen der Stadt nachzudenken.

Sein Entwurf wies im September noch eine Deckungslücke von 18,5 Millionen Mark aus, die er vor allem mit einer Erhöhung des Gewerbesteuerhebesatzes um 30 Punkte auf 375 Prozent schließen wollte. Die Hauseigentümer und Mieter sollten über die Grundsteuer B „gleichfalls ihr Scherflein zur Linderung der Finanznot unserer Stadt beitragen", und vom Rat forderte er „stärkste Ausgabendisziplin". Kostenträchtige Pläne sollten in den Schubläden bleiben. Es sei wichtiger, die bestehenden Großprojekte wie den Ostwestfalendamm, den Rathausneubau, die Stadthalle und die unterirdische Stadtbahn fertigzustellen. Bauruinen dürfe es in Bielefeld nicht geben. Düsseldorf und Bonn ständen mit ihren eingegangenen Verpflichtungen der Kommune im Wort.

Der Milliardenetat bedeutete also nicht, dass Bielefeld aus dem Vollen schöpfen konnte. Der Gürtel war schon eng gezogen, der Handlungsspielraum beschnitten. So beliefen sich Ende 1980 die Schulden der Stadt auf 537 Millionen Mark. Allein für die Zinsen mussten 38,6 Millionen ausgegeben werden, und die Tilgung schlug mit 31,2 Millionen zu Buche.

Die Deckungslücke wuchs bis zum Jahresende auf 70 Millionen Mark an. Dieser Betrag konnte nicht mehr mit mäßigen Steuererhöhungen geschlossen werden. Das Wort vom „Streichorchester" war in aller Munde. In fast jeder Position wurden die freiwilligen Leistungen für Sport, Jugend, Kultur und Soziales gekürzt. Als dann im Januar 1982 der städtische Haushalt vom Rat verabschiedet wurde, lag er mit 998,2 Millionen Mark nur knapp unter der Milliardengrenze. Es war das letzte Mal in der Bielefelder Geschichte. Die mahnenden Worte von Oberstadtdirektor Munzert im November 1981 haben bis heute an Aktualität nichts verloren: „Eins ist sicher: Wir können nicht weitermachen wie bisher."

1981

12. Februar: Spenge erhebt Anspruch auf ein 133 ha großes Gelände, das für den geplanten Flugplatz Nagelsholz umgemeindet worden war. Bielefeld lehnt die Rückgabe ab.

27. Mai: Bei einem Brandanschlag auf ein Gebäude der Landesentwicklungsgesellschaft am Niederwall entsteht erheblicher Sachschaden.

16. Juni: Die Müllverbrennungsanlage in Altenhagen geht erstmals probeweise in Betrieb.

15. September: Im Stadion Rußheide findet ein Rekrutengelöbnis statt. Lautstarker Protest begleitet die Veranstaltung.

8. November: Pastor Wilhelm Niemöller wird der 16. Bielefelder Kulturpreis verliehen. Der Historiker und Theologe schuf in Bielefeld ein einzigartiges Archiv des Kirchenkampfes.

20. Dezember: Eine seltene Auszeichnung wird Pastor Alex Funke und dem Unternehmer Rudolf August Oetker zuerkannt: Sie werden zu Ehrenbürgern der Stadt Bielefeld ernannt.

29. Dezember: Bewohner der Siedlung „Am Alten Dreisch" besetzen ein Gemeinschaftshaus, um einen geplanten Abriss zu verhindern.

Lene Bertelsmann (1903–1981)

„Lene Bertelsmann zählt zu den Stillen im Lande", würdigte eine Zeitung die Schriftstellerin. Nach Abitur und kaufmännischer Lehre war sie Angestellte bei der Bielefelder Stadtverwaltung und später Bibliothekarin in der Städtischen Heimatbücherei. Der Beruf war Voraussetzung für ihre schriftstellerische Tätigkeit, die sehr breit gespannt war: vom Heimatroman, wie „Die Möller von Möllenbeck", bis zum historischen Werk „Der Marschall". Darüber hinaus schrieb sie zahlreiche Erzählungen, die sie in Anthologien veröffentlichte. Als ihr 1974 das Bundesverdienstkreuz verliehen wurde, hieß es in der Laudatio: „Sie hat einer Generation ein Beispiel dafür gegeben, dass das Gute und Schöne zum Leben gehört." Am 28. Juni 1981 ist Lene Bertelsmann gestorben.

1982

28. Februar: Resolution des Naturwissenschaftlichen Vereins, den Neubau des Naturkundemuseums nicht noch länger aufzuschieben.

20. März: Als erste Frau nimmt Gisela Schwerdt am traditionellen Bismarck-Kommers der Bielefelder Korporationsverbände teil. Sie überbringt die Grüße der Stadt.

16. April: Die Mitglieder der Ratsfraktion der Bunten Liste gehören zu den Besetzern eines Hauses, das dem Ostwestfalendamm weichen soll. Am 26. April werden die Häuser am Goldbach von der Polizei geräumt.

23. August: Archäologische Sensation. In Sieker werden die Spuren eines etwa 1 700 Jahre alten Germanengehöfts lokalisiert.

21. Oktober: Laut Statistik des Hochschulrechenzentrums kommt ein Viertel der 13 915 Studenten aus Bielefeld selbst.

31. Oktober: Mit 9,4 Prozent steigt die Arbeitslosenquote auf ihren Höchststand. Ein Jahr zuvor hatte sie noch bei 6,1 Prozent gelegen.

Christina Rau (geb. 1956)

Es war eine große Überraschung, als die Öffentlichkeit am 23. August 1982 aus der Presse erfuhr, dass Christina Delius am Vortag in der Inselkirche auf Spiekeroog dem nordrhein-westfälischen Ministerpräsidenten Johannes Rau ihr Ja-Wort gegeben hatte. Standesamtlich war die Ehe bereits am 9. August in London geschlossen worden. Die gebürtige Bielefelderin ist Tochter des Textilfabrikanten Eduard Delius und seiner Ehefrau Christa, deren Vater, Altbundespräsident Gustav Heinemann, als politischer Ziehvater Raus gilt. Christina Rau ist in Bielefeld, der Schweiz und Großbritannien zur Schule gegangen und hat an der University of London den akademischen Grad „Master of Arts" erworben.

Wenn der Johannisbach über die Ufer trat, konnte man schon lange vor Baubeginn eine Ahnung der zukünftigen Seenlandschaft bekommen

Bevor der Obersee aufgestaut werden konnte, suchten Spezialtruppen das Gelände nach Blindgängern aus dem Zweiten Weltkrieg ab

Die „Schildescher Riviera"

Nach 50 Jahren wird die Johannisbachtalsperre Wirklichkeit

Erstmals tauchte der Gedanke, den Johannisbach aufzustauen, im Jahre 1932 in der Presse auf. Schon damals wurde eine Anlage zum Paddeln und Segeln schmerzlich vermisst. So kam es zu der Überlegung, in Höhe des Horstheider Weges einen Damm zu errichten, um eine 180 000 Quadratmeter große Wasserfläche zu schaffen. Doch sogleich warnten die Kritiker: Für den Wassersport sei eine solche Fläche viel zu klein und damit nicht besser als „Gondeln auf einem Kursaalweiher". Sang- und kanglos verschwand das Projekt wieder in den Schubladen.

Anfang der Fünfziger Jahre machte der Lokalpolitiker Wilhelm Wehmeyer den Vorschlag, die von Fliegerbomben aus dem Zweiten Weltkrieg zerpflügten Wiesen rund um den Schildescher Viadukt in einen See zu verwandeln. Es kam zu Gesprächen zwischen Politikern und der Verwaltung, ein Modell wurde präsentiert, doch dabei blieb es.

Vorerst – denn Wehmeyer setzte sich auch weiterhin für die „Schildescher Riviera", so der Name des Stauseeprojekts im Volksmund, ein. Im Jahre 1968 schien die Sache konkret zu werden: Um an Landeszuschüsse zu kommen, plante die Stadtverwaltung nun ein Wasserrückhaltebecken, das in erster Linie dem Hochwasserschutz dienen sollte. Damit wurden schon damals die Vorstellungen, einen Badesee zu schaffen, begraben. Doch bevor mit dem Bau der Anlage überhaupt begonnen werden konnte, mussten Grund und Boden erworben, unzählige „Blindgänger" geräumt und Abwasserkanäle verlegt werden. Während sich einige Bürger schon bei der Verwaltung um einen Bootsanlegeplatz bemühten, musste die Stadt aus Kostengründen ihre Planungen verändern. Zunächst wollte man den 200 000 Quadratmeter großen Obersee schaffen, der ausschließlich der ruhigen Erholung und dem Naturschutz gewidmet war. Erst im Anschluss daran sollte der viermal größere Untersee entstehen, der dem Wassersportler vorbehalten sein sollte.

Erst nach weiteren zehn Jahren, 1978, konnten die eigentlichen Arbeiten am „größten Freizeitprojekt in Ostwestfalen" in Angriff genommen werden. Zuerst entstand unmittelbar östlich der Eisenbahnstrecke ein Stauwerk, das später den Obersee vom Untersee abtrennen sollte. Anschließend hob man die im Mittel 2,5 Meter tiefe Mulde aus, befestigte die Uferböschungen und baute Fußgängerbrücken über die Jölle und den Johannisbach. Nachdem auch die Grünanlagen fertiggestellt waren, schloss Oberbürgermeister Schwickert am 9. September 1982 am Stauwerk die Schotten. Endlich stieg in der Johannisbachtalsperre das Wasser.

Kaum zwei Wochen später hatte sich der Obersee schon zum Mekka für Erholungssuchende gemausert. Unerlaubterweise tummelten sich auf dem Wasser die Windsurfer, Eisverkäufer errichteten ihre Stände und die Bielefelder wanderten in Scharen den drei Kilometer langen Weg um die nun größte Wasserfläche ihrer Stadt herum. Die Surfer mit ihren bunten Segeln wurden rasch wieder vertrieben, zu Recht, wollte man doch den See der „stillen Erholung" vorbehalten und durch entsprechende Bepflanzung eine Verbesserung des stark verunreinigten Wassers erreichen. Noch konnte man sie auf den Untersee vertrösten.

Als es im Dezember 1982 hieß, „Der Untersee ist nur noch Illusion", war die Enttäuschung allseits groß. Die Landesregierung hatte entschieden, angesichts der leeren Kassen im Freizeitbereich keine Großprojekte mehr zu fördern.

1950 war die Welt noch in Ordnung. Die Grube der Ziegelei Büscher an der Stedefreunder Straße wurde später mit Müll verfüllt, das Gelände zur Bebauung freigegeben

Eine zum Himmel stinkende Affäre

Der Braker Giftmüllskandal

Eine stinkende Brühe bedeckte im September 1983 den Grund einer Baugrube in Brake. Hier sollte das Fundament für ein Einfamilienhaus gesetzt werden. Als ein Baggerfahrer versehentlich tiefer grub, als es die „Planer“ empfohlen hatten, stieß er auf abgelagerten Industriemüll. Eine Grundwasseruntersuchung brachte es dann an den Tag: Das Erdreich unter zwei Dutzend neuen Eigenheimen war durchsetzt von Schwermetallen und chlorierten Kohlenwasserstoffen. Eine Folge des Galvanikschlamms, der vor Jahren hier abgelagert worden war. Der Traum vieler Häuslebauer, zwischen Kuhlenweg und Stedefreunder Straße ein dauerhaftes Domizil zu finden, wich einem Albtraum, versank buchstäblich im Schlamm.

Die Ereignisse überschlugen sich. Der Kurswert der bebauten Grundstücke fiel ins Bodenlose, was die Kreditinstitute alarmierte. Praktisch über Nacht gingen die Sicherheiten für die Hypotheken verloren. Auf den Baustellen ruhten die Arbeiten, nicht aber die Kosten. Hinzu kam die Angst vor gesundheitlichen Schädigungen. Ärzte empfahlen Eltern, ihre Kinder nicht mehr vor der Haustür spielen zu lassen, und Biologen warnten, kein Wurzelgemüse aus dem eigenen Garten zu essen. Als einige Wochen später Chemiker vom Düsseldorfer Landesamt für Wasser- und Abfallwirtschaft Bodenproben entnahmen, stellten sie eine Methangaskonzentration von bis zu 92 Volumenprozent fest. „So reines Methangas findet sich selten“, kommentierte ein Fachmann den explosiven Fund.

Wie konnte ein solches Gelände als Bauland ausgewiesen werden? Bis 1962 wurde hier eine Ziegelei betrieben. Die dazugehörende Tongrube war von 1961 bis 1967 im Auftrag der Stadt Bielefeld und ein weiteres Jahr auf Veranlassung eines Entsorgungsunternehmers mit giftigen Schlämmen, wahrscheinlich auch mit Fäkalien verfüllt worden. So ergaben 1968 Brunnenwasserproben im nur wenige Meter entfernten Stedefreund, dass diese große Mengen an Coli-Bakterien enthielten. Die Stadt Bielefeld wurde als Betreiberin der Deponie seinerzeit vom Landgericht verurteilt, dem geschädigten Anwohner einen Trinkwasservorratsbehälter zur Verfügung zu stellen.

Obwohl die Verseuchung des Bodens zumindest in Teilen bekannt war, stellte die damals noch selbständige Gemeinde Brake zwischen 1968 und 1971 einen Bebauungsplan auf. Auf dem Gelände sollten Hochhäuser, Kinderspielplätze und anderes mehr enstehen. Als der Investor der geplanten Bauten in Konkurs ging, verschwanden die Pläne in den Schubladen. Ein neuer Bebauungsplan wies 1977 die Flächen als Bauplätze für Einfamilienhäuser aus. Aus den einst wertlosen Flurstücken war über Nacht wertvolles Bauland geworden.

Sagte die Stadt anfangs schnelle und unbürokratische Hilfe für die Familie zu, die im September 1983 bei den Ausschachtungsarbeiten auf den Müll gestoßen war, wies der Liegenschaftsausschuss im November jegliche Entschädigungen zurück. Die Boden- und Grundwasseruntersuchungen hätten zwar stellenweise erhöhte Zinkwerte ergeben, hieß es, doch seien Boden und Wasser nicht durchweg als gefährlich einzustufen. Wahrscheinlich befürchtete man, einen Präzedenzfall für andere Geschädigte zu schaffen.

Die Enttäuschung, aber auch die Entrüstung der Betroffenen war groß. Hoffnung kam erst wieder auf, als im September 1984 ein Gutachten des Regierungspräsidenten feststellte, dass im Planverfahren für die Veränderung des Bebauungsplanes „schwerwiegende Form- und Verfahrensfehler“ gemacht worden seien, der Bebauungsplan daher nichtig sei. Die Häuser mussten geräumt, das Gelände mit hohem Kostenaufwand saniert werden. Auf die Stadt kamen Entschädigungsforderungen in Millionenhöhe zu. Baudezernent Jürgen Hotzan wurde im November 1984 von einer großen Mehrheit im Stadtrat seines Amtes enthoben.

1983

1. Juni: Der Viadukt, die Eisenbahnbrücke in Schildesche, wird abgerissen. Die Stahlkonstruktion wird durch eine Spannbetonbrücke ersetzt.

16. Juni: An der Jöllenbecker Straße wird das Arbeitslosenzentrum eröffnet. Spenden machten diese Einrichtung möglich.

21. Oktober: Dr. Walther Adrian erhält den Kulturpreis der Stadt Bielefeld. Ausgezeichnet werden seine Forschungen zur Vor- und Frühgeschichte.

22. Oktober: Bundespräsident Karl Carstens besucht Bielefeld. Mehr als 1 000 Menschen begleiten ihn auf seiner Wanderung durch den Teutoburger Wald.

10. November: Seit dem 1. Mai 1980 waren die Häuser Waldemarstraße 4 und 6 besetzt. Als die Besetzer aufgeben, stellt die Polizei fest, dass die Häuser zu befestigten Fluchtburgen mit unterirdischem Tunnel ausgebaut waren. Im Dezember werden die Häuser abgerissen.

Elfriede Eilers (geb. 1921)

Von 1957 bis 1980 gehörte die Sozialdemokratin Elfriede Eilers dem Deutschen Bundestag an. Anschließend war sie Bundesbeauftragte der SPD für Seniorenfragen. Die gelernte Buchmacherin und Sozialarbeiterin, stellvertretende Vorsitzende der Arbeiterwohlfahrt und hochgeschätzte Politikerin erhielt am 19. Mai 1983 das Große Verdienstkreuz mit Stern.

1984

3. März: Jugendliche der linken und rechten Szene liefern sich vor dem Arbeiterjugendzentrum eine heftige Schlägerei.

5. Mai: Die Schüler der Stiftschule in Schildesche entkommen knapp einer Katastrophe: Das Dach des Gebäudes stürzt ein. Gott sei Dank zur unterrichtsfreien Zeit.

26. Mai: Einweihung des ersten Bauabschnitts der Verwaltungsneubaus. Im „Neuen Rathaus" werden 50 bisher dezentrale Stellen unter einem Dach vereint.

23. August: Mit der Sprengung des „Kaiserhofes" an der Düppelstraße geht ein Stück Hotelgeschichte zu Ende.

24. September: Umweltschützer der Organisation „Robin Wood" besetzen aus Protest gegen den Dioxin-Ausstoß den Schornstein der Müllverbrennungsanlage.

1. Oktober: In Schildesche fährt der erste Zug über die neue, für den Güterverkehr errichtete Spannbetonbrücke. Damit wird nach 36 Jahren eine Behelfskonstruktion aus Stahl abgelöst.

Else Lohmann (1897–1984)

Die in Bielefeld geborene Else Lohmann, Tochter des größten Fahrradsattelherstellers der Welt, wuchs in einem liberalen Elternhaus auf. Nach dem Besuch der Cecilienschule ging sie 1914 nach Dresden, wo sie ihre ersten Malstunden erhielt. 1917 folgte sie ihrem Lehrer Johann Walter-Kurau nach Berlin. In den folgenden Jahren entstanden Werke hoher Qualität, die von kubistischen Kohlezeichnungen, expressionistischen Portraits und Landschaftsbildern bis hin zu ausdrucksstarken Aktmalereien reichen. Ihre Heirat im Jahre 1922 brachte dieser Schaffensperiode ein Ende. Else Lohmann verstarb 1984 in Holland. Von ihrem Werk hatte in Deutschland bis dahin kaum jemand Notiz genommen.

Halévys „Die Jüdin" zählte zu den großen Publikumserfolgen des Bielefelder Opernwunders

Ein bedeutendes Kunstwerk des 20. Jahrhunderts

Das Bielefelder Opernwunder

„Musiktheater in Hochpotenz", schwelgte das Westfalen-Blatt. Ein „spannendes Sozialdrama mit Musik, Mord und Sex" zog am 21. Januar 1984 die Zuschauer des Bielefelder Stadttheaters in den Bann. Sie erlebten die Premiere von Max Brands Oper „Maschinist Hopkins", dessen Uraufführung bereits am 13. April 1929 in Duisburg stattgefunden hatte. Die zeitgenössische Kritik feierte das Werk als „Triumph der Gegenwartsoper". Dennoch geriet der „Maschinist" bald in Vergessenheit. So nimmt es nicht wunder, dass die Bielefelder Opernpremiere die Kritiker im In- und Ausland aufhorchen ließ.

„Warum", so fragte die Frankfurter Allgemeine Zeitung, „warum nur ist dieses Stück von den Opernbühnen verschwunden? Mitunter ist die Wirklichkeit platt und einfach: Max Brand war Jude und der ‚Maschinist Hopkins' der Nazi-Kulturpolitik ein besonderer Dorn im Auge. Das hatte genügt, um den Komponisten zu vertreiben, für mehr als vierzig Jahre zum Emigranten zu machen, den Erfolg und die Qualitäten dieser Fabrik- und Gangster-Oper vergessen zu lassen. Dass in Bielefeld die Praxis des Verdrängens und Verschweigens durchbrochen wurde, ist mehr als eine gute Tat. Es wurde ein gutes Stück, ein bedeutendes Kunstwerk des zwanzigsten Jahrhunderts zum ersten neuen Erfolg gebracht."

Dieser Erfolg, mit dem gleichsam das „Bielefelder Opernwunder" begann, hatte auch einen Namen: John Dew, von 1980 bis 1995 Oberspielleiter der Oper an den Bühnen der Stadt Bielefeld. Dew wies auf den Traditionsbruch in der Musikgeschichte hin, der eine Folge der Politik in den dreißiger Jahren war. Mit der Reihe „Entartete Oper", die mit Brands ‚Maschinist Hopkins' eröffnet wurde, wollte er den Kulturverlust sichtbar und hörbar machen und jungen Komponisten zeigen, „welche vergessene Vielfalt das Genre ‚Oper' zu bieten hat."

In den achtziger Jahren präsentierte das Stadttheater vergessene „Zeitopern der Weimarer Republik". Zu einem Lieblingskomponisten des Bielefelder Publikums avancierte dabei Franz Schreker, dessen Opern „Irrelohe", „Der singende Teufel" und „Der Schmied von Gent" aufgeführt wurden. Auch Ernst Krenek war mit drei Opern vertreten. Ein besonders großes Medienecho rief Georg Antheils „Transatlantik" hervor, dessen Premiere am 24. Januar 1987 war, am Vorabend der Bundestagswahl. ‚Transatlantik' sei eine „Oper zur Wahl", kommentierte die Süddeutsche Zeitung süffisant Antheils Werk, das die Schattenseiten einer amerikanischen Präsidentschaftswahl thematisiert.

Nicht nur Musikwerke aus den zwanziger Jahren, auch aktuelle Zeitopern erlebten in Bielefeld ihre Uraufführung oder deutsche Erstaufführung. Und nicht zuletzt fanden Meisterwerke der Grand Opéra des 19. Jahrhunderts der jüdischen Komponisten Jacques F. Frommental Halévy und Giacomo Meyerbeer im Stadttheater wieder Gehör. Vor allem Halévys „Jüdin" eroberte die Herzen des Bielefelder Publikums, freute sich John Dew über die gelungene Inszenierung.

Seine Abschiedsvorstellung in Bielefeld gab John Dew nicht mit einer Wiederentdeckung, sondern mit dem beliebten „Rosenkavalier" von Richard Strauss. „Vergessen Sie nicht, dass das Publikum auch lachen sollte! Lachen, nicht lächeln!", schrieb Richard Strauss, als er den „Rosenkavalier" komponierte. Das Bielefelder Publikum dankte es seinem scheidenden Operndirektor.

„Commander of the Order of the British Empire“

Ein Höhepunkt der deutsch-britischen Beziehungen

An den Kapellenparaden auf der Radrennbahn nahmen bis zu 25 000 Menschen teil. Sie endeten mit Zapfenstreich und Kanonenschüssen

Der britische Botschafter Sir Julian Bullard kam am 30. August 1985 höchstpersönlich nach Bielefeld, um in dem Saal der Offiziersmesse des Ersten Britischen Korps an der Osningstraße eine außergewöhnliche Ehrung vorzunehmen. Der Botschafter überreichte Oberbürgermeister Klaus Schwickert die Insignien eines Ehrenkommandeurs des „Order of the British Empire“. Das blaue Ordenskreuz mit vergoldetem Rand und Krone, das die Inschrift „For God and the Empire“ trägt, ist die höchste Auszeichnung, die das Königreich einem Nichtbriten verleiht. Nur wenige Deutsche können sich damit schmücken.

„Wer solch einen Orden bekommt, hat ihn auch verdient“, leitete Sir Bullard seine Laudatio ein und würdigte die Leistungen des Oberbürgermeisters um die deutsch-britischen Beziehungen. Hervorgehoben wurde der rege Kontakt mit den Patenstädten Rochdale und Enniskillen. Eine besonders große Ehre sei die Verleihung der Bürgerrechte ehrenhalber an das „First British Corps“ und die zugehörigen Familien durch die Stadt Bielefeld gewesen. Für die rund 3000 Briten, die in Bielefeld lebten, hatte Oberbürgermeister Schwickert am 7. Mai 1983 Generalleutnant Martin Farndale eine entsprechende Urkunde übergeben. In den dreißig Jahren, in denen das Hauptquartier des 1. Britischen Korps in Bielefeld sei, hätten sich gute, freundschaftliche Beziehungen zwischen den hier lebenden britischen Staatsbürgern und der deutschen Bevölkerung entwickelt, betonte das Stadtoberhaupt. An der festlichen Veranstaltung auf der Radrennbahn nahmen an diesem Tag rund 6000 Menschen teil, die trotz Dauerregens der „Massed Bands Parade“ lauschten. Wegen des schlechten Wetters musste das Programm allerdings kürzer ausfallen als geplant. Die Radrennbahn war gut gewählt. Hier fanden seit Jahren deutsch-britische Veranstaltungen mit Militärkapellen statt, von denen die Dudelsackbläser und Trommelensembles vielen Bielefeldern noch in guter Erinnerung sind.

Das deutsch-britische Verhältnis beschränkte sich aber nicht auf farbenprächtige Konzerte. Fünf Jahre nach dem Zweiten Weltkrieg wurde mit dem „British Centre ‚Die Brücke‘“ im Theater am Alten Markt eine Kulturstätte eröffnet, die mit Vorträgen, Filmen, Musik- und Theaterabenden die „kulturellen, geistigen und menschlichen Beziehungen zwischen England, den ihm nahestehenden Ländern und Deutschland“ fördern wollte. Im April 1956 gründeten Bielefelder einen Arbeitskreis der Deutsch-Englischen Gesellschaft, der regelmäßig Vortragsabende organisierte. Seit den sechziger Jahren gehörten auch gemeinsame Sportfeste auf der Alm, Rußheide oder im Brackweder Stadion zu den jährlichen Attraktionen, die oft von mehreren tausend Zuschauern besucht wurden.

Das kulturelle und sportliche Programm als auch die gelebten Städtepartnerschaften mit Rochdale und Enniskillen trugen dazu bei, die Briten nicht mehr als Besatzungsmacht, sondern als Freunde zu sehen. Nach dem Zwei plus Vier-Vertrag und der Wiedervereinigung hat die Britische Armee auch die Bielefelder Kasernen geräumt. Der Harrogate Wohnpark an der Oldentruper Straße, das AWO-Zentrum in der ehemaligen Ripon-Kaserne an der Detmolder Straße und die Fachhochschule in den Räumen der ehemaligen Richmond-Kasene am Stadtholz erinnern heute an ein Stück Nachkriegsgeschichte.

1985

2. April: Gespenstische Szenen in der Innenstadt: Bei den Arbeiten für den zweiten Bauabschnitt des Verwaltungsgebäudes am Niederwall wird eine Bombe aus dem Zweiten Weltkrieg entdeckt. Die Innenstadt muss evakuiert werden.

1. Juli: Abriss des alten Gefängnisses an der Gerichtsstraße. Hier entsteht ein neues Justizgebäude.

7. August: Der baufällige Zustand der „Alm“ ist besorgniserregend. Die Zuschauerplätze werden um mehr als die Hälfte auf 15 000 reduziert.

1. Oktober: Baubeginn für das Arbeitsamt an der Werner-Bock-Straße.

6. Dezember: Der Ostwestfalendamm kann von Brackwede bis zur Jöllenbecker Straße befahren werden. Ein weiteres Teilstück wird für den Verkehr freigegeben.

8. Dezember: Mit dem erstmals vergebenen Umweltpreis der Stadt Bielefeld wird der Naturwissenschaftliche Verein ausgezeichnet.

Wilhelm Generotzky (1906–1985)

Wilhelm Generotzky gehörte zu den Menschen der ersten Stunde, die nach dem Zweiten Weltkrieg die demokratische Selbstverwaltung der Kommunen wiederaufgebaut haben. Er war Mitglied des Gemeinderates von Brackwede und des Bielefelder Kreistags. Von 1952 bis 1972 hat er als Gemeinde- bzw. Stadtdirektor die Entwicklung von Brackwede geprägt. „Sein Herz gehörte dem sozialen Wohnungsbau“, heißt es in einem Nachruf. Als Vorsitzender der Aufsichtsrates der Kreissiedlungsgesellschaft und der Baugenossenschaft Brackwede hat er dafür gesorgt, dass weit über 1 000 Wohnungen gebaut wurden. Am 10. Mai 1985 ist Wilhelm Generotzky gestorben.

1986

14. Januar: Tod einer Radfahrerin auf der Stapenhorststraße. Nach spontanen Demonstrationen werden Fahrradstreifen aufgemalt, und vorübergehend gilt Tempo 30.

7. April: Start des Modellversuchs „Frauennachttaxi", der in nur 17 Nächten 200 000 DM kostet.

Mai: Die Folgen der Tschernobyl-Katastrophe verunsichern die Menschen. Erst nach Tagen liegen Angaben über die radioaktive Belastung vor und werden Vorsichtsmaßnahmen zum Schutz der Kinder eingeleitet.

30. Juni: Um den Grundstein für eine Städtepartnerschaft zu legen, reist eine Delegation ins sowjetische Nowgorod.

10. November: Zahlreiche Grabsteine auf dem jüdischen Friedhof sind am Morgen nach dem Jahrestag der „Reichskristallnacht" mit rechtsradikalen Sprüchen beschmiert.

30. November: Eröffnung des Naturkundemuseums im restaurierten Spiegelshof. Bis zur geplanten Unterbringung in der Hechelei soll das Museum hier seine Sammlungen präsentieren.

Friedrich Oberschelp (1895–1986)

Etwa 350 Schülerinnen und Schüler schlossen sich 1932 unter der Leitung Friedrich Oberschelps zum „Bielefelder Kinderchor" zusammen. Der auf Volksliedbearbeitung spezialisierte Chor traf während der Zeit des Nationalsozialismus und auch nach dem Zweiten Weltkrieg den Nerv der Zeit. Bei Konzertreisen und in Rundfunksendungen trug er den Namen der Stadt in die Welt. Beruflich baute Oberschelp die Kuhlo-Realschule auf, die er bis zu seiner Pensionierung 1961 leitete. Zwei Jahre später erhielt der engagierte Musikpädagoge als erster den Kulturpreis der Stadt.

Eröffnung des Weiterbildungszentrums in der Ravensberger Spinnerei. Zum Erhalt des historischen Ensembles hatten viele beigetragen.

Ein Lehrstück in Sachen Bürgerengagement

Die Rettung der Ravensberger Spinnerei

Als am 17. Januar 1986 die Ravensberger Spinnerei als Treffpunkt für Kultur und Weiterbildung ihre Türen öffnete, war der Jubel allseits groß. Volkshochschule, Bildstelle, „Arbeit und Leben" und der Berufsverband Bildender Künstler bekamen damit ein neues Dach. Vergessen schienen die Jahre des Bangens um dieses einzigartige Stück Bielefelder Industriearchitektur. Zwanzig Jahre zuvor hatten die Pläne für das Gelände des einst bedeutenden Textilunternehmens noch ganz anders ausgesehen. Um in Verlängerung der Teutoburger Straße eine Osttangente von der Detmolder zur Herforder Straße zu schaffen, sollten die Gebäude weichen. Gleichzeitig war die Begradigung der Ausfallstraße nach Heepen geplant, was zu einer Vierteilung des Geländes geführt hätte.

Nachdem die Ravensberger Spinnerei 1972 ihre Produktion nach Ummeln verlegt hatte und der Abriss immer näher rückte, mehrten sich die Stimmen für den Erhalt der Fabrik. Eine Initiative aus engagierten Bürgern, Fachhochschülern und Teilnehmern eines VHS-Kurses wendete sich an die Öffentlichkeit. Eine Vielzahl von Nutzungsvorschlägen wurde gemacht, ohne dass Politik und Verwaltung reagierten. Nun trat der Landeskonservator auf den Plan. Er stellte das Gebäude unter Denkmalschutz und plädierte dafür, dieses „aus einem Guss" geschaffene, an ein Schloss erinnernde Baudenkmal als einen kulturellen Wertezuwachs zu verstehen. Mit der Gründung der Ravensberger Spinnerei im Jahre 1854 habe für Bielefeld das Zeitalter der modernen Industrie begonnen, der die Stadt ihren neuzeitlichen Aufstieg verdanke. Sein Resümee: „Im Lande Nordrhein-Westfalen ist die Ravensberger Spinnerei heute ... der bedeutendste noch erhaltene und damit für unsere Anschauung bewahrte Fabrikbau seiner Gattung aus der Anfangszeit der modernen Großindustrie und der romantisch-gotischen Richtung der Architektur des mittleren 19. Jahrhunderts, für Bielefeld ein wesentliches Zeugnis seiner Geschichte, ein Wahrzeichen seines neuzeitlichen Aufstieges und als Schöpfung älterer Baukunst ein wesentlicher Gestaltwert für das anschauliche Gepräge der Stadt."

Zwar beschlossen die Kommunalpolitiker nun, das Hauptgebäude zu erhalten, doch an der Zerschneidung des Geländes durch ein um wenige Meter verschobenes Straßenkreuz hielt die Bauverwaltung fest. Erst ein Hearing mit fünf auswärtigen Autoritäten im Oktober 1976 brachte eine Wende in die Diskussion. Alle Experten kamen zu dem Ergebnis, dass die Erhaltung des Ensembles absoluten Vorrang vor den Fragen der Verkehrsplanung haben müsse. Noch ein weiteres, vom „Förderkreis Bürgerzentrum im Ravensberger Park" in Auftrag gegebenes Gutachten war notwendig, um die Nutzung des Geländes als „Grüne Insel" durchzusetzen und alle Straßenbaupläne vom Tisch zu bringen. Endlich, im August 1980, begannen die Umbauten des Hauptgebäudes.

Stellvertretend für alle, die an der Rettung der Ravensberger Spinnerei mitgewirkt hatten, nahmen im Herbst 1986 vier Bielefelder die „Silberne Halbkugel", den höchsten deutschen Preis für Denkmalschutz, in Empfang. „Der 1972 gegründeten Bürgerinitiative Ravensberger Spinnerei und dem aus ihr hervorgegangenen Förderkreis gelang es in jahrelangen Verhandlungen, die stillgelegte und für Zwecke der Verkehrsführung auf Abbruch von der Stadt gekauften Ravensberger Spinnerei zu retten." Hieß es in der Begründung des Deutschen Nationalkomitees für Denkmalschutz. Und weiter: „Die Rettung der Ravensberger Spinnerei ist fern von romantischer Nostalgie ein nachahmenswertes Beispiel für phantasievollen Umgang mit einem stadtbildprägenden Denkmal und für die Identifikation der Bürger mit ihrer Stadt."

1987 noch auf einem Bild vereint: Das alte Haus V und das neue Krankenhaus

Ein Bettenturm im Bielefelder Osten

Die neuen Kliniken Bielefeld-Mitte

Nach gut 7 $^1/_2$ jähriger Bauzeit war es endlich soweit: Am Tag der offenen Tür stürmten 24000 Menschen das neue Klinikum an der Teutoburger Straße und waren von dem 63 Meter hohen, 14 Stockwerke umfassenden Gebäude beeindruckt. „Mit soviel Interesse hatten wir nicht gerechnet", gestand der städtische Gesundheitsdezernent Dr. Rappold, „das war ja eine Fülle wie zu Arminias besten Zeiten." Und der Leitende Chefarzt des Klinikums, Prof. Platt, sah in dem Massenandrang ein Zeichen dafür, dass die Bevölkerung das neue Haus, in dem bis zu 690 Betten Platz finden sollten, angenommen hatte. Sechs Wochen später, am 13. Juli 1987, wurde das Klinikum offiziell eingeweiht. „Um diesen Neubau wird Bielefeld von anderen Städten im Land beneidet", lobte Landesgesundheitsminister Heinemann. Der Minister hatte Recht. Ohne Landesmittel war an ein solches Gebäude gar nicht zu denken. Die Finanzierung schien aber jahrelang nicht gesichert.

Die Kritik an den alten Krankenhausgebäuden, die seit 1899 zwischen Oelmühlen- und Teutoburger Straße entstanden waren, nahm seit den Fünfziger Jahren zu. Selbst die Probleme, qualifiziertes Personal zu finden, führten die Verantwortlichen auf den schlechten baulichen Zustand zurück. Hatten lange Zeit Erweiterungsbauten und Umbaumaßnahmen ausgereicht, um die notwendigsten Forderungen zu erfüllen, so wurde der Ruf nach einem grundlegenden Neubau immer lauter. 1968 resümierte die Stadtverwaltung: „Auch wenn die Neugestaltung der Städtischen Krankenanstalten in allen Bereichen systematisch geplant, gestaltet und vorangetrieben wird, die ständig wachsenden Ansprüche in diagnostischer, therapeutischer und pflegerischer Hinsicht erfordern dennoch, dass der seit langem geplante Neubau der völlig veralteten Krankenanstalten zügig in Angriff genommen wird." Bekanntlich sollte es noch fast 20 Jahre dauern.

1970 schrieb die Stadt einen beschränkten Wettbewerb aus, an dem sich vier Architekten bzw. Architektengemeinschaften beteiligten. Das Preisgericht sprach dem Entwurf der Architekten Novotny/Mähner aus Offenbach den ersten Preis zu und empfahl der Stadt, sie mit der weiteren Planung zu beauftragen. Bis zur Erklärung der nordrhein-westfälischen Landesregierung, mit der „Fortführung der Planung für den Neubau der Städtischen Krankenanstalten Bielefeld grundsätzlich einverstanden" zu sein, was nichts anderes hieß, als dass das Land für die Kosten aufkommen wollte, vergingen weitere sieben Jahre.

Ein wesentlicher Grund für diese Verzögerung war die in den Siebziger Jahren einsetzende Wirtschaftskrise, die auch die öffentlichen Kassen in Mitleidenschaft zog und so manches mit viel Optimismus gestartete Projekt mit einem Baustopp belegte. Bielefeld hatte Glück! Die Stadt gehörte zu den wenigen Kommunen Nordrhein-Westfalens, die mit der finanziellen Förderung eines solchen Großprojekts rechnen konnten.

Im August 1978 wurde der Grundstein gelegt. Die Großbaustelle mit dem stetig wachsenden Hochhaus prägte in den folgenden Jahren das Gelände im Bielefelder Osten. Noch vor den offiziellen Feierlichkeiten zogen im Juni 1987 die Patienten aus den alten Krankensälen in das neue Klinikum. Mit den Abrissarbeiten der nicht mehr benötigten Gebäude konnte begonnen werden.

1987

11. Februar: Mit den Bastertwerken stellt ein traditionsreiches Unternehmen in Heepen beim Amtsgericht Konkursantrag.

18. März: Prof. Dr. Norbert Brock wird mit dem Deutschen Krebspreis ausgezeichnet. Der Bielefelder Wissenschaftler erhält die Auszeichnung für die Entwicklung der maßgeblichen Methoden zur vorklinischen Überprüfung von Medikamenten gegen den Krebs.

26. März: An der Obernstraße wird das Altstadt-Karree eröffnet. Wohnungen und Läden, Gaststätten und Praxen sind unter einem Dach vereint.

14. Oktober: Nach den Plänen von SPD und den Grünen/Bunte Liste sollen in Bielefeld zwei neue Gesamtschulen gegründet, zehn Bielefelder Schulen (u. a. Helmholtz-Gymnasium und Bosse-Realschule) aber geschlossen werden. Der Beschluss wird von lautstarken Protesten betroffener Eltern und Schulen begleitet.

23. Oktober: Grundsteinlegung für die Stadthalle, die nach Plänen des Architekten Menhard von Gerkan gebaut wird.

Heinrich Sunder (1908–1987)

Domkapitular Heinrich Sunder war von 1954 bis 1982 Pfarrer der katholischen St. Jodokus-Gemeinde. Als Vorsitzender des Kuratoriums des St. Jodokus-Hospitals, des „Klösterchens", war er für dessen Umbau und Erweiterung verantwortlich. Seine Rundfunkpredigten machten ihn über Ostwestfalen hinaus bekannt. Domkapitular Sunder starb am 24. April 1987 und wurde in St. Jodokus beigesetzt.

1988

11. März: Eine achtköpfige Bande wird gefasst. Sie soll für 200 Autoaufbrüche verantwortlich sein.

23. März: Erstmals ist eine offizielle Delegation zu Gast in Bielefelds neuer Partnerstadt Nowgorod in Russland.

17. April: Die Kunsthalle zeigt 130 Werke von Pablo Picasso. „Picassos Klassizismus“ wird von 60000 Menschen besucht.

30. Mai: Das Stadtarchiv Bielefeld erhält ein besonderes Geschenk: Der Verleger Franz Cornelsen überlässt ihm das vollständige Archiv des Verlages Velhagen & Klasing.

4. Juni: In Schildesche wird mit einem Festakt der Neubau der anthroposophischen Rudolf-Steiner-Schule eingeweiht.

8. August: Der 8.8.88 ist für viele Menschen ein unvergesslicher Tag. In Bielefeld heiraten an diesem Tag 76 Paare.

23. November: Der Wintereinbruch führt zu chaotischen Verhältnissen auf den Straßen. Mehr als 140 Unfälle bringen den Verkehr zum Erliegen.

Dr. Rudolf Nierhoff (1897–1988)

Nach dem Zweiten Weltkrieg war der gebürtige Bielefelder Rudolf Nierhoff einer der profiliertesten CDU-Kommunalpolitiker. Er gehörte von 1952 bis 1969 dem Rat der Stadt Bielefeld an. Nachdem er bereits von 1952 bis 1956 zweiter Bürgermeister und daran anschließend erster Bürgermeister war, wählte ihn der Rat 1961 zum Oberbürgermeister der Stadt Bielefeld. Dieses Amt hatte er bis 1963 inne. Er galt als bescheidener und zurückhaltender Mensch, „dem Winkelzüge in der Politik stets fremd waren“. Der promovierte Jurist gründete 1951 eine Anwaltssozietät, für die er bis 1985 tätig war. Am 4. Juni 1988 ist Dr. Rudolf Nierhoff gestorben.

„Ohne Tradition zu kennen, gibt es keine Moderne“

Der Friedrich Wilhelm Murnau-Filmpreis

Mit Motiven aus dem Filmklassiker „Nosferatu“ warb Bielefeld für Veranstaltungen im Murnau-Jahr

Mehr als 800 Menschen begehrten am 12. November 1988 im frisch renovierten Kino Capitol an der Bahnhofstraße Einlass, doch nur 350 hatten das Glück, einen glanzvollen Festakt miterleben zu dürfen: die Verleihung des ersten Friedrich Wilhelm Murnau-Filmpreises an den französischen Literaturprofessor und renommierten Regisseur Eric Rohmer. Der Preisträger, der zu den Cineasten der „nouvelle vague“ gehört, die den französischen Film seit den fünfziger Jahren modernisierten, nahm das erste Mal an einer Preisverleihung außerhalb Frankreichs teil. Er verstand es als eine Hommage für Murnau, dessen Werk er in einer engagiert vorgetragenen Rede würdigte. „Ohne die Tradition zu kennen, gibt es keine Moderne“, hob Rohmer hervor, ohne Rembrandt wäre Picasso nicht denkbar, Molière nicht ohne die antike Dichtkunst möglich gewesen. Die gleiche Bedeutung käme Murnau in der Filmgeschichte zu.

Murnau, der 1888 als Friedrich Wilhelm Plumpe in der Bahnhofstraße 4 geboren wurde, zog bereits 1892 mit seinen Eltern aus Bielefeld fort. Die Filme, die er seit 1919 in Deutschland und seit 1926 in den USA drehte, waren vom Expressionismus beeinflusst. „Nosferatu – Eine Symphonie des Grauens“, „Der letzte Mann“, „Faust“ und „Sunrise“, um nur einige seiner Meisterwerke zu nennen, zählen zu den cineastischen Klassikern.

Dass die Wiege Friedrich Wilhelm Murnaus in Bielefeld stand, war lange Zeit nur wenigen bekannt. Heinrich Gräfenstein, selbst Cineast und Fotograf, führte seit den Fünfziger Jahren „als niemals ruhender Mentor einen Kampf um die angemessene Würdigung des Filmpioniers“. Sein Engagement fand erst in den achtziger Jahren Gehör. Anlässlich einer Ausstellung in der Ravensberger Spinnerei, die den Regisseur in Erinnerung rief, schlug er 1986 vor, zu dessen 100. Geburtstag einen Filmpreis zu stiften. Obwohl die Bielefelder Vereinigung der Privatbanken die Idee aufgriff und das Preisgeld spendete, schien das geplante „Murnau-Jahr“ zunächst unter keinem guten Stern zu stehen. Mit dem „spärlichen Beitrag“, der aus dem städtischen Haushalt zur Verfügung gestellt wurde, konnten keine großen Sprünge gemacht werden. „Kaum Geld für das Murnau-Jubiläum“, kritisierte das Westfalen-Blatt. Zuschüsse des nordrhein-westfälischen Kultusministeriums ermöglichten dann aber eine Ausstellung, für deren Konzeption Gräfenstein und der Film-Journalist Klaus Kreimeier verantwortlich zeichneten. Murnaus Schritt von Bielefeld nach Berlin sei nur kurz gewesen. „Um wieviel beschwerlicher aber war der Rückweg von Berlin nach Bielefeld“, wies Kreimeier auf Probleme hin, Murnau angemessen in seiner Geburtsstadt zu würdigen.

Beim Friedrich Wilhelm Murnau-Filmpreis bestand dagegen große Einigkeit, dass die Jury mit dem ersten Preisträger eine vorzügliche Wahl getroffen hatte. „Man kann allen an dieser Entscheidung Beteiligten nur gratulieren“, schrieb die Neue Westfälische, „denn wenn es einen gibt, der unermüdlich die Bedeutung von Murnau betont hat, dann ist es Eric Rohmer“. Bis in die Gegenwart werden innovative Cineasten mit dem Bielefelder „Murnau-Preis“ geehrt: Die Regisseure Wim Wenders (1991), Herbert Achternbusch (1996), Jacques Rivette (1998) und Werner Herzog (2001) sowie der Kameramann Henri Alekan (1993). Nur einmal wurde der Festakt abgesagt: Herbert Achternbusch bedankte sich in der Süddeutschen Zeitung für das Preisgeld, fand aber darüber hinaus nur Spott für die Provinz, die ihn ausgezeichnet hatte. Nach Bielefeld wollte er nicht kommen. Die Provinz war ein wenig irritiert, trug es aber mit Fassung.

Ein Spannungsverhältnis der besonderen Art besteht zwischen der von Philip Johnson entworfenen Kunsthalle und der zehn Meter hohen „Axis“ von Richard Serra

„Serra nix kultura!“

Richard Serras Plastik Axis in der Kritik

„SERRA NIX KULTURA!“ war mit rotem Filzstift in einem Halbkreis geschrieben auf einer Postkarte zu lesen, die der Bielefelder Pädagoge Professor Baacke als Reaktion auf einen Leserbrief in seinen Händen hielt. Die malerische Ausgestaltung der Karte erinnerte an ein Poesiealbum. Der Text nicht. „Sie, Herr Professor, bezeichnen Bielefeld als kulturelle Provinz, nur weil gegen das Werk eines Stümpers protestiert wird. Diese Aussage ist in der Tat für Sie beschämend. Betrachten Sie bitte nur die wahren Kunstwerke der Völker und Sie werden bald erkennen, was wirkliche Kunst ist! Die moderne Kunst ist nichts weiter als eine Kulturdekadenz!!! Wann werden Kunstkritiker diesen traurigen, geistlosen Zeitgeist aufgeben???“ Was war geschehen?

Am 21. September1988 hatte der Kulturausschuss in nichtöffentlicher Sitzung bei einer Gegenstimme beschlossen, aus Ankaufsmitteln der Kunsthalle und mit Zuschüssen des Landes Nordrhein-Westfalen eine Skulptur des amerikanischen Künstlers Richard Serra zu erwerben. Bei der Plastik handelte es sich um eine Auftragsarbeit, die sich mit der städtebaulichen Situation und vor allem der Architektur der von Philip Johnson gebauten Kunsthalle auseinandersetzen sollte.

Kaum eine Woche nach der Entscheidung, die Plastik für 450 000 Mark anzukaufen, schlugen die Wellen hoch. „Wütende Bürgerproteste gegen die stählerne Serra-Plastik“ übertitelte eine Tageszeitung die Leserbriefseite. „Öffentlicher Wahnsinn“, „Nein zum Nepp“, „Walzwerk-Reklame“ oder schlicht „Schrott“ waren noch die höflichen Umschreibungen dessen, was die Volksseele ablehnte. Die einen wollten das Geld lieber dem sozialen Bereich, von der Kindertagesstätte bis zum Wohnungsbau, zufließen lassen, die anderen stellten die jahrhundertealte Frage, was Kunst eigentlich sei und was man sich von Künstlern bieten lassen müsse. Da an dem Sachverstand des Stadtrates gezweifelt wurde, forderten manche, die Bürger sollten durch ein Plebiszit selbst entscheiden, wie die Kunst auszusehen habe, die im öffentlichen Raum aufgestellt wird.

Auf Zeitgenossen, die mehr Toleranz und eine vorurteilsfreie Auseinandersetzung mit der Plastik forderten, reagierten Gegner mit verletzendem Spott. So waren die Befürchtungen nicht unberechtigt, dass es bei der Übergabe der Plastik am 19. Mai 1989 zu Protesten kommen könne. Aber nur ein ablehnendes Plakat war zu sehen, als Richard Serra sein Werk in Augenschein nahm. „Ich könnte nicht zufriedener sein“, zeigte sich der Künstler von dem Standort der Plastik angetan, und auch ein Kommentar in der Tageszeitung lobte, dass „Axis“ in die Industriestadt Bielefeld passe.

Größe zeigte in der Auseinandersetzung um Serras „Axis“ Prof. Dr. Gustav Engel, Kulturpreisträger und angesehener Historiker, der frank und frei zugab, keinen Zugang zur abstrakten Kunst zu finden. „Was wir als ‚moderne‘ und ‚modernste‘ Kunst erleben“, erklärte Engel, „ist ein brodelnder Kessel. Wir dürfen uns freuen, dass er brodelt. Eine Kunst, die sich nicht ständig bemüht, ihre Gedanken und Vorstellungen neu zu materialisieren, gräbt sich bald ihr Grab.“

1989

23. März: An der Friedrich-Liszt-Straße und am Betheleck werden die ersten Hochbahnsteige für die Stadtbahn dem Verkehr übergeben.

21. Mai: Bielefeld begeht sein 775-jähriges Bestehen. Der Versuch, einem „krummen Datum“ Glanz zu verleihen, kommt jedoch bei der Bevölkerung kaum an.

1. Juni: Das Johanneskrankenhaus richtet ein Schlaflabor ein, in dem die Ursachen von Schlafstörungen erforscht werden sollen.

16. Juli: Bei einem Brand in der Eichendorff-Grundschule entsteht ein Sachschaden in Höhe von 200 000 Mark. Der Brand ist mutwillig gelegt worden.

1. Oktober: Die neu gegründete Bürgergemeinschaft für Bielefeld erlangt bei den Kommunalwahlen aus dem Stand 9,6 Prozent der Wählerstimmen.

11. Oktober: Weil alle Wohnheimplätze belegt sind, sieht sich das Studentenwerk gezwungen, Feldbetten vom Deutschen Roten Kreuz anzufordern und in der Universität aufzustellen.

10. November: Trabis und Wartburgs rollen auch im grenzfernen Bielefeld ein. Allein am ersten Wochenende nach Öffnung der innerdeutschen Grenze erhalten 536 DDR-Bürger ihr Besuchsgeld.

Prof. Dr. Gustav Engel (1893–1989)

Der promovierte Historiker Gustav Engel, von 1943 bis 1958 Leiter des Bielefelder Stadtarchivs, hat umfangreiche und grundlegende Studien zur Stadtgeschichte betrieben. An der Pädagogischen Akademie hielt er seit deren Gründung Vorlesungen und Kurse zur Westfälischen Geschichte. Bielefeld zeichnete ihn 1961 mit dem Kulturpreis der Stadt aus, der nordrhein-westfälische Wissenschaftsminister ernannte ihn 1968 zum Honorarprofessor und der Historische Verein würdigte 1981 seine Verdienste mit dem Ehrenvorsitz. Hochbetagt starb er am 17. Dezember 1989.

1990

21. Februar: Die Brackweder Bartholomäus-Kirche wird ein Raub der Flammen. Die Kirche brennt bis auf die Grundmauern nieder. Der Brand wurde durch Reparaturarbeiten ausgelöst.

23. April: Auf dem Hauptmarkt an der Kavalleriestraße werden die Verkaufsstände abgerissen, weil sie den Hygienevorschriften nicht mehr genügen. Die Markthändler stellen wieder ihre fahrbaren Läden auf.

31. Mai: Der Platz vor dem Hauptbahnhof heißt wieder „Bahnhofsplatz". Die monatelange Diskussion um den „Platz des Widerstandes" ist damit beendet.

18. Juni: Der Jahnplatz verwandelt sich in eine Großbaustelle. Die Stadt hat den Jahnplatztunnel an eine Bauherrengesellschaft verkauft. Hier soll eine unterirdische Ladenpassage entstehen.

5. August: Bielefeld hat eine neue private Grundschule. Die evangelische Georg-Müller-Schule nimmt mit 97 Kindern und vier Lehrern den Betrieb auf.

20. Oktober: Der Grundstein für die „Seidenstickerhalle" an der Werner-Bock-Straße wird gelegt.

Dezember: Wo einst eine der größten Altdeponien der Stadt war, soll für rund 3,7 Millionen Mark der Petripark entstehen. An der Eckendorfer Straße werden die Arbeiten aufgenommen.

Egon Körbi (1920–1990)

Der in Lüdenscheid geborene Zeichner und Karikaturist Egon Körbi studierte nach dem Zweiten Weltkrieg an der Werkkunstschule in Bielefeld. Bereits 1949 erschienen seine ersten Karikaturen in der Freien Presse, seit 1967 in der „Neuen Westfälischen". 40 Jahre lang kommentierte er das Zeitgeschehen mit spitzer Feder und versah seine Zeichnungen mit dem Sigel „ekö". Egon Körbi starb am 30. April 1990.

Vom Willy-Brand-Platz aus gesehen: Die Stadthalle und der „Spiegel" von Isa Genzken

Veranstaltungsdampfer und Störtebekertag

Eine Stadthalle für Bielefeld

„Leinen los! Bielefelds Konzert-, Tagungs- und Veranstaltungsdampfer legt heute ab", verkündete am 10. August die Neue Westfälische. Die Fahrrinne sei frei und das Wasser noch ein wenig bewegt, aber schon bald sollten sich die Wogen glätten und der Dampfer in ruhige Gewässer einlaufen. Zur gleichen Zeit gab Christian Presch, Mitorganisator des Störtebekertages, die Parole aus „Alles klar zum kentern".

Das Ereignis des Jahres 1990 hatte nichts mit maritimen Abenteuern im östlichen Westfalen zu tun. Nach gut dreijähriger Bauzeit wurde die Stadthalle, deren Architektur an einen Dampfer erinnert, eingeweiht. Menhard von Gerkan, nach dessen Plänen das neue Flaggschiff gebaut worden war, und Nordrhein-Westfalens Ministerpräsident Johannes Rau zählten zu den geladenen 2200 Gästen. Während die Festredner die Bedeutung der Stadthalle für Bielefeld priesen, demonstrierten zwischen Bahnhof und Berliner Platz gut 2000 Menschen gegen die hohen Baukosten und das Gratisbüfett bei der Eröffnungsfeier. Nach anfänglich friedlichem Verlauf drohte die als „Störtebekertag" bezeichnete Kundgebung zu eskalieren, als einige Teilnehmer versuchten, den Bauzaun um das Gebäude niederzureißen. Farbbeutel und Flaschen wurden geworfen, eine Polizistin dabei verletzt.

Wie konnte es zu diesem Konflikt kommen. Für den Beschluss, eine Stadthalle zu bauen, hatte sich der Stadtrat bereits 1973 ausgesprochen. Die eigentliche Planung wurde aber erst in den achtziger Jahren aufgenommen. Das millionenschwere Bauprojekt schien aus der Sicht seiner Gegner nicht in eine Zeit zu passen, die von anhaltender Wirtschaftskrise und steigender Arbeitslosigkeit gezeichnet war und Kommunen zum Sparen zwang. Schon bei der Grundsteinlegung im Oktober 1987 warnten sie, dass die Stadthalle ein Zuschussbetrieb sein werde. Als drei Jahre später die Eröffnung vor der Tür stand, erhitzten sich die Gemüter an den Kosten des Büfetts, die den Kürzungen und Streichungen von verschiedenen kulturellen Projekten im aktuellen Haushaltsplan entsprachen.

Obwohl eine Boulevardzeitung die Auseinandersetzung um die Stadthalle hochspielte, erinnerte einen Tag später kaum noch etwas an die Demonstration. „Alles Kleinigkeiten", kommentierte ein Polizist lapidar die Ereignisse. Dafür pilgerten am ersten Wochenende fast 90000 Menschen zur Stadthalle. Sie war zeitweise so voll, dass Besucher draußen warten mussten, bis drinnen wieder Platz war. Ein breites Programm, von Kleinkunst im Foyer bis zu musikalischen Darbietungen in den Sälen, fand große Resonanz.

Seit der Eröffnung der Stadthalle ist die Bedeutung Bielefelds als Veranstaltungsstadt enorm gestiegen. Mehr als zwei Millionen Menschen haben rund 3000 Veranstaltungen besucht. Von den Kritikern 1990 noch als zu groß empfunden, werden der Stadthalle heute Grenzen gesetzt. Für mittelgroße Messen fehlt bisher der Platz. Im zehnten Jahr ihres Bestehens wird über Erweiterungsbauten nachgedacht. Doch auch die jährlichen Zuwendungen aus der städtischen Kasse in Millionenhöhe sorgen nach wie vor für politische Diskussionen.

Am Eröffnungstag fuhren alle Stadtbahnen mit Fähnchen und Wimpeln. Dieser Einsatzwagen nach Brackwede war sogar mit Blumen geschmückt

Wieselflink durch Bielefeld

Westfalens erste unterirdische Stadtbahn

150 000 Menschen feierten am 28. April 1991 die Eröffnung der Stadtbahn. Überfüllte Züge der Linie 2 fuhren an diesem Tag im Zehn-Minuten-Takt an der Herforder Straße in den Tunnel und passierten die erste unterirdische Station „Beckhausstraße", die schon 1971 eingeweiht worden war und den biederen Charme dieser Zeit versprühte. Die zweite Station „Hauptbahnhof" versetzte die Fahrgäste aber in Erstaunen. Großflächig angelegt mit farbigen Wellen an Decken und Wänden luden drei unterirdische Ebenen zum Verweilen ein. Die gelungene Architektur machte neugierig und ließ nicht das beklemmende Gefühl aufkommen, das vielen U-Bahn-Stationen anhaftet. Weiter ging es zur dritten Station „Jahnplatz" mit seinen markanten Säulen. Vor dem Rathaus und Stadttheater fuhr die Stadtbahn dann oberirdisch weiter. Mit der Stadtbahnlinie 3 konnten zudem die unterirdischen Haltestellen „Wittekindstraße" und „Nordpark" erreicht werden.

Die Planungen für eine Bielefelder U-Bahn war eine Reaktion auf den zunehmenden Straßenverkehr seit den Fünfziger Jahren. Immer häufiger standen Straßenbahnen und Autos im Stau, störten linksabbiegende Autofahrer den Schienenverkehr, traten vor allem in Kreuzungsbereichen die Konfliktpunkte zwischen Straßenbahnen und Individualverkehr zutage. 1966 reagierte der Rat auf den bevorstehenden Verkehrsinfarkt und sprach sich für eine zunächst begrenzte unterirdische Schienenführung an der Herforder Straße zwischen dem Nikolaifriedhof und der ehemaligen Alleestraße aus. Dank der großzügigen Bundes- und Landeszuschüsse „kam es auf kurze Sicht fast billiger, eine U-Bahn zu bauen, als keine U-Bahn zu bauen", schrieb rückblickend das Westfalen-Blatt.

„Bielefeld bekommt als erste Stadt Westfalens eine unterirdische Stadtbahn", war 1969 in der Neuen Westfälischen zu lesen, als der erste Spatenstich mit einem Bohrmeißel erfolgte. Der schwungvolle Start des unterirdischen Projekts wurde mit ins Rathaus getragen, wo sich wenige Monate später der Rat für den Ausbau der Bielefelder Stadtbahn aussprach. Nach der Fertigstellung des ersten Bauabschnitts ruhten aber von 1971 bis 1977 die Arbeiten. Schwierige Planungs- und Finanzierungsfragen mussten gelöst, das angedachte unterirdische Schienennetz deutlich abgespeckt werden.

Davon betroffen war auch die Haltestelle „Rathaus", die nach der ersten Planung unterirdisch angelegt werden sollte. Da die Stadtbahnlinie 3 statt durch die Ravensberger Straße jetzt durch die Nikolaus-Dürkopp-Straße weitergeführt wurde, musste die Haltestelle oberirdisch angelegt werden. Mit der Folge, dass auf dem ehemaligen Schillerplatz vis-à-vis zum Rathaus und Stadttheater eine Rampe mit Betonpergola entstand. Als 1989 diese „architektonische Geschmacklosigkeit" offenbar wurde, waren viele entsetzt. Obwohl die Pläne bekannt waren, schien deren Umsetzung doch so manchen in Rat und Verwaltung zu überraschen. „Keiner von uns hat sich vorgestellt, was aus dem Beschluss, die Bahn in die Dürkoppstraße zu legen, werden würde", bekannte Bürgermeisterin Gisela Schwerdt. Die Höhe der Pergola wurde zwar reduziert, grundlegende Veränderungen konnten aber nicht mehr vorgenommen werden.

Von dieser Aufregung war im August 1991 nichts mehr zu spüren. Vor dem Rathaus, in den Bahnen und an den ober- und unterirdischen Haltestellen feierte Bielefeld den Beginn des „Stadtbahnzeitalters". Die unterirdische Baustelle blieb der Stadt noch lange erhalten. Weil die Arbeiten an der „Unilinie" aus Kostengründen zwischenzeitlich ausgesetzt wurden, konnten die letzten unterirdischen Haltestellen „Siegfriedplatz" und „Rudolf-Oetker-Halle" erst im April 2000 eingeweiht werden.

1991

17. Januar: „Kein Blut für Öl!" fordern nach dem Ausbruch des Golfkrieges 15 000 Menschen bei einer der größten Demonstrationen der Bielefelder Nachkriegsgeschichte.

23. April: Auf über 400 Spiel- und Sportstätten wird dioxinhaltige Marsberg-Schlacke, das Kieselrot, gefunden. Die Stadt lässt zahlreiche Plätze wegen Gesundheitsgefährdung sperren.

2. Juni: Mit dem Slogan „Mit 98,3 dabei" geht Radio Bielefeld auf Sendung.

5. September: Die Bundesbahn beginnt mit dem Ausbau des Containerbahnhofs.

1. November: Einführung des Leinenzwangs für Hunde auf allen Straßen, Bürgersteigen und in der Fußgängerzone.

26. November: Eröffnung des Jahnplatztunnels. Aus der Fußgängerunterführung wurde ein modernes Einkaufszentrum mit 27 Einzelhandelsgeschäften.

5. Dezember: Dem Arbeiterjugendzentrum (AJZ) an der Heeper Straße, das seit Jahren in der Kritik steht, werden öffentliche Zuschüsse gestrichen.

Dr. Ursula Niemann (1906–1991)

In Schlesien geboren, kam die Tochter des Stadtbaurates Friedrich Schultz 1908 mit ihren Eltern nach Bielefeld, wo sie an der Auguste-Viktoria-Schule, das Abitur machte. Sie studierte Geschichte, Germanistik und Kunstgeschichte und promovierte 1931 in Bonn. Nach dem Zweiten Weltkrieg fand die Mutter dreier Söhne, deren Mann an den Kriegsfolgen verstorben war, eine Anstellung im Stadtarchiv und in der damaligen Heimatbücherei. Von 1958 bis 1971 leitete die engagierte Frau dieses Amt und baute zudem in der Velhagenschen Villa an der Wertherstraße die stadtgeschichtliche Sammlung auf. Dr. Ursula Niemann ist am 27. September 1991 gestorben.

1992

20. Februar: Wegen dioxinhaltiger Kieselrotasche sind seit Monaten 43 Spiel-, Sport- und Bolzplätzen gesperrt. Der Rat spricht sich für eine Sanierung der Anlagen aus, die sich über Jahre hinzieht.

10. April: Der „Spiegel" von Isa Genzken vor der Stadthalle wird offiziell eingeweiht und löst eine Kontroverse aus.

1. Juni: Rund 30000 Haushalte erhalten den „gelben Sack", um ihren Hausmüll zu reduzieren. Nach der Erprobungsphase soll die Mülltrennung 1993 eingeführt werden.

29. Juni: Praktisch in letzter Minute unterzeichnen die Stadtwerke und die Studentenvertretungen der Universität und Fachhochschulen einen Vertrag über das Semesterticket. Das Ticket wird zum Wintersemester 1992/93 eingeführt.

3. Juli: Die erste Fahrradstation Deutschlands wird in der ehemaligen Expressguthalle des Hallenbahnhofs eröffnet.

9. November: Mehr als 20000 Menschen demonstrieren in der Innenstadt gegen Ausländerfeindlichkeit.

13. November: Die Sporthalle des Hans-Ehrenberg-Gymnasiums wird durch einen Großbrand zerstört. Die Ursache ist Brandstiftung.

Gertrud Nebel (1912–1992)

Von 1963 bis 1983 hat sie als Burgwartin nicht nur Kinder mit ihren Geschichten über die Sparrenburg begeistert. In den unterirdischen Gängen ließ sie auch mal die Ketten rasseln, um ihren schaurig-schönen Erzählungen die richtige Atmosphäre zu verleihen. Gertrud Nebel starb am 12. November 1992.

Um 12.20 Uhr schlugen die Kirchenglocken das letzte Mal

Zerstörung und Wiederaufbau der Brackweder Kirche

Von der Treppenstraße aus gesehen: Die neue Brackweder Kirche

Auf dem Dach der evangelischen Bartholomäuskirche in Brackwede waren am 21. Februar 1990 Mitarbeiter einer Installationsfirma damit beschäftigt, die Dachrinnen zu löten. Es war gegen 12 Uhr Mittag, als ein kleiner Schwelbrand entstand. Windböen trugen die Funken in den Dachstuhl, dessen trockenes Holz sich schnell entzündete. Als die Feuerwehr wenige Minuten später die Kirche erreichte, verhüllten dunkle Rauchwolken den Turm. Das Drama nahm seinen Lauf. Um 12.20 Uhr schlugen die Kirchenglocken das letzte Mal. Kurz darauf löste sich das schwere Ziffernblatt der Uhr aus seiner Verankerung und fiel „in einem Feuerregen zu Boden". Um 12.37 Uhr stürzte der Turm in sich zusammen. Der Dachstuhl des Hauptschiffes stand in hellen Flammen.

Wie ein Lauffeuer verbreitete sich die Nachricht von der Zerstörung der Bartholomäuskirche. Die Menschen waren fassungslos. Viele waren hier getauft und konfirmiert worden, hatten in der Brackweder Kirche geheiratet und wünschten sich das auch für die Kinder und Enkel. Sie freuten sich schon auf das 100-jährige Jubiläum der Kirchenweihe, das 1992 gefeiert werden sollte. Und jetzt standen sie vor einer ausgebrannten Ruine.

Wenige Tage nach dem Brand sprachen sich Verantwortliche der Gemeinde und Kommunalpolitiker für einen Wiederaufbau der Kirche aus. „Modernistische Experimente" lehnten sie ab. Da die Kirche zum Neuwert versichert war, standen finanzielle Hemmnisse diesem Plan nicht im Wege. Hinzu kam eine beispiellose Spendenbereitschaft der Brackweder. Wenige Wochen nach dem Brand zählte das Spendenkonto bereits 30000 Mark, zwei Jahre später fast 200000 Mark.

Mit Fritz-Karl Wachtmann wurde ein Architekt gefunden, der versprach, die Kirche binnen zwei Jahren wieder aufzubauen. In der Tat waren bald die Spuren des Brandes beseitigt, sodass im Herbst 1990 die Handwerker mit den Dacharbeiten beginnen konnten. Im Innenraum wurde ein alter Torbogen aus Sandstein freigelegt, der 1892 umbaut worden und in Vergessenheit geraten war. Aus Eichenbalken, die vom Feuer verschont geblieben waren, entstand ein neuer Altar.

Am 5. April 1992, hundert Jahre nach der Einweihung der Kirche, feierten die Brackweder die Wiedereröffnung. Tausend Menschen drängten sich beim Festgottesdienst. Es störte keinen, dass die Orgel und einige verbleite Glasfenster noch fehlten. Pfarrer Wolfgang Bergmann dankte in seiner Predigt der katholischen Herz-Jesu-Gemeinde für die praktizierte Ökumene, die während des Wiederaufbaus das Katholische Gemeindehaus für evangelische Gottesdienste zur Verfügung gestellt hatte. „Nun müssen wir auch eine richtige Kirche sein", forderte der Pfarrer die Gemeindemitglieder auf.

Die neue Bartholomäuskirche ist von den Gemeindemitgliedern angenommen worden. An den Brand erinnert heute das Deckblatt einer Lutherbibel, die Kaiserin Victoria der Gemeinde 1892 geschenkt hat. Die Bibel selbst wurde ein Raub der Flammen.

Die Detmolder Straße im Bereich der Mozartstraße: Ohne Fußgängerampeln ist die stark befahrene, vierspurige Straße nicht zu überqueren

Das Kind ist noch am Unfallort gestorben

Folgen eines tragischen Verkehrsunfalls

Am 12. Februar 1993 wollte der achtjährige Mesuk Celik die Detmolder Straße überqueren. Die Ampel zeigte für Fußgänger grün. Der Junge fuhr mit seinem Fahrrad über die Straße und wurde von einem Auto erfasst, das aus der Wilhelm-Raabe-Straße kommend in die Detmolder Straße einbog. Der Junge starb noch an der Unfallstelle. Der Autofahrer, ein 84-jähriger Mann, kam vom Augenarzt. Er hatte das Kind übersehen.

Dieser tragische Verkehrsunfall löste Reaktionen aus, wie sie Bielefeld bis dahin nicht erlebt hatte. Noch am Unfallort wollten Passanten den Autofahrer gewaltsam zur Rechenschaft ziehen, zu Übergriffen kam es aber glücklicherweise nicht. Wenige Tage später gedachten 500 Menschen des kleinen Jungen, konnten nicht begreifen, was geschehen war. „Warum werden alte Menschen nicht regelmäßig auf ihre Fahrtüchtigkeit untersucht", fragten sich viele. Die Stadtverwaltung kündigte an, eine Aktion zur Abgabe von Führerscheinen in die Wege zu leiten.

Am 26. Februar demonstrierten rund 50 Anwohner am Unfallort und blockierten für einige Minuten die Straße. Zu dieser Kundgebung hatte eine Bürgerinitiative aufgerufen. Sie forderte, die Höchstgeschwindigkeit auf der vierspurigen Straße sofort auf 30 km/h zu beschränken. Auch wenn ein Sprecher der Polizei erklärte, dass der tödliche Verkehrsunfall „nicht charakteristisch für das Geschehen auf der Detmolder Straße" gewesen sei und das Unglück „auch auf allen anderen Straßen" hätte passieren können, wurden Forderungen nach einem Rückbau laut.

Unabhängig von den tragischen Ereignissen hatte der Bau- und Vergabeausschuss des Rates bereits 1992 ein Ingenieurbüro beauftragt, für die Neuplanung ein Konzept vorzulegen. Denn die bedeutende Straße, auf der täglich 35000 Autos gezählt wurden, entsprach schon lange nicht mehr den Ansprüchen. Straßenbahnschienen und Pflasterung konnten jede Fahrt bei Regenwetter zur Rutschpartie werden lassen. Fehlende Linksabbiegespuren erhöhten das Unfallrisiko. Und letztlich fuhren manche Autofahrer auf der breiten Straße viel zu schnell.

Die Expertendiskussion erregte nach dem Tod des achtjährigen Jungen öffentliches Interesse. In einer Veranstaltung der Bürgerinitiative erklärte ein Gutachter, dass aus verkehrsplanerischer Sicht 20000 Autos die Belastungsobergrenze für diese Straße seien. Das sei aber selbst dann nicht zu erreichen, wenn die seit Jahren umstrittene B 66 gebaut werde. Daher sei ein Rückbau der Detmolder Straße auf zwei Spuren nicht machbar.

Die Anwohner dachten aber nicht daran, die Diskussion den Experten zu überlassen. Zweieinhalb Jahre nach dem tragischen Unglücksfall initiierte die Stadt einen „Runden Tisch", an dem auch die Bürgerinitiative beteiligt war. In vielen Gesprächen versuchten die Teilnehmer, Lösungen zu finden. Manche Vorschläge, wie die Einrichtung von Fahrradstraßen und die Installation von „Starenkästen" zur Geschwindigkeitsüberwachung, konnten bald umgesetzt werden. Einem Nachtfahrverbot für LKW und dem Rückbau der Straße wurde allerdings eine Absage erteilt. Der verkehrspolitischen Bedeutung entsprechend, soll der vierspurige Umbau der Detmolder Straße ab 2002/03 erfolgen.

1993

21. Januar: Der Berliner Platz wird in Willy-Brandt-Platz umbenannt.

29. Januar: Rund 12000 Menschen beteiligen sich an einer Lichterkette, die ein Zeichen gegen Ausländerfeindlichkeit setzen will.

25. März: Ein privater Trägerverein übernimmt die ehemalige Wäschefabrik Winkel, die als Museum für die Öffentlichkeit zugänglich gemacht werden soll. Die Stadt fördert das Projekt.

31. Mai: Das Sparen macht auch vor Bücherwürmern nicht Halt. Zum Monatsende werden die Stadtteilbibliotheken Senne, Gadderbaum und Sieker geschlossen.

29. September: Gut zwei Jahre nach der Eröffnung der Stadtbahntunnel müssen die ersten Schienen wieder ausgewechselt werden. Sie seien zu weich für die hohe Belastung, stellen Gutachter fest.

26. November: Wegen Einsturzgefahr wird die katholische Jodokuskirche gesperrt. Die Altstädter Nicolaigemeinde leistet ökumenische Hilfe und stellt ihre Kirche für Gottesdienste zur Verfügung.

Dr. Ulrich Weisner (1936–1994)

Am 17. Oktober 1993 eröffnete die Kunsthalle die Sonderausstellung „Picassos letzte Bilder". Es war die vierte und letzte große Ausstellung eines Picasso-Zyklus, die Dr. Ulrich Weisner für die Kunsthalle konzipiert hatte. Seit 1965 war Weisner wissenschaftlicher Assistent, 1974 erfolgte seine Ernennung zum Museumsdirektor der Kunsthalle Bielefeld. Unter seiner Leitung erwarb sich die Kunsthalle ein hohes Ansehen im In- und Ausland. Bielefeld verdankt ihm nicht nur Ausstellungen von internationalem Rang, sondern auch sein nachhaltiges Engagement für die Kunst im öffentlichen Raum.

1994

15. März: Die „Umweltinitiative der Bielefelder Wirtschaft“ erhält den höchstdotierten Umweltpreis der Welt.

29. April: Rettung für die von der Schließung bedrohten Freibäder. Sie werden in Vereinsregie weiterbetrieben.

24. Mai: Ein Brand im Umspannwerk an der Westerfeldstraße führt zum Chaos. In den Kühltruhen schmilzt das Eis, Ampeln, Geldautomaten und Registrierkassen streiken.

12. Juli: „Grüne Pfeile“ für Rechtsabbieger sollen nach Vorbild der Ex-DDR den Verkehr beschleunigen. Durchsetzen können sie sich nicht. Nach einem halben Jahr werden die ersten wieder abgebaut.

25. August: Der Rat hält den Bau des Mammutprojektes Deponie Laar an. Die Berechnungen der Müllmengen entsprechen nicht mehr den Gegebenheiten.

12. Oktober: Eröffnung des 535 Meter langen Ostwestfalentunnels. Damit übernimmt die abgespeckte Stadtautobahn ihre volle Funktion.

5. Dezember: Nach umfangreicher Renovierung wird Bielefelds ältestes Wohn- und Geschäftshaus an der Obernstraße 51 eingeweiht.

Angelika Dopheide (geb. 1946)

Nach der Kommunalwahl am 16. Oktober 1994 stellten SPD und Bündnis 90/Die Grünen die Mehrheit im Bielefelder Rathaus. Die Wahl der SPD-Spitzenkandidatin Angelika Dopheide zur Oberbürgermeisterin war nur noch eine Formsache. Als Oberstadtdirektor Dr. Volker Hausmann von seinem Amt zurücktrat, wurde sie auch, erstmals in Nordrhein-Westfalen, zur Verwaltungschefin ernannt. Die geänderte Gemeindeordnung, die in NRW erst für 1999 eine Direktwahl der Oberbürgermeister vorsah, machte dies möglich.

Bielefelds älteste Dampfmaschine schwebt über einem Flachsfeld. Ungewöhnliche Installationen lassen die Besucher des Historischen Museums über die Vergangenheit nachdenken

Geschichte in historischen Gebäuden

Das Historische Museum

„Erdbeben in Bielefeld“ war im Februar 1994 auf einem Plakat zu lesen, das im gesamten Stadtgebiet an Litfaßsäulen und beleuchteten Haltestellen hing. Mit diesem Plakat, das einer Zeitungsseite glich, aber keine aktuellen Nachrichten enthielt, kündigte die Stadt die Eröffnung des Historischen Museums an. Hier sollte auch das Geheimnis gelüftet werden, wann in Bielefeld die Erde bebte. Am 8. Mai 1994 war es endlich soweit: Im Beisein von Nordrhein-Westfalens Ministerpräsident Johannes Rau wurde das Historische Museum eröffnet.

Bielefeld musste lange auf diesen Tag warten: Die umfangreichen historischen Sammlungen des Stadtmuseums, die sich seit 1906 auf dem Gelände des heutigen Kunsthallenparks befanden, wurden während des Zweiten Weltkriegs magaziniert. In den Nachkriegsjahren konzentrierte die Stadt ihre Museumsaktivitäten zunächst auf den Kunstbesitz. Zwar wurde wiederholt über die Notwendigkeit eines Museums gesprochen, dessen Schwerpunkt die Industriegeschichte bilden sollte, ernsthafte Pläne gab es jedoch nicht. Daran änderte auch der Ratsbeschluss von 1964 nichts, der sich vor dem Hintergrund des 750-jährigen Stadtjubiläums für die Gründung eines Historischen Museums aussprach. Das Kulturhistorische Museum im Waldhof, das diesen Beschluss umzusetzen suchte, konnte den Ansprüchen an eine stadtgeschichtliche Ausstellung aber nicht genügen.

Als der Rat 1987 der inhaltlichen Konzeption von Stadtarchivar Dr. Reinhard Vogelsang zustimmte, kam wieder Bewegung in die Diskussion. Für das Museum wurde mit dem Vorspinnsaal und der Karderie der ehemaligen Ravensberger Spinnerei ein industriegeschichtlich bedeutsamer Standort gefunden. 1989 begannen unter der Leitung von Peter Obbelode die Umbauarbeiten. Zur gleichen Zeit wurde mit Dr. Cornelia Foerster eine Museumsdirektorin gefunden, die mit verschiedenen Teams für den Aufbau des Museums verantwortlich zeichnete.

Das Historische Museum ließ nach seiner Eröffnung die Besucher nicht unberührt. Begeisterte Zustimmung und heftige Kritik waren zu hören. Die Kontroverse zeigte, dass nicht nur die Geschichte, sondern auch ihre museale Umsetzung in jeder Beziehung spannend ist. So gibt die Dauerausstellung nicht einen eindimensionalen Weg durch die Stadtgeschichte vor, sondern überlässt es den Besuchern, eigene Wege von der Frühgeschichte bis zu aktuellen Problemen der Stadtentwicklung zu gehen. Einen besonderen Schwerpunkt bildet die Industrialisierung mit dem Aufstieg verschiedener Wirtschaftsbereiche, die Bielefeld erst zu einer Großstadt werden ließen, aber auch mit dem Strukturwandel seit den fünfziger und sechziger Jahren.

Eine internationale Jury zeichnete 1995 das Historische Museum für die weltweit beste Darstellung der Industrialisierung und ihrer Sozialgeschichte mit dem renommierten „Dibner Award“ aus. 1997 erhielt es einen Sonderpreis des Europäischen Museum Forums. Bielefeld musste lange auf das Historische Museum warten. Das Warten hat sich gelohnt.

Von dem ältesten Freilichtmuseum Westfalens blieben nur Trümmer, Schutt und Asche

Ein Raub der Flammen

Das Bauernhausmuseum

Mit einem „appetitanregenden Auftakt" eröffnete am 6. Mai 1995 das Bauernhausmuseum die neue Saison. Mitglieder des Heimatvereins Gadderbaums backten Zwiebelbrot und schmierten Schmalzschnitten, sorgten mit Frühjahrssingen, plattdeutschen Geschichten und Volkstänzen für Unterhaltung. Die Stadt hatte sich mit dem ältesten Freilichtmuseum Westfalens für die neue Saison viel vorgenommen. An fast jedem Wochenende sollte den Besuchern, man erwartete mehr als 20000, ein breites Programm geboten werden. Doch es kam anders.

In der Nacht vom 22. auf den 23. Mai ging gegen 23.30 Uhr bei der Feuerwehr ein Alarmruf ein. Als die Feuerwehrmänner den Brandort erreichten, stand das Haupthaus des Bauernhausmuseums, der aus dem 17. Jahrhundert stammende Hof Meier zu Ummeln, in Flammen. Aufgrund der hohen Hitzeentwicklung fing auch der benachbarte Spieker Feuer. Während beim Spieker der Dachstuhl und das erste Stockwerk zerstört wurden, brannte der Meierhof bis auf die Grundmauern nieder. Unwiederbringlich verloren ging eine volkskundliche Sammlung von unschätzbarem Wert: Möbel, Trachten und Schmuck aus dem Ravensberger Land. Ein Stück Bielefeld sei vernichtet worden, titelte die Presse am folgenden Tag.

Die Brandursache blieb ungeklärt. Der fehlende Feuermelder löste allerdings eine wochenlange Diskussion aus, ob die Katastrophe hätte verhindert oder zumindest in ihrem Ausmaß begrenzt werden können. Überhaupt zeigte sich bereits in der Unglücksnacht, wie sehr sich die Menschen mit der Museumsanlage auf der Ochsenheide verbunden fühlten. Viele waren fassungslos, weinten, Kinder spendeten ihr Taschengeld und die meisten waren sich einig, dass sie auf das Bauernhausmuseum nicht verzichten wollten. Wenige Stunden nach der Katastrophe erklärte Oberbürgermeisterin Dopheide, dass die Stadt entschlossen sei, das Museum wieder aufzubauen.

Dieses Bekenntnis war notwendig, wurden doch schon bald Stimmen laut, die Museumsanlage stillzulegen, Geld für den Aufbau einzusparen und das Gelände der Ochsenheide einzuverleiben. Doch diese Meinung hatte kaum eine Chance, mehrheitsfähig zu sein. Zu groß war die Empörung. Schwieriger stellte sich dagegen die Diskussion dar, wie das Museum wieder aufgebaut werden sollte. Neue Standorte, wie der Hof Meier zu Jöllenbeck oder das idyllische Gelände rund um den Hof Höner zu Jerrendorf, wurden vorgeschlagen, aber bald wieder verworfen. Grundlegender war die Diskussion, ob der Meierhof originalgetreu nachgebaut oder ein altes Bauernhaus umgesetzt werden sollte. Die entsprechenden Begriffe „Rekonstruktion" und „Translozierung" waren in aller Munde. Die Entscheidung wurde letztlich zugunsten der von den Museumsfachleuten bevorzugten Translozierung getroffen, als die Gesellschaft für Arbeits- und Berufsförderung (GAB) mit dem Mölleringhof aus Rödinghausen ein passendes Gebäude anbot. Gleichsam bildete die GAB mit dem Historischen Verein für die Grafschaft Ravensberg eine gemeinnützige Trägergesellschaft mit dem Ziel, das Museum aufzubauen und zu betreiben.

Die Stadt trug mit den Versicherungsgeldern die Baukosten und sagte eine jährliche Beteiligung an den Betriebskosten in Höhe von 100000 Mark zu, die GAB stellte Arbeitskräfte und der Historische Verein erarbeitete mit Unterstützung der Stadt ein neues Konzept für das Freilichtmuseum. Am 28. August 1999 hatten die Bielefelder ihr Bauernhausmuseum endlich wieder. Der Besucherandrang zeigt, dass auch die neue Museumsanlage von den Menschen sehr gut angenommen wird.

1995

28. März: In der Senne werden 120 Fässer mit Altlacken und Farben entdeckt. Sie lagerten dort seit 30 Jahren. Die Entsorgung der Müllkippe wird 100000 Mark kosten.

28. April: An der Fakultät für Gesundheitswissenschaften der Universität Bielefeld wird das Institut für Pflegewissenschaften eröffnet.

Mai: Die geplante Deponie Laar entwickelt sich zur „Pleite des Jahres". Bielefeld und der Kreis Herford haben etwa 130 Millionen Mark in den Sand gesetzt. Um das Defizit zu decken, wird die Müllverbrennungsanlage für 250 Millionen Mark an die Interargem verkauft.

15. Juni: Das Historische Museum weiht mit der „Karderie" neue Büro- und Ausstellungsflächen ein. Das Fest wird von 9000 Menschen besucht.

24. September: Die Theater- und Konzertfreunde wollen mit einer Sponsorenaktion der Oetkerhalle 1500 neue Stühle verschaffen.

14. Dezember: Dr. Thomas Kellein wird einstimmig zum neuen Leiter der Kunsthalle gewählt.

Else Zimmermann (1907–1995)

Von den Nazis wurde Else Zimmermann wegen Widerstand zu drei Jahren Haft verurteilt. Nach dem Zweiten Weltkrieg gehörte sie zu den Politikerinnen der ersten Stunde. Für die SPD vertrat sie ihren Wahlkreis im nordrhein-westfälischen Landtag und im Bundestag. Von 1963 bis 1967 war sie Landrätin des Kreises Bielefeld. Im Alter von 87 Jahren ist Else Zimmermann am 21. Juni 1995 gestorben.

1996

23. Mai: Nach monatelanger Diskussion beschließt der Rat, das Bavinkgymnasium in Gymnasium am Waldhof umzubenennen.

8. Juni: Arminia Bielefeld schafft den Durchmarsch vom Amateurlager in die 1. Fußball-Bundesliga.

22. September: Erzbischof Dr. Johannes Degenhart ernennt den Bielefelder Pfarrer Heinz Josef Algermissen zum Weihbischof des Erzbistums Paderborn.

25. September: An der Sparrenburg wird nahe des Schuster-Rondells der letzte Stein gesetzt. 44 Jahre hat es gedauert, die Mauern, deren Verblendsteine 1775 für den Bau einer Kaserne herausgebrochen worden waren, wiederherzustellen.

22. Oktober: Der Verein „Bielefelder Tafel" wird gegründet. Er möchte notleidende Menschen mit Lebensmitteln versorgen.

13. Dezember: Nach einem Auftritt in der Seidenstickerhalle besuchen die Backstreet-Boys zur allseitigen Freude eine Musikstunde in der Gesamtschule Schildesche.

Horst A. Fechner (1935–1996)

Horst A. Fechner kam 1972 nach Bielefeld und spielte sich auf den Brettern, die die Welt bedeuten, in die Herzen der Theaterbesucher. Er spielte Klassiker, wie den Adam in Kleists „Der zerbrochene Krug" oder den Arpagon in Molières „Geizigen", und modernes Theater, wie den Lobkowitz in Taboris „Mein Kampf". Grandiose Erfolge feierte er mit „Herrn Paul" in dem gleichnamigen Stück von Tankred Dorst. Fechner sang überdies in Operetten und Musicals und wurde einem großen Publikum durch Fernsehrollen bekannt. „Keiner war in Bielefeld so beliebt wie er", sagte eine Kollegin aus dem Schauspielensemble. Am 15. September 1996 ist Horst A. Fechner gestorben.

In den sechziger Jahren zählte das Hallenbad am Kesselbrink zu den modernsten im ganzen Umkreis

„In Zukunft bei der BBF planschen"

Zur Gründung der Bielefelder Bäder-Gesellschaft

Am 24. Oktober 1996 sprachen sich die Ratsfraktionen von SPD und Bündnis 90/Die Grünen für die Gründung einer „Bielefelder Bäder und Freizeiteinrichtungen Betriebs GmbH & Co. KG" aus. Die Stadtwerke sollten mit 90 Prozent und die Bielefelder Gemeinnützige Wohnungsgesellschaft (BGW) mit 10 Prozent Gesellschafter der kurz BBF genannten Neugründung werden. In Zukunft „müssen sich also die Bielefelder bei Ärger im Hallenbad nicht mehr bei der Stadt beschweren, sondern können sich direkt an die BBF wenden", bemerkte die Neue Westfälische. Mit der Gründung dieser Gesellschaft sei „nach über 20 Jahren ein Stück Gebietsreform vollzogen worden: Hallenbäder ohne Besucher, die noch schnell vor der Eingemeindung gebaut worden sind, haben keine Zukunft mehr."

Kaum ein anderes Thema erregte 1996 die Bielefelder mehr als die Kontroverse über die Zukunft der Hallenbäder. Das Dilemma war seit Jahren bekannt: Obwohl der städtische Haushalt äußerste Sparsamkeit forderte, traute sich kaum jemand, für die Schließung der defizitären Hallenbäder das Wort zu ergreifen. Das sollte sich Ende 1995 ändern: Die Mehrheitsfraktionen von SPD und Bündnis 90/Die Grünen beschlossen am 20. Dezember, das Hallenbad am Kesselbrink im März 1996 zu schließen, das Ernst-Rein-Bad im Herbst 1996 wieder zu öffnen und die Bäderinitiativen Brake und Senne zu fördern. Berechnungen des Hochbauamtes legten offen, dass das sanierungsbedürftige Kesselbrinkbad Millionen kosten würde. Die Nutzung als reines Sportbad schlug dabei mit 9,6 Millionen Mark zu Buche, während die Umbaukosten zu einem Spaß- und Freizeitbad mit 13,6 Millionen Mark veranschlagt wurden. Die Grenzen des Finanzierbaren wurden damit offengelegt.

Bewegung kam in die Diskussion, als im Februar ein Förderverein für das Kesselbrinkbad gegründet wurde, der auch Unterschriften für ein Bürgerbegehren sammeln wollte. Der Rat solle „die Kurve kriegen", und seine Entscheidung, das Bad zu schließen, wieder aufheben, hofften die Initiatoren. Das Echo auf den Aufruf war groß. Bis März sprachen sich rund 39 000 Menschen mit ihrer Unterschrift für den Erhalt des Bades aus. Bereits 24 000 Unterschriften hätten ausgereicht, die formalen Kriterien eines Bürgerbegehrens zu erfüllen. Der Euphorie folgte aber wenige Wochen später die Ernüchterung: Das nordrhein-westfälische Innenministerium erkannte das Bürgerbegehren nicht an, weil rechtliche Bedenken hinsichtlich des Kostendeckungsvorschlags bestanden.

Als im Juni Stadtwerke und BGW erstmals Pläne für die Übernahme der Bielefelder Bäder vorlegten, keimte wieder Hoffnung auf. Für die zukünftigen Gesellschafter war ein Umbau des Kesselbrinkbades zu einem Sport- und Gesundheitsbad prinzipiell möglich. Aber auch über den Neubau eines Freizeitbades in der Innenstadt wurde nachgedacht. Bis zur Entscheidung am 24. Oktober wurde im Rat und in den Bäderinitiativen kontrovers über die zu gründende Gesellschaft diskutiert. Allen Beteiligten war bewusst, dass die Gründung einer Zäsur in der Bielefelder Bäderfrage gleichkam.

Und die BBF hat die Bielefelder Bäderlandschaft verändert. Im Bahnhofsviertel wurde 2000 mit dem „Ishara" ein neues Sport- und Freizeitbad eingeweiht, das die Stadt niemals hätte bauen können. Das Hallenbad am Kesselbrink und das Ernst-Rein-Bad wurden geschlossen und abgerissen.

Was tun mit drogenabhängigen Menschen? Ein Platz für eine Kontaktstelle ist im Stadtgebiet nur schwer zu finden

Schattenseiten des Oberzentrums

Streit um den Bielefelder Drogen-Pavillon

Bielefeld: Das Oberzentrum in Ostwestfalen-Lippe, die größte Stadt zwischen Hannover und Dortmund. Mit dieser Losung wird seit Jahrzehnten die Bedeutung Bielefelds als Arbeitsplatz, Einkaufsstadt und kulturelles Zentrum für die gesamte Region betont. Als Oberzentrum ist Bielefeld aber auch eine Stadt, in der „Aussteiger" sichtbar sind: Vor allem Obdachlose, seit einigen Jahren aber auch Punker und Drogenabhängige, die die öffentliche Meinung polarisieren. Als in den späten achtziger Jahren Punker die Fußgängerzone an der Bahnhofstraße zu ihrem täglichen Domizil erklärten, drohte die Situation zu eskalieren. Eine Lösung wurde seit 1988 in der Errichtung eines Pavillons an der Elsa-Brändström-Straße gefunden, der tagsüber von den bunten Aussteigern aufgesucht werden konnte. Weil das Gelände bebaut werden sollte, wurde der Pavillon 1995 hinter den Güterbahnhof verlegt. Zwischenzeitlich hatten sich aber auch die Besucher des Pavillons verändert. Statt Punker kamen verstärkt Drogenabhängige, aus dem „Punker-Pavillon" war im Volksmund ein „Drogen-Pavillon" geworden, in dem Sozialarbeiter und Psychologen ihre Hilfe anboten.

Die „Dauerlösung", wie Politik und Verwaltung den Pavillon 1995 nannten, wurde bereits 1996 mit den Planungen für das Neue Bahnhofsviertel wieder in Frage gestellt. Ein neuer Standort musste gefunden werden. Die Suche erwies sich aber schwieriger als erwartet. Sie hielt die Bielefelder 1997 in Atem. Wo in diesem Jahr ein neuer Standort nur angedacht wurde, formierten sich Anwohner zu Bürgerinitiativen, die sich das Ziel setzten, den Pavillon zu verhindern. Eltern sahen ihre Kinder gefährdet, und viele waren besorgt, dass Beschaffungskriminalität in der direkten Nachbarschaft stattfinden könnte. „Bürger schlagen Alarm!" lautete im Mai 1997 eine mehrteilige Serie im Westfalen-Blatt, die die Ängste der Menschen aufgriff und die als zu liberal empfundene „Bielefelder Drogenpolitik" kritisierte.

Zwei scheinbar unversöhnliche Positionen standen sich gegenüber: Auf der einen Seite wurde der Pavillon als „Drogenmekka" gesehen, wo sich Abhängige aus der gesamten Region in einem quasi gesetzfreien Raum bewegen können. Die Szene müsse unter Druck gesetzt werden, lautete hier die Forderung. Auf der anderen Seite, wurde die Auffassung vertreten, dass eine drogenfreie Gesellschaft eine Illusion sei. Der Pavillon mit seinem psychologischen und sozialen Angebot würde sowohl der Stadt als auch den Abhängigen helfen.

Das Problem konnte 1997 nicht mehr gelöst werden. Mehr als vierzig Standorte wurden geprüft, aber kaum einer hielt den Anforderungen stand oder war „politisch durchsetzbar". Auch gegen ein Gebäude an der Wilhelm-Bertelsmann-Straße, in dem das Veterinäramt untergebracht war, erhob sich Protest. Für diesen Standort sprach jedoch, dass er nicht im Wohngebiet lag und von den Drogenabhängigen noch leicht zu erreichen war. Am 9. März 1998 eröffnete hier die neue „Drogenkontaktstelle". Allerdings wieder nur auf Zeit. Auf dem benachbarten Schlachthofgelände soll bald ein neues Wohnviertel entstehen. Die Standortsuche geht weiter.

1997

11. Januar: Der kalte Winter macht es möglich: 20000 Menschen vergnügen sich auf dem zugefrorenen Obersee und lassen sich von einem Feuerwerk faszinieren.

15. April: Eine Unternehmensberatungsfirma stellt ihr Modell „Konzern Stadt" vor, das in der Stadtverwaltung für mehr Effizienz sorgen soll. Damit wird im Rathaus ein jahrelanger Umstrukturierungsprozess eingeleitet.

3. Mai: Beim Grand Prix de la Chanson de Eurovision in Dublin singt die ehemalige Verwaltungsangestellte Bianca Shomburg aus Jöllenbeck für Deutschland. Weit abgeschlagen landet sie auf einem der letzten Plätze.

14. Juni: Beim ersten „Carnival der Kulturen" zieht ein farbenfroher Zug aus Sambatänzern, Trommlern und prächtigen Kostümträgern durch den Bielefelder Westen.

26. November: Nach über 20-jähriger Planungs- und Bauzeit findet die feierliche Übergabe der Heeper Ortsumgehung statt.

5. Dezember: Die Geschichtsprofessorin Dr. Ute Frevert erhält Deutschlands höchstdotierte Wissenschaftsauszeichnung, den Georg-Wilhelm-Leibniz-Preis.

Gisela Schwerdt (1917–1997)

Die gebürtige Bielefelderin gehörte zu den großen liberalen Persönlichkeiten der Stadt. Mehr als 40 Jahre engagierte sich Gisela Schwerdt kommunalpolitisch für die FDP: Im Gemeinderat von Senne I und im Stadtrat, als Bürgermeisterin von Bielefeld und als erste Frau im Hauptausschuss des Deutschen Städtetages. 1986 wurde sie zur Präsidentin des DSC Arminia gewählt, wiederum war sie erste Frau an der Spitze eines Vereins im bezahlten Fußball. „Eine der liebenswertesten Persönlichkeiten der Bielefelder Nachkriegsgeschichte", urteilte die Journalistin Sax-Demuth.

1998

14. Januar: Bei einer Brandkatastrophe an der Walther-Rathenau-Straße kommt ein Kind ums Leben. 23 zumeist kurdische und jugoslawische Bewohner erleiden teilweise schwere Verletzungen.

9. Mai: Nach 1972, 1979 und 1985 steigt Arminia Bielefeld zum vierten Mal in seiner Vereinsgeschichte aus der Ersten Fußball-Bundesliga ab.

16. August: Auf dem Bahnhofsvorplatz wird das Mahnmal „Jede Ermordete, jeder Ermordete hat einen Namen" eingeweiht. Es erinnert an die Verfolgung der ostwestfälischen und lippischen Juden im Nationalsozialismus.

28. September: Durch Vermittlung von Bundesarbeitsminister Blüm wird der Streik von Mitarbeitern der Firma Warweg um einen Haustarifvertrag beendet. Der längste Arbeitskampf in der Geschichte der Bundesrepublik begann am 18. August 1997.

29. Oktober: Nach einer kontroversen Debatte über die Namensgebung der Kunsthalle spricht sich die Mehrheit im Rat für die ersatzlose Streichung der Bezeichnung „Richard-Kaselowsky-Haus" aus.

20. Dezember: Der französische Regisseur Jacques Rivette erhält den Murnau-Filmpreis.

Prof. Dr. Niklas Luhmann (1927–1998)

Einer der bedeutendsten Wissenschaftler des 20. Jahrhunderts, Niklas Luhmann, lehrte von 1968 bis zu seiner Emeritierung im Jahre 1993 an der Bielefelder Universität. Er sorgte für den weltweiten Ruhm der dortigen Fakultät für Soziologie. Der gelernte Verwaltungsjurist – bekannt für seinen „Zettelkasten", in dem er all sein Wissen archivierte – entwickelte in 40 Büchern und 250 Aufsätzen eine umfassende Theorie der Gesellschaft.

1997 ist der Verein BAJ mit seiner Verwaltung und den Werkstätten in das denkmalgeschützte Gebäude an der August-Bebel-Straße gezogen. 1998 konnte hier ein Internet-Café für Jugendliche und junge Erwachsene eröffnen

Junges Wohnen, Leben und Arbeiten im Industrieviertel

Ein „weltweites Projekt der Expo 2000"

Am 30. November 1998 wehte am Mast vor dem BAJ-Gelände an der August-Bebel-Straße zum ersten Mal eine Expo-Fahne. Das Bielefelder Projekt „Junges Wohnen, Leben und Arbeiten – Dürkopp Tor 6" war in den Kreis der „weltweiten Projekte der Expo 2000" aufgenommen worden. Ein weiterer Höhepunkt in der Erfolgsgeschichte des noch jungen Vereins.

Der Verein BAJ, die Abkürzung steht für „Berufliche Ausbildung und Qualifizierung Jugendlicher und Erwachsener", wurde 1984 von dem Bielefelder Installateurmeister und Bundestagsabgeordneten Günther Rixe mit dem Ziel gegründet, jungen Menschen ohne Ausbildungsplatz auf anderem Wege den beruflichen Einstieg zu ermöglichen. Die ehemalige Boge-Fabrik an der Meller Straße diente als erstes Domizil, zeigte aber in den Neunziger Jahren zunehmend Grenzen auf. Dagegen erfüllte das unter Denkmalschutz stehende Fabrikgebäude an der August-Bebel-Straße, das in den dreißiger Jahren von den Dürkoppwerken errichtet worden war, alle Anforderungen. Nachdem sich die Dürkopp-Adler AG entschlossen hatte, ihren innerstädtischen Standort aufzugeben, mietete das BAJ im Juni 1995 dieses Gebäude an.

Erst beim Unterschreiben des Mietvertrages fragten die Firmenmanager an, ob der Verein Interesse an dem Kauf des 40 000 Quadratmeter großen Industriegeländes zwischen August-Bebel- und Teutoburger Straße habe. Der Vereinsvorstand sprach sich für eine Kaufoption aus, und die Idee wurde geboren, an diesem Standort soziale, ökonomische und kulturelle Aspekte zu verbinden. Was monatelange konzentrierte Arbeit und nicht zuletzt ausdauerndes „Klinken putzen" erforderte, ist schnell erzählt: Es wurden Konzepte für das städtebauliche Projekt „Junges Wohnen, Leben und Arbeiten – Dürkopp Tor 6" entwickelt, Kooperationspartner gesucht und Möglichkeiten der finanziellen Unterstützung ausgelotet.

Dass dieses Projekt „Expo-verdächtig" sei, kam eher beiläufig zur Sprache, wurde aber von dem Verein umso intensiver und letztlich auch erfolgreich angegangen. Das offizielle Expo-Gütesiegel, mit dem sich das Projekt seit 1998 schmücken kann, bedeutete zum einen die Zusage von weiteren Fördermitteln, zum anderen aber auch die Verpflichtung, die Planungen zügig umzusetzen. Dazu zählte die Umnutzung des Fabrikgebäudes zu einem beruflichen Aus- und Weiterbildungszentrum, die Erstellung von Wohnungen für junge Bevölkerungsgruppen sowie der Neubau eines Jugendgästehauses. Zur solaren Unterstützung der vorhandenen Nahwärmeversorgung wurde außerdem eine Energiewerkstatt aufgebaut. Ein Kultur-, Theater- und Veranstaltungszentrum, eine Fahrrad- und Service-Station und „Betreute Wohnungen" sind ergänzende Bestandteile des Projekts. Als Kooperationspartner konnten unter anderen das Jugendherbergswerk und das Theaterlabor Bielefeld gewonnen werden.

Am Anfang stand das Engagement, etwas gegen die Jugendarbeitslosigkeit zu tun. Entstanden ist ein urbaner Ort, an dem Wohnen, Arbeiten, Lernen und soziale Begegnung auf vorbildliche Weise verknüpft werden. Mehr als 20 000 Menschen haben im August 2000 die Eröffnung von „Dürkopp Tor 6" begeistert gefeiert.

Bei den Probegrabungen im Herbst 1999 wurde zunächst ein etwa fünf Meter breiter Streifen freigelegt

Unter einem Parkplatz liegt die „Wiege Bielefelds“

Archäologische Grabungen an der Welle

„Ein Glücksfall für die Stadt“, jubelte der Historische Verein. Für Archäologen sei das „erste Sahne“, pflichtete Dr. Daniel Bérenger vom Amt für Bodendenkmalpflege bei. Am Ausgang des Jahrhunderts, ja, des Jahrtausends, als das Milleniumfieber auch die Bielefelder erfasst hatte, bot eine Fläche an der Welle den Blick zurück zu den Anfängen der Stadtgeschichte. Archäologen zeigten, was nur wenige Zentimeter unter dem Asphalt schlummerte. Doch der Reihe nach.

Die Häuser, die hier einmal standen, waren bei dem schweren Bombenangriff am 30. September 1944 zerstört worden. Nach dem Zweiten Weltkrieg wurde das Gelände eingeebnet und jahrzehntelang als Parkplatz genutzt. Im August 1999 entschieden die politischen Gremien, das Gelände an Ulrich Möllmann von der Firma Quakernack zu verkaufen. Sein Plan, dort ein Wohn- und Geschäftshaus zu errichten, fand breite Zustimmung. Noch bevor die ersten Bauschilder standen, stellte das Amt für Bodendenkmalpflege das Areal vorläufig unter Denkmalschutz, um nach baulichen Resten graben zu können. Hier sei die „Wiege Bielefelds“, frohlockten die Archäologen. Im Oktober nahmen sie die Probegrabungen auf. Die Ergebnisse waren vielversprechend. Bereits in der ersten Woche wurden Teile der Stadtmauer, die bis ins 15. Jahrhundert die Altstadt von der Neustadt getrennt hatte, freigelegt und Keramikteile aus dem 13. Jahrhundert gefunden. Menschen versammelten sich an der Welle und staunten über die entdeckten historischen Zeugnisse. Schulklassen verlagerten ihren Geschichtsunterricht nach draußen und ließen sich fachkundig informieren. Und alle forderten: „Weitergraben!“

Die euphorische Begeisterung wurde aber nicht von allen Seiten geteilt. Einzelhändler fürchteten um fehlende Parkplatze in der Vorweihnachtszeit, Politiker fühlten sich dem Investor verpflichtet und klagten darüber, unzureichend über die historische Bedeutung des Geländes informiert worden zu sein, und mancherorts wurden die Grabungen hämisch als „Buddelei“ bezeichnet. Schließlich sei man nicht in Köln, Rom oder Pompeji sondern in Bielefeld.

Im Herbst 1999 sprach vieles dafür, dass die Probegrabungen Ende des Jahres eingestellt und das Gelände zügig bebaut werden können. Diese Befürchtung rief den Historischen, Naturwissenschaftlichen sowie den Bielefelder Kunstverein auf den Plan. Mit einer Unterschriftenaktion bezogen die traditionsreichen Vereine Position für die Fortführung der Grabungen. In kaum zwei Wochen wurden nicht nur mehr als 2000 Unterschriften gesammelt, die Bürger stimmten im November und Dezember mit den Füßen ab und pilgerten zu Hunderten zur Ausgrabungsstätte. Auch Oberbürgermeister David war nach einer Führung an der Welle von dem Wert der Grabungen überzeugt: „Es wäre eine Schande, wenn diese Funde wieder zugeschüttet würden“, man müsse allerdings auch die verschiedenen Interessen abwägen und letztlich auch die Kosten in Betracht ziehen.

Die Entscheidung, die Grabungen fortzusetzen, wurde noch im Dezember gefällt. Nach einer langen Winterpause konnten im April 2000 die Arbeiten wieder aufgenommen werden. Der Rat sprach sich wenige Monate später für eine zeitliche Begrenzung der Grabungen bis zum Februar 2002 aus, und das Land bewilligte einen Zuschuss. Zu Beginn des neuen Jahrtausends haben die Bielefelder die Anfänge ihrer Geschichte wiederentdeckt. Die Fundstücke werden als ein Zeugnis vergangener Zeiten bleiben.

1999

24. März: Mit der Pflanzung des letzten Baumes am Adenauerplatz ist der grüne Stadtring komplett. Die Begrünung der Bielefelder Altstadt geht auf eine Aktion des Künstlers Joseph Beuys zurück.

25. März: Nachdem die SPD für den Erhalt des Universitätsparkhauses gestimmt hat, kündigt die Fraktion von Bündnis 90/Die Grünen die „Rathauskoalition“ auf.

16. April: An der Universität Bielefeld wird ein Zentrum für Genomforschung eingerichtet.

13. Juni: Arminia Bielefeld ist zum fünften Mal in seiner Vereinsgeschichte in die Erste Bundesliga aufgestiegen. Auf der „Alm“ und vor dem Rathaus feiern Zehntausende den Aufstieg.

28. August: Das Bauernhausmuseum wird wiedereröffnet. Mehr als 20000 Menschen wollen das neue Museumsgebäude und die Ausstellung sehen.

29. September: Vor dem IHK-Gebäude an der Alfred-Bozi-Straße wird die Skulptur „Male/Female“ des amerikanischen Künstlers Jonathan Borofsky enthüllt. Anlass ist das 150-jährige Jubiläum der Kammer.

Eberhard David
(geb. 1942)

Der CDU-Kommunalpolitiker Eberhard David ist der erste Oberbürgermeister Bielefelds, den nicht eine Ratsmehrheit, sondern die Bürgerschaft direkt gewählt hat. Bei der Kommunalwahl am 12. September 1999 erzielte er im ersten Wahlgang 54,3% der Stimmen. Der erste Repräsentant der Stadt, der bereits zwischen 1989 und 1994 das Amt des Oberbürgermeisters innehatte, ist nun auch Chef der Verwaltung.

2000

2. April: Zum ersten Mal befährt die Stadtbahn die drei Kilometer lange Strecke zur Universität. 70000 Menschen feiern die Eröffnung der Linie 4.

1. Juni: Nach ihrer Restaurierung werden in der Neustädter Kirche die nach Bielefeld zurückgekehrten Tafeln des Marienaltars feierlich enthüllt.

11. August: Einweihung des Expo-Projekts „Dürkopp Tor 6“. Neben einem Zentrum für außerbetriebliche Ausbildung sind auf der innerstädtischen Industriebrache ein Jugendgästehaus, eine Theaterwerkstatt und Mietshäuser entstanden.

16. August: Zwei Bären aus einem Zoo in Sachsen-Anhalt ziehen in ein eigens für sie gebautes Gehege im Tierpark Olderdissen.

17. September: Das neue Bad im Bahnhofsviertel „Ishara“ lädt zu Sport und Entspannung ein.

27. November: Für die Erhaltung des „Museums Wäschefabrik“ wird der Förderverein des Projekts mit dem höchsten deutschen Denkmalschutzpreis, der „Goldenen Halbkugel“, ausgezeichnet.

21. Dezember: Der Rat beschließt den Verkauf von 49,9 Prozent der Stadtwerke-Anteile an die Stadtwerke Bremen.

Bernd Wagner (geb. 1955) und Bärbel Sunderbrink (geb. 1966)

Als Historiker und Archivarin beschäftigen wir uns seit über einem Jahrzehnt mit der Bielefelder Stadtgeschichte. So konnten wir es wagen, einen Rückblick auf das 20. Jahrhundert zu geben. Das war nur möglich, weil Journalisten das Tagesgeschehen niedergeschrieben haben, Fotografen zur rechten Zeit am rechten Ort waren und im Stadtarchiv und in der Landesgeschichtlichen Bibliothek seit nunmehr 125 Jahren das dokumentiert wird, was für unsere Stadt von besonderer Bedeutung ist.

Die Bielefelder im Millenniumrausch. Tausende feierten den Jahrhundertbeginn auf den Straßen der Innenstadt

Prosit Neujahr!

In der Nacht der Nächte tanzten die Bielefelder auf der Straße

Ein gigantisches Feuerwerk, ein rauschendes Fest unter freiem Himmel. Hätte man den Beginn eines neuen Jahrtausends besser feiern können? Das 2000-Fieber, wie sehr hatte es die Menschen schon Monate, Jahre vor dem Ereignis ergriffen. Pläne für ganz außerordentliche Silvesterfeierlichkeiten wurden geschmiedet, Weltreisen gebucht. Dann brach der Disput darüber aus, wann genau die Jahrtausendwende zu feiern sei. Eine einhellige Antwort konnte nicht gefunden werden, und wieder einmal wurde deutlich: Die Zeitrechnung ist nicht naturgegeben, sondern einzig und allein eine Sache der Festlegung. Viel handfester als diese Diskussion schien die Gefahr eines weltumspannenden Computercrashs. „2000-tauglich“ war deshalb eine geforderte Größe. Doch was letztendlich in der Nacht vom 31.12.1999 auf den 1.1.2000 geschehen würde, wussten selbst Fachleute nicht vorherzusagen. So testeten die EDV-Spezialisten gründlichst die elektronisch gesteuerten Anlagen. Für den Fall, dass die Versorgungsnetze dennoch zusammenbrechen sollten, schmiedete man umfangreiche Notfallpläne. Und um gewappnet zu sein, falls die Wasserversorgung nicht mehr funktioniert, ließen die Bielefelder am letzten Tag des Jahres noch schnell ihre Badewannen vollaufen.

Je näher am Silvesterabend die Mitternachtsstunde heranrückte, umso mehr Menschen strömten, warm eingemummelt, in Richtung Kunsthalle. Die Straßenbahnen konnten die Massen kaum noch fassen. Nicht wenige mussten den Weg in die Innenstadt sogar zu Fuß antreten, weil die Busse sie trotz Sonderfahrten nicht mehr aufnehmen konnten. In ihren Rucksäcken transportierten die Feierlustigen Sekt und Böller. Manche schmückten sich mit glimmerbesetzten „2000-Brillen“. Ob diese für das neue Jahrtausend einen besseren „Durchblick“ verschaffen? Schließlich fieberten vor der Kunsthalle 40000 Menschen dem Countdown entgegen. Im weiteren Umfeld waren es sogar noch einmal so viele.

Immer ausgelassener wurde die Stimmung auf der Welcome-2000-Party. Kurz vor Null Uhr reckten alle die Köpfe in Richtung Sparrenburg. Dann der spannende Moment: Flash Art entzündete die erste Rakete, 15 Sekunden nach Mitternacht. Kaum jemand hat die Verspätung bemerkt. Die Jahrtausendwende ist da! Die Menschen fallen sich in die Arme, lassen die Sektkorken knallen und genießen den unbeschreiblichen Feuerregen, der sich über die Stadt ergießt.

Dann flüchteten viele aus dem Gedränge, flüchteten auch vor Feuerwerkskörpern, die ziellos in die Menge geschossen wurden. Doch vor der Bühne war die Stimmung großartig. Bis früh um vier tanzten dort die Menschen auf der Straße. Wer sich ordentlich bewegte, bemerkte die Kälte nicht. Andere zogen weiter durch die Innenstadt in die Bierzelte und Kneipen. Gediegener ging es da im Stadttheater zu. Bei der „Millennium-Gala“ bereitete ein Streifzug durch Oper und Operette dem eleganten Publikum offensichtliches Vergnügen. Auch hier floss der Sekt in Strömen. Voller Anspannung hatten die Mitarbeiter auf der Gas- und Wassernetzleitstelle den Jahreswechsel erwartet. Zwar sorgten schon am Silvesternachmittag die Nachrichten aus anderen Erdteilen, wo der Jahreswechsel ohne technische Katastrophen vonstatten gegangen war, für Entspannung. Dennoch fielen sich die Stadtwerker jubelnd in die Arme, als kurz nach Mitternacht klar wurde: Der Zeitsprung ins neue Jahrtausend ist geschafft.

Anders bei der Feuerwache. Hier gab es keine ruhige Minute. Wenn auch die Notfallpläne in den Schubladen bleiben konnten, so kamen die städtischen Rettungswagen dennoch rund 120-mal zum Einsatz. Zumeist wurden Leichtverletzte und Alkoholisierte versorgt. Doch auch die Feuerwehr rückte aus. Neben einigen kleinen Bränden musste sie das erste Großfeuer des 21. Jahrhunderts löschen: In einer Entsorgungsfirma an der Friedrich-Hagemann-Straße hatte ein Feuerwerkskörper 100 Pressballen Papier und 50 Pressballen Kunststoff in Brand geschossen. Für ihren Einsatz in der Silvesternacht bekamen die Feuerwehrleute sogar vom Oberbürgermeister persönlich ein kleines Dankeschön.

Am 1. Januar, als die Feiernden sich auf den Heimweg gemacht hatten, sorgten schließlich die Mitarbeiter der Umweltbetriebe für die Beseitigung von 40 Tonnen Abfall, leeren Sektflaschen, Bierdosen und Feuerwerkskörpern. Prosit „Müllennium“.